Protección social inclusiva en América Latina

Una mirada integral, un enfoque de derechos

Simone Cecchini
Rodrigo Martínez

Naciones Unidas
CEPAL

Ministerio Federal de Cooperación Económica y Desarrollo

giz

Comisión Económica para América Latina y el Caribe (CEPAL)
Santiago de Chile, marzo de 2011

Libros de la CEPAL

111

Este libro ha sido preparado por Simone Cecchini, Oficial de Asuntos Sociales de la División de Desarrollo Social de la Comisión Económica para América Latina y el Caribe (CEPAL), y Rodrigo Martínez, Asesor Regional, en el marco del proyecto "Sustentabilidad de los programas de transferencias con corresponsabilidad" (GER/09/001) ejecutado por la CEPAL en conjunto con la *Deutsche Gesellschaft für Internationale Zusammenarbeit* (GIZ) y financiado por el Ministerio Federal de Cooperación Económica y Desarrollo (BMZ) de Alemania.

Para su elaboración, los autores contaron con la ayuda de los asistentes de investigación Claudia Robles y Aldo Madariaga. Luis Hernán Vargas, consultor de la División de Desarrollo Social, colaboró en la preparación del anexo estadístico.

Se agradecen los comentarios de Armando Barrientos, María Elisa Bernal, Rubén Lo Vuolo, Laura Pautassi, Juan Carlos Ramírez, Fabián Repetto, Andras Uthoff , Fábio Veras Soares y Jürgen Weller, así como los aportes del taller de expertos "Protección social, pobreza y enfoque de derechos: vínculos y tensiones", que tuvo lugar en la sede de la CEPAL en Santiago los días 5 y 6 de noviembre de 2009. Una versión preliminar del libro fue presentada en el "Seminario sobre políticas públicas intersectoriales: protección social y empleo", organizado conjuntamente por la Organización de los Estados Americanos (OEA), el Ministerio del Trabajo y Empleo y el Ministerio de Desarrollo Social y Combate al Hambre del Brasil, que tuvo lugar en Río de Janeiro los días 30 de noviembre y 1 de diciembre de 2010.

Diseño de portada: Claudia Aránguiz

Publicación de las Naciones Unidas
ISBN: 978-92-1-323487-7
E-ISBN: 978-92-1-054555-6
LC/G.2488-P
N° de venta: S.11.II.G.23

Impreso en Naciones Unidas, Santiago de Chile

Índice

Anexos

Cuadros

Diagramas

Gráficos

Recuadros

Prólogo

Una de las principales constataciones que emergen de la reflexión impulsada por la CEPAL en los últimos años es que el desarrollo económico y el desarrollo social están íntimamente entrelazados y deben integrarse activamente en una política pública orientada a lograr una mayor igualdad. Sin embargo, a la luz de las brechas y deudas sociales en la región, para avanzar cabalmente hacia la igualdad de oportunidades y la universalización de derechos es necesario redoblar los esfuerzos. Si bien los resultados del último lustro son auspiciosos en cuanto a reducción de la pobreza y crecimiento económico, América Latina sigue siendo la región más desigual del mundo. Esto no solo plantea retos en materia de ingresos monetarios sino también en las dimensiones de género, étnicas y territoriales. Precisamente en grupos excluidos, entre otros, por estos factores el empleo tiende a ser precario y no logra constituirse en un vehículo de movilidad social y bienestar. Más aún, las condiciones laborales de amplios sectores de la población distan mucho del horizonte normativo del trabajo decente y no garantizan el acceso a mecanismos de protección social.

Desde una óptica de derechos, la región aún está muy lejos de alcanzar su plena realización. En ausencia de canales efectivos de protección —públicos o privados— esta situación erosiona el sentido de pertenencia e inhibe la legitimidad que hace posible un proyecto común y compartido por la ciudadanía.

La CEPAL ha hecho frente a estos desafíos con especial intensidad desde la década de los noventa. La cuestión de cómo lograr un nuevo pacto social para fortalecer el ejercicio de la ciudadanía en todas sus dimensiones, que conlleve la definición de mecanismos sociales, politicoinstitucionales y fiscales concretos, se aborda en el documento *El pacto fiscal. Fortalezas, debilidades y desafíos,* presentado en el vigésimo séptimo período de sesiones de la CEPAL celebrado en 1998. En él se destaca que el logro de un pacto de ciudadanía es impensable sin mecanismos de aseguramiento para el conjunto de la población, en particular, para quienes viven en situación de mayor pobreza. Desde 2006 la protección social ha cobrado especial protagonismo en la agenda de investigación de la CEPAL, lo que quedó plasmado en el documento *La protección social de cara al futuro: acceso, financiamiento y solidaridad,* presentado en el trigésimo primer período de sesiones. En esa ocasión se instó al Estado a cumplir con su responsabilidad frente a los compromisos adquiridos ante la comunidad internacional en cuanto al respeto, la protección y la promoción de los derechos sociales, y a adoptar medidas concretas a través de políticas de protección social.

La persistencia de las dinámicas de desigualdad y exclusión, que se expresan en las herramientas con las que individuos y familias cuentan para protegerse y acceder a mejores condiciones de vida, tiene repercusiones no solo en sus niveles de bienestar material sino también en su percepción sobre un proyecto institucional y social compartido. La inclusión y la cohesión social, abordadas como ejes conceptuales del desarrollo en el nuevo milenio e incluidas en el documento *Cohesión social: inclusión y sentido de pertenencia en América Latina y el Caribe* (2007), apuntan precisamente a encarar la encrucijada que se genera entre las exigencias que los Estados hacen a sus ciudadanos y los derechos que les garantizan.

Como se indica en el documento *La hora de la igualdad: brechas por cerrar, caminos por abrir,* presentado en el trigésimo tercer período de sesiones celebrado en 2010, la construcción de sociedades inclusivas, más igualitarias y con pleno respeto de un marco de derechos en un mundo globalizado y de economías abiertas es la gran tarea del siglo XXI. Para garantizar la igualdad de derechos se precisa establecer instrumentos redistributivos que ofrezcan garantías concretas de protección, con atención a las particularidades y requerimientos específicos que enfrenta cada sociedad, y dentro de esta, los diversos grupos de la población.

En este libro se abordan de lleno estas cuestiones y se identifican el alcance y el papel de la protección social en sociedades altamente desiguales y con fuerte persistencia e incidencia de la pobreza. La protección social, formulada desde un enfoque de derechos, se vincula a la lucha contra la desigualdad de diversas formas: reduce considerablemente o elimina la probabilidad de no poder hacer frente a un riesgo contingente; limita la reproducción del círculo vicioso de la pobreza y la desigualdad al evitar que las familias hipotequen a futuro activos claves para el desarrollo humano, como la salud y la educación, y facilita la implementación de estrategias dirigidas a empoderar a aquellos grupos más vulnerables frente a riesgos, particularmente a los niños, los ancianos y las mujeres. Por último, en el libro se establece una base normativa sobre la cual levantar sociedades más justas y solidarias, y se garantiza, como un bien común, la protección de niveles de bienestar considerados esenciales.

A partir de estos lineamientos, se explora y propone una visión para desarrollar sistemas integrales de protección social en la región, con cobertura universal y financiamiento solidario, fundamentalmente igualitarios en las garantías que establecen como derechos ciudadanos. Asimismo, se pone de manifiesto la importancia que cobran los contextos locales para generar institucionalidades públicas sólidas en sus compromisos con la protección y la búsqueda de mecanismos solidarios, efectivos y eficientes para lograr ese objetivo. Se reconoce también la diversidad de actores comprometidos en el funcionamiento de estos sistemas, en particular el Estado, el mercado, las familias y las organizaciones sociales. En esencia, se sitúa a la ciudadanía en su conjunto como sujeto de las políticas de protección, instalando una visión integral dentro de las políticas sociales, que combina como principios complementarios, y no opuestos, la focalización como un instrumento y la universalidad como fin.

Este libro se realizó en el marco del programa "Hacia una globalización sostenible y equitativa", apoyado por la CEPAL junto con el Ministerio Federal de Cooperación Económica y Desarrollo (BMZ) de Alemania y la *Deutsche Gesellschaft für Internationale Zusammenarbeit* (GIZ) (Sociedad Alemana de Cooperación Internacional), y es fruto de un intercambio sistemático y fructífero en la búsqueda de opciones viables y efectivas para consolidar el diseño y la implementación de políticas sociales para la reducción de la pobreza y la protección social, contribuyendo así a formar las competencias institucionales y humanas requeridas para tal tarea.

Alicia Bárcena
Secretaria Ejecutiva
Comisión Económica para
América Latina y el Caribe (CEPAL)

Resumen

El presente libro tiene como objeto fomentar el diálogo en materia de protección social en América Latina y en él se destaca la necesidad de innovar en el diseño de políticas e instrumentos, así como en la gestión, para construir sistemas integrales que permitan contar con una protección social inclusiva.

A pesar de haberse convertido en uno de los pilares de las estrategias de desarrollo social, en la región no existe un criterio único respecto de la protección social; por el contrario, esta se ha concebido desde distintos puntos de vista y a partir de diferentes dimensiones analíticas y políticas. En este libro se examinan los principales debates en curso sobre la protección social y los programas de transferencias con corresponsabilidad, se identifica el papel que se les asigna y se consideran los elementos conceptuales, las necesidades y los desafíos que será preciso acometer para consolidar sistemas integrales de protección social.

Se señala que estos sistemas deben ser universales en su cobertura, solidarios en su financiamiento y, fundamentalmente, igualitarios en las garantías que establecen como derechos ciudadanos. La ciudadanía en su conjunto se transforma en sujeto de las políticas de protección y se logra una visión integral en las políticas sociales que combina como principios complementarios, no opuestos, la focalización como instrumento y la universalidad como fin.

Summary

The purpose of this book is to encourage dialogue on social protection in Latin America. It highlights the need for innovation in designing policies and instruments, as well as in management, in order to build comprehensive systems that provide inclusive social protection.

Social protection has become one of the pillars of social development strategies. But, lacking a consistent standard for social protection in the region, the issue has been approached in different ways and from different analytical and policy dimensions. This book examines the principal ongoing discussions regarding social protection and co-responsibility transfer programmes, looks at the role assigned to them and weighs the conceptual elements, the needs and the challenges to be addressed in order to consolidate comprehensive social protection systems.

These systems should provide universal coverage. Their funding should be grounded in solidarity. And, above all, the citizens' rights that they establish should be egalitarian. The entire citizenry becomes the subject of protection policies, and social policies come to be viewed as a whole that encompasses the complementary —not contradictory— principles of targeting as an instrument and universality as a goal.

Introducción

A. Situando el análisis de la protección social

La persistencia de grandes problemas como la pobreza, la desigualdad, la vulnerabilidad, el desempleo y la informalidad laboral en América Latina, así como su agudización frente a la crisis de fines de 2008 y comienzos de 2009, obligan a hacer un enérgico llamado a que los países latinoamericanos refuercen sus sistemas de protección social e incluyan en ellos a la población actualmente excluida, como se ha planteado en otros documentos de la CEPAL[1]. El fortalecimiento de la protección social contribuye a crear sociedades más inclusivas y justas, en las que todos los ciudadanos pueden realizar sus derechos económicos, sociales y culturales. Para ello es preciso incidir en la distribución del ingreso e invertir en las capacidades humanas[2]. Cuando los países logran afianzar las capacidades humanas de sus ciudadanos en todo el ciclo de vida, las ganancias pueden ser enormes en términos de productividad y cohesión social.

La atención suscitada por la persistencia de la pobreza y la desigualdad —con su aumento significativo durante la "década perdida" de 1980 y su lenta reducción en los períodos de crecimiento económico— es uno de los principales antecedentes de la reflexión contemporánea sobre

---

1 Véase CEPAL (2006, 2010a y 2010b).

2 El concepto de capacidad humana es más amplio que el de capital humano, puesto que el primero pone el énfasis en la expansión de la libertad humana para que las personas hagan realidad las opciones que tomen, mientras que el segundo solo concibe las cualidades humanas en su relación con el crecimiento económico (Sen, 1997).

la protección social en América Latina y es central para los análisis que se desarrollan en este libro. Asimismo, al pensar en la satisfacción de las necesidades de protección social, el empleo aparece como un elemento fundamental. Esto se debe a que los trabajadores, y sus familiares dependientes, acceden principalmente por esta vía a ingresos estables y políticas de protección social contributiva. Sin embargo, la región enfrenta una promesa incumplida respecto del logro del pleno empleo y del trabajo decente, ya que los mercados laborales no han logrado convertirse en una puerta de acceso universal a la protección social (Naciones Unidas, 2010).

En este contexto de crisis de integración a través del mercado formal del empleo, emergen retos importantes para la región, como la extensión de los mecanismos de protección social hacia quienes hoy no cuentan con ellos y el mejoramiento de su calidad (CEPAL, 2006; Uthoff, 2006). Para alcanzar estos objetivos se requieren dispositivos políticos, institucionales y de diseño de políticas adecuados a los actuales desafíos, así como instrumentos de protección social de naturaleza no contributiva que se combinen con los de tipo contributivo ya existentes.

En el ámbito de los instrumentos no contributivos, en la región se han introducido prácticas innovadoras como los programas de transferencias con corresponsabilidad (PTC) que, a la luz de sus buenos resultados, se están replicando en la mayoría de los países de la región y en otros continentes[3]. Así pues, es importante destacar los avances y logros, pero también evaluar de manera crítica los nuevos programas y políticas de protección social y reducción de la pobreza que se están desarrollando actualmente con miras a identificar los desafíos que plantean para la región las metas de inclusión, igualdad y justicia social.

La protección social tiene por objetivos garantizar un ingreso que permita mantener niveles mínimos de calidad de vida para el desarrollo de las personas; posibilitar el acceso a servicios sociales y de promoción, y procurar la universalización del trabajo decente. Para lograrlos deben considerarse tres grandes componentes: la protección social no contributiva (tradicionalmente conocida como asistencia social, que puede incluir tanto

---

[3] El concepto de corresponsabilidad considera no solo los elementos asociados al incentivo a la demanda, sino también aquellos que tienen que ver con la oferta de servicios sociales y la infraestructura social (véanse Levy y Rodríguez, 2005 y Cohen y Franco, 2006a). En este libro se destaca que son tanto los beneficiarios como el propio Estado quienes deben comprometerse en las acciones que el programa requiere. En la bibliografía estos programas se denominan también programas de transferencias condicionadas, programas de transferencias monetarias condicionadas, programas de transferencias en efectivo condicionadas, o bien CCT (*conditional cash transfers*). A lo largo del libro se mantendrá el término "condicionalidades" para referirse a los compromisos concretos que las familias tienen que cumplir para recibir las transferencias.

medidas universales como focalizadas); la protección social contributiva (o seguridad social), y la regulación de los mercados laborales, que consiste en normativas y estándares orientados a fomentar y proteger el trabajo decente (véase el diagrama 1). En el presente libro el análisis se centrará en la inclusión de la población pobre y vulnerable en la protección social y, por lo tanto, mayormente en el componente no contributivo. A su vez, cabe destacar que los temas relacionados con la regulación del mercado laboral y su papel en el ámbito de la protección social requieren un desarrollo más profundo que el ofrecido en este libro.

Diagrama 1
COMPONENTES DE LA PROTECCIÓN SOCIAL

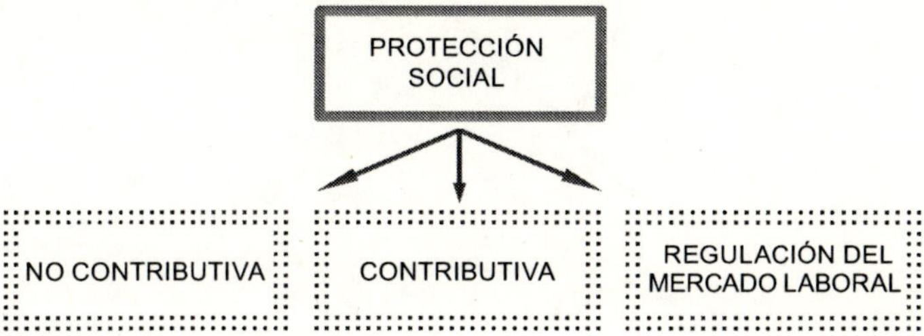

Fuente: Elaboración propia.

B. El Estado y la protección social

La Comisión de Desarrollo Social de las Naciones Unidas define la protección social como "un conjunto de políticas y programas gubernamentales y privados con los que las sociedades dan respuestas a diversas contingencias a fin de compensar la falta o reducción sustancial de ingresos provenientes del trabajo, brindar asistencia a las familias con hijos y ofrecer atención médica y vivienda a la población" (Naciones Unidas, 2000, pág. 3). Según la Comisión, estas medidas se ocupan tanto de las necesidades de protección y promoción de quienes se encuentran en situación de pobreza y pobreza extrema, como de las de aseguramiento de quienes, no siendo pobres, deben sentirse seguros ante circunstancias adversas y determinadas etapas del ciclo de vida. En este libro se adopta una concepción de la protección social —explícitamente radicada en los derechos económicos, sociales y culturales— aun más amplia y proactiva, que incluye a los individuos y familias en todas las etapas del ciclo de vida y considera entre sus funciones la promoción del trabajo decente. Asimismo, la protección se encarga de asegurar el acceso no solo a la salud y la vivienda, sino también a la educación y otros servicios sociales.

La reflexión del presente libro se centra principalmente en el papel del Estado en la provisión de protección social y la promoción de sus ciudadanos, con un énfasis particular en la protección social no contributiva dirigida a todos, comenzando por los más pobres y vulnerables. Al mismo tiempo, se reconoce que otros tres grandes actores —el mercado, las familias y las organizaciones sociales y comunitarias— son también proveedores de bienestar y protección social (véase el diagrama 2) y que un sistema integral de protección tiene que tomar en cuenta sus interacciones. Sin embargo, la responsabilidad primaria de garantizar los derechos económicos, sociales y culturales recae sobre el Estado.

Diagrama 2
PROVEEDORES DE BIENESTAR Y PROTECCIÓN SOCIAL

Fuente: Elaboración propia.

Si la protección social se dejara únicamente en manos del mercado, los más débiles quedarían excluidos, como demuestra la falta de cobertura de trabajadores informales y pobres en los sistemas privados de pensiones. Dicho esto, es importante destacar que el mercado desempeña un papel muy importante en la sostenibilidad financiera de la protección social, tema de particular relevancia a la luz del rápido envejecimiento de la población latinoamericana. Aunque el debate en torno a los mecanismos que pueden garantizar la futura sostenibilidad de la protección social (Carrera, Castro y Sojo, 2009; Sojo y Uthoff, 2006; Holzmann, Palmer y Uthoff, 2008) trasciende el alcance de este libro, cabe señalar que en la región, además de seguir fortaleciendo el pilar solidario y no contributivo de la protección social (CEPAL, 2006), es necesario establecer el marco regulatorio y los incentivos adecuados para que las familias y los trabajadores que están en condiciones de cotizar en sistemas de pensiones y jubilaciones lo hagan. Al respecto, la reciente reforma del sistema de pensiones chileno es ilustrativa: al mismo tiempo que se fortalece el pilar solidario, se mantienen los incentivos para que los trabajadores formales coticen y lo hagan también de manera voluntaria (Berstein y otros, 2009;

Fajnzylber, 2010; Uthoff, 2009). La articulación de los esfuerzos privados con los estatales, en el marco de un sistema integral, es fundamental para alcanzar una protección social inclusiva.

Es un hecho también que, si la protección social quedara únicamente en manos de las familias, las mujeres seguirían viéndose obligadas a dedicar gran parte de su tiempo al trabajo no remunerado de cuidado de niños, ancianos, enfermos y discapacitados, función que han desempeñado históricamente, disminuyendo así sus posibilidades de participar en el trabajo remunerado. Como ha destacado la CEPAL (2010a), en la región se mantiene una estructura rígida en relación con la división sexual del trabajo, al tiempo que aumenta la demanda de cuidado.

En la literatura en materia de protección y promoción social no se ha valorado lo suficiente el papel de las organizaciones sociales y comunitarias, aunque algunos autores (Pautassi y Zibecchi, 2010) han mostrado la importante función que estas han desempeñado para suplir las deficiencias de los otros tres grandes actores (Estado, mercado y familias). Pese a su aporte, tales organizaciones cuentan con limitados recursos para asumir la responsabilidad social completa en este ámbito, papel que corresponde fundamentalmente al Estado al concebirse la protección social como un derecho y no como un privilegio.

C. Objetivos y contenido

Este libro tiene por objeto fomentar el diálogo en materia de protección social en la región, rescatando la innovación en el diseño de políticas e instrumentos, así como en la gestión para construir sistemas integrales que permitan contar con una protección social inclusiva para el conjunto de la ciudadanía.

De esta manera, se desea promover ideas clave para avanzar en este ámbito: la relevancia del enfoque de derechos para el desarrollo social, la importancia de la integralidad de los sistemas de protección social, así como su eficacia, eficiencia y equidad. El análisis se centra en la incorporación y la articulación de mecanismos fundados en garantías de ciudadanía, lo que requiere la consolidación de estrategias para el acceso a políticas e instrumentos de protección social de naturaleza no contributiva, junto al fortalecimiento de las de tipo contributiva. Al mismo tiempo, se hace imprescindible implementar políticas para la regulación de los mercados laborales, ya que cumplen una función relevante en la reducción y mitigación de los riesgos asociados al desempleo y al déficit de trabajo decente, y contribuyen de ese modo a la superación sostenible de parte importante de los riesgos que amenazan la protección social. Así, lo que se persigue es generar estrategias para reducir las brechas de acceso a la protección y promoción social, cimentar políticas sociales más integrales que den cuenta de la indivisibilidad de los derechos de los ciudadanos y, por ende, construir sociedades menos desiguales y más cohesionadas.

Pese a que la protección social se ha convertido en uno de los pilares de las estrategias de desarrollo social, en América Latina no existe una mirada única, sino que esta se ha abordado desde distintos puntos de vista y a partir de diferentes dimensiones analíticas y políticas. Así, en este libro se examinan los principales debates en curso sobre la protección social y los programas de transferencias con corresponsabilidad (PTC), se analiza su papel, se identifican las políticas que se desarrollan actualmente en ese ámbito y se discuten los elementos conceptuales, requerimientos y desafíos que deben acometerse para consolidar sistemas integrales de protección social. Para ello, se examinan los principales enfoques que guían su diseño e implementación, los resultados obtenidos y las brechas de protección existentes, así como las transformaciones que se están implementando en distintos países para alcanzar una gestión efectiva y sostenible en esta materia.

En el capítulo I se presenta una mirada histórica de las orientaciones de la política social en la región a fin de situar el desarrollo del discurso y de las políticas específicas de protección social, identificando los contextos en las que estas aparecen, así como las discusiones conceptuales y propuestas que las nutren. Se distinguen cuatro enfoques de protección social que dan cuenta de un proceso acumulativo en las políticas y opciones de diseño que estos incorporan: i) la protección basada en el sector formal, que es el enfoque más antiguo en la región y que se refiere a los sistemas de seguridad social brindados históricamente a quienes se encuentran insertos en el sector formal del mercado laboral; ii) la protección frente a situaciones de emergencia, que surge en el contexto de los programas de ajuste estructural de la economía y la búsqueda de estrategias para reducir los impactos de la crisis de la deuda sobre la población más pobre; iii) la protección como asistencia y acceso a la promoción, que mantiene estrechos vínculos con el enfoque anterior, pero combina las políticas de mitigación y superación de los riesgos con las de prevención y la acumulación de capital humano, y iv) la protección como garantía ciudadana, según la cual la protección abarca un conjunto de derechos que el Estado tiene la obligación de garantizar, refinando procesos para reflejar mejor los riesgos, introduciendo transformaciones en sus lógicas de operación y fijando estándares de mínimos sociales incrementales. En torno a este último enfoque coexisten una serie de propuestas y miradas sobre políticas concretas y formas de concebir la protección social que se destacan en el capítulo siguiente.

En el capítulo II se presenta sinópticamente el estado de la protección social en América Latina y se identifican los principales esfuerzos que los países han realizado. En primer lugar, se muestran las brechas existentes en materia de formalidad laboral y cobertura en protección social contributiva, así como los niveles de inversión social y sus efectos redistributivos. A continuación, se describen las instituciones y los actores que participan en la protección social —tanto a nivel del diseño y la gestión de políticas, como de la coordinación intersectorial—, y se analizan los principales debates en torno a las fuentes y sistemas de financiamiento de las políticas de protección social contributiva y no contributiva. Además, habida cuenta de la relevancia que ha adquirido el enfoque de derechos en un esquema de protección social como garantía ciudadana, se examina la desigual intensidad con que este se ha incorporado a las políticas de protección social en la región, el reconocimiento constitucional de los derechos sociales en los distintos países y la definición de regímenes de garantías explícitas en ámbitos relacionados con la protección social. El capítulo se cierra con una discusión sobre las características de las políticas vigentes en los distintos países de la región, en la que se destaca que mientras algunos se ocupan de consolidar un aparato de protección no contributiva y promoción social para personas y familias que viven en situación de pobreza —particularmente, a través de los programas de transferencias con corresponsabilidad—, otros han incorporado acciones más amplias, enlazando políticas de protección social de tipo no contributiva que pueden situarse entre una orientación de asistencia y acceso a la promoción y de garantía ciudadana, y algunos concentran sus esfuerzos en la articulación de sistemas de protección social incrementales en las garantías que consolidan para el conjunto de la ciudadanía. En todos estos casos, las trayectorias institucionales tienen un papel preponderante en el establecimiento de capacidades básicas de operación y orientaciones para las políticas.

Una característica de la región es la notable presencia de los PTC en las políticas de protección social identificadas en los países. En el capítulo III se presenta un panorama general de esos programas y se analiza la diversidad de formas que han adoptado, lo que permite comprender de mejor manera su papel en la política de protección social. Dadas las características de los distintos programas y el sentido que adquiere la combinación de transferencias y condicionalidades, es posible distinguir tres tipos de PTC, cuyos referentes pueden encontrarse en los programas *Bolsa Família* del Brasil, Chile Solidario y Programa de Educación, Salud y Alimentación (Progresa, actualmente Oportunidades) de México. En cada uno de ellos se establecen políticas distintas en razón de los objetivos propuestos y en la forma en que implementan el instrumento de las transferencias y las condicionalidades.

En el capítulo IV se exponen aquellos elementos que son inherentes a un enfoque integral de la protección social. En primer lugar, se aclara su papel en el concepto más amplio de política social y se identifican las diferencias y articulaciones entre protección y promoción. En segundo lugar, se revisan sus funciones principales en relación con los grupos que atiende y los derechos que le conciernen. Estas funciones son: i) garantizar el cumplimiento de condiciones de vida que permitan sostener un mínimo nivel de bienestar y compensar la caída de ingresos en estándares esenciales; ii) facilitar el acceso a servicios sociales y de promoción, con inclusión de la provisión de cuidado, y iii) promover mejores políticas laborales ante los riesgos de la precariedad del mercado de trabajo. En tercer lugar, se proponen distintos ejes de integración de la protección social teniendo en cuenta la oferta de políticas y programas y la demanda de familias, individuos y comunidades. Desde la perspectiva de la oferta, se proponen dos ejes: el horizontal (o sectorial) y el vertical (según los niveles administrativos en los cuales se ejecutan). Desde el punto de vista de la demanda, se proponen otros dos: el transversal (que se refiere a los distintos grupos poblacionales) y el longitudinal (relacionado con el ciclo de vida de las personas). En cuarto lugar, se analiza el vínculo que existe entre la protección social y las necesidades diferenciadas de la población a las que esta hace frente. En quinto lugar, se describen en profundidad los componentes de la protección social —la protección social no contributiva, la protección social contributiva y la regulación de los mercados laborales—, y se identifican sus instrumentos y políticas. En la última sección se reflexiona sobre los aspectos requeridos para la institucionalidad de sistemas integrales de protección social: la coordinación intersectorial, la puesta en marcha de sistemas de información para la gestión y la definición de instrumentos de contraloría y resolución de conflictos.

En el capítulo V se describen las potencialidades de los PTC para actuar como puerta de entrada a la protección social a partir de su capacidad para incorporar a grupos poblacionales pobres a la oferta pública de servicios; fortalecer la disponibilidad y calidad de esta así como su coordinación intersectorial y entre niveles del Estado; mejorar la articulación entre la demanda y la oferta de servicios; brindar apoyo a la generación de capacidades institucionales para la información, el seguimiento y la evaluación de las acciones y beneficios asociados a estos programas, y definir mecanismos de egreso que conecten a sus beneficiarios con otras políticas de protección y promoción social.

En el capítulo VI se arrojan lecciones y se identifican los desafíos presentes y futuros para la protección social y los PTC en América Latina. En él se tratan aspectos críticos como la consolidación de un enfoque de derechos en el marco de las políticas de protección social; la sustentabilidad fiscal; el dilema generado a partir de esquemas diferenciados para grupos vulnerables y el sentido igualitario de la protección en el marco de los principios de la ciudadanía; los desafíos institucionales para una gestión integral e intersectorial de la protección social, y la necesidad de contar con sistemas de monitoreo y evaluación en la gestión de políticas. En lo relativo al desafío de afianzar los PTC como puerta de entrada a sistemas integrales de protección social, los elementos principales que deben considerarse son la adecuación de la oferta de servicios sociales y el establecimiento de objetivos y funciones precisas, con miras a evitar que estos programas se transformen en estructuras omnicomprensivas poco específicas y poco efectivas.

Por último, se incluyen una serie de anexos que complementan la información ofrecida en el libro. En el primero se revisan los cinco principales instrumentos de derechos humanos para la protección social —la Declaración Universal de Derechos Humanos, el Pacto Internacional de Derechos Económicos, Sociales y Culturales, la Convención Americana sobre Derechos Humanos y el Protocolo de San Salvador, y el Convenio 102 de la Organización Internacional del Trabajo sobre la seguridad social (norma mínima) — y su relación con la protección social. En el segundo se presentan de manera resumida el desarrollo y las características principales de tres PTC emblemáticos: *Bolsa Família*, Oportunidades y Chile Solidario. En el tercero se ofrecen una serie de simulaciones realizadas por la CEPAL para estimar el costo de las transferencias monetarias no contributivas de garantía y redistribución del ingreso para los países de América Latina. En el anexo estadístico se presentan una serie de cuadros con información estadística respecto de las brechas de protección en la región.

Capítulo I

Política y protección social

Para comprender las actuales condiciones de la protección social en América Latina es importante destacar algunos elementos centrales de la historia de la política social en la región. En este capítulo se presenta una breve reseña de las orientaciones que la han inspirado durante el último siglo, particularmente en lo que dice relación con la protección social. De forma complementaria, se identifican los principales enfoques teóricos y propuestas conceptuales que han guiado el desarrollo de la protección social en la región durante los últimos años para identificar su trayectoria y diversidad.

A. Breve recorrido histórico de la protección social latinoamericana

Los temas sociales siempre han formado parte de las funciones de gobierno en los países de América Latina, pero la manera en que se han asumido, así como los énfasis y las prioridades asignadas, han cambiado en el tiempo como resultado de las distintas corrientes de pensamiento económico y social que han primado en determinados momentos históricos y del espacio de poder que han alcanzado.

Aun cuando no se puede hablar de procesos estrictamente homogéneos en los distintos países, varios autores han planteado que la evolución de la política social estaría marcada básicamente por tres momentos: i) la etapa previa a la Gran Depresión de 1929, ii) la fase de mayor industrialización y crecimiento hacia adentro, hasta la década de

1980, y iii) la etapa de economía de mercado y globalización, iniciada en las últimas dos décadas del siglo XX (Marchesi, 2004; Cohen y Franco, 2005; Andrenacci y Repetto, 2006). Tal como se ve en el cuadro I.1, estas etapas han sido denominadas de acuerdo al modelo de desarrollo que prima en cada una de ellas: liberal primario, sustitución de importaciones y de disciplina y austeridad fiscal, respectivamente. Cada una de ellas tiene rasgos particulares en cuanto al desarrollo de las políticas de protección social contributiva (seguridad social), así como a las principales directrices que rigen la protección social no contributiva (asistencia social) y las políticas sectoriales en la región. A su vez, estos modelos dan origen a concepciones específicas respecto del papel del Estado y de la protección social[1].

Cuadro I.1
LA PROTECCIÓN SOCIAL EN CUATRO MOMENTOS DE LA POLÍTICA SOCIAL

	1. Comienzos del siglo XIX	2. Crisis de 1929	3. Crisis de la deuda	4. Siglo XXI
Modelo de desarrollo	Liberal primario	Sustitución de importaciones	Disciplina y austeridad fiscal	Competitividad sistémica
Principales características de la protección y promoción social	Primeros ejemplos de seguridad social del sector formal urbano Asistencia: concebida como caridad Comienzan las políticas sectoriales de educación y salud Escasa regulación del Estado	Seguridad social del sector formal urbano Asistencia: subsidios al consumo de alimentos y combustibles Centralismo y crecimiento de los sectores de salud y educación Estado proveedor **Protección basada en el empleo formal**	Seguridad social con fondos de capitalización individual Asistencia: focalización en los pobres, fondos de inversión social Orientación a la demanda, descentralización, externalización de servicios sociales Estado subsidiario-mitigador **Protección frente a situaciones de emergencia**	Asistencia: ruptura de la transmisión intergeneracional de la pobreza Estado subsidiario-promotor **Protección como asistencia y acceso a la promoción** Sistemas de protección social sobre mínimos incrementales Estado garante **Protección como garantía ciudadana**

Fuente: Elaboración propia.

---

1 Cabe destacar que la correlación entre la evolución de los modelos de desarrollo y las políticas sociales no es estricta y que a un determinado modelo de desarrollo pueden corresponder distintas orientaciones de política social. En el cuadro I.1 solo se muestran grandes tendencias.

A estas etapas se propone sumar una cuarta, en desarrollo en este siglo y que se indica en la última columna del cuadro I.1. Se plantea que actualmente coexisten dos enfoques de política social en la región: uno, relacionado con la competitividad sistémica, en que conceptos como capital humano y transmisión intergeneracional de la pobreza cobran relevancia; otro, vinculado al enfoque de derechos y garantías de ciudadanía, y sustentado en los pactos y tratados internacionales asumidos por los Estados (véase el anexo 1). Estos enfoques no son excluyentes entre sí, aun cuando el segundo ha alcanzado mayor visibilidad en años recientes. A partir de los conceptos de desarrollo, Estado y protección social que plantean, surgen los elementos de política que se describen en los siguientes capítulos.

El modelo liberal primario, con crecimiento hacia afuera, marca la primera etapa, la que se inicia en el siglo XIX y dura hasta las primeras décadas del siglo XX. En lo social, sus indicadores característicos son, por un lado, la conformación de las sociedades nacionales y el sentido de pertenencia de los ciudadanos a un país y, por otro, la caridad, en que la atención a los problemas sociales se percibe como una acción humanitaria de ayuda a los más necesitados, con gran participación de organizaciones de la sociedad civil y la iglesia. Se mantiene así una política social no secularizada y poco institucionalizada, en que las élites políticas, económicas y sociales son proveedoras y financistas de servicios. A finales de este período surgen las primeras instituciones de protección social contributiva, como mutuales y seguros asociativos, que se orientan fundamentalmente a los asalariados urbanos y se desenvuelven con una escasa regulación del Estado, al tiempo que se inicia una fase expansiva en cuanto a la cobertura de servicios sociales relacionados con la salud y la educación públicas. A principios de los años veinte, en los países del Cono Sur comienzan a aparecer los primeros sistemas de seguridad social inspirados en el modelo bismarckiano[2].

La segunda etapa, que surge con la Gran Depresión y sigue durante la posguerra y la guerra fría, se caracteriza por el desarrollo de un modelo de industrialización por sustitución de importaciones, con crecimiento hacia adentro y en que se da importancia a la planificación estatal. Los principales temas de la política social se relacionaron con la justicia, el orden social y la seguridad social, y en ellos tuvo gran repercusión la

---

2 En el Uruguay, los primeros debates sobre mecanismos de seguridad social surgen en la primera mitad del siglo XIX (Bonino, Kwon y Peyre Dutrey, 2007). Los sistemas de seguridad social que surgen durante el siglo XX a lo largo de América Latina son fundamentalmente de naturaleza corporativa y contributiva y dejan fuera a vastos sectores de la población que no están insertos en organizaciones vinculadas al mercado formal del trabajo (como gremios o sindicatos) o no cuentan con mecanismos de acceso a las estructuras de poder (fundamentalmente los partidos políticos).

presión de la sociedad organizada y los sindicatos. A ello se suman la continua expansión de los sectores de la educación y la salud, así como el debate sobre el acceso a la tierra y las reformas agrarias. El enfoque de la política social tiene una base universalista, pero con serias limitaciones en la cobertura, con lo cual la población que se priorizó fueron los asalariados, las clases medias y los sectores organizados, lo que Duhau (1997) llama universalismo fragmentado o estratificado. Se pone un énfasis en la protección del trabajador asalariado (Franco, 1996), para quien se aplican instrumentos como el seguro por desempleo del Uruguay (1958), las asignaciones familiares para trabajadores privados del Instituto Mexicano del Seguro Social (1943) o la consagración del derecho a la seguridad social en la ley 14.370 en la Argentina (1954)[3]. La protección social no contributiva se limita principalmente a los subsidios para el consumo de alimentos y combustibles, aunque comienzan también algunos programas de alimentación y pequeños programas de transferencias para grupos vulnerables, como los discapacitados (Ferreira y Robalino, 2010)[4].

El modelo de gestión de la política social de la época se caracteriza por la planificación central, tendencia histórica latinoamericana en la que influyen tanto razones políticas como la organización unitaria de la mayoría de los países y el "centralismo larvado" de los que tienen una estructura federal (Franco, 2003). Destaca, a su vez, una organización de tipo burocrático y un marcado impulso a los sectores de gobierno, positivo en términos del conocimiento y desarrollo de políticas especializadas, pero con problemas de descoordinación que dificultaron la capacidad de generar una intervención integral. El financiamiento de la política social fue principalmente estatal y la distribución de los recursos se realizó básicamente a través de un subsidio a la oferta, que en varios países permitió extender la presencia del Estado en la provisión de servicios, con escasa participación del sector privado. En tanto, en este período los sectores sociales ejercieron una intensa presión sobre el Estado para que este atendiera sus demandas.

Por último, esta etapa se caracterizó por la protección de algunos precios y la provisión de subsidios para facilitar el acceso a ciertos bienes y servicios, así como también por una elevada inflación, el aumento de

---

3 En el caso de la Argentina, el primer antecedente de la seguridad social contributiva es la ley 4349 de 1904, que creó la Caja Civil para los trabajadores que desempeñaban cargos permanentes en la administración estatal: docentes y empleados del Consejo Nacional de Educación, empleados de bancos oficiales y de ferrocarriles argentinos, magistrados judiciales y funcionarios con cargos electivos (Abritta y otros, 2010, pág. 97).

4 Entre los programas de alimentación se encuentran el Programa Costarricense de Alimentación Complementaria de 1951, el Programa Nacional de Alimentación Complementaria (PNAC) de Chile, que en 1954 comenzó la entrega de leche a niños y mujeres embarazadas, y el Programa Nacional de Alimentación Escolar (PNAE) del Brasil de 1955.

la deuda externa y el corporativismo, y la división de la sociedad entre trabajadores formales (y sus familias) e informales, urbanos y rurales, lo que, como se verá más adelante, tuvo una expresión muy fuerte en la concepción de la protección social y en la forma en que se organizaron estas políticas en la región.

En torno a la crisis de la deuda de principios de la década de 1980 se registra una etapa marcada por un enfoque neoliberal de crecimiento hacia afuera con disciplina y austeridad fiscal, con reformas orientadas a disminuir la inflación y fomentar el crecimiento económico, pero que desatendieron el problema de la desigualdad en la distribución del ingreso (Cornia, Stewart y Jolly, 1987). Esto último en el entendido de que los beneficios del crecimiento se distribuirían progresivamente en la población (teoría del "chorreo"). La idea de que el mercado es el mejor instrumento para asignar bienes y servicios, así como el llamado Consenso de Washington tuvieron un papel clave[5].

La política social de este período se caracteriza por la focalización hacia los más pobres, con el fin de racionalizar el uso de los recursos escasos, como puede observarse, por ejemplo, en el Programa de Alimentación Escolar de la Junta Nacional de Auxilio Escolar y Becas (JUNAEB) de Chile y el Programa de Abasto Social de México. La preocupación por la eficiencia en la gestión, asociada a los requerimientos de disciplina fiscal, es un elemento prioritario que, con el tiempo, fue pasando a ser un complemento importante, pero no único, del objetivo de maximizar el impacto o la efectividad de los programas. De este modo, ya no solo importa gastar para producir bienes y servicios, sino gastar bien para alcanzar los objetivos perseguidos.

A lo anterior se suma una lógica de mercado de servicios sociales con fomento de los subsidios a la demanda para potenciar la competencia de los oferentes, sean estos públicos o privados, a través de un sistema de libre elección, como ocurre, por ejemplo, en el sistema educacional chileno, en que los alumnos son portadores de la subvención educacional que entrega el Estado, independientemente de si eligen estudiar en una escuela administrada por el sector público o por privados. La competencia también se da en la distribución de recursos a través de licitaciones y concursos para el financiamiento de programas y proyectos, tanto de la administración pública como privada. Esto dio pie al desarrollo de las

[5] El Consenso de Washington consiste en 10 recomendaciones centrales de política: disciplina fiscal, reordenamiento de las prioridades del gasto público, reforma impositiva, liberalización de las tasas de interés, tasas de cambio competitivas, liberalización del comercio internacional, liberalización de la entrada de inversiones extranjeras directas, privatización de las empresas públicas, desregulación de los mercados —en particular el de trabajo— y derechos de propiedad (Williamson, 1994).

redes de seguridad, así como a los conocidos fondos de inversión social (FIS), que marcaron considerablemente la gestión social en la región, al considerarse una herramienta más ágil que los ministerios sectoriales para la distribución de recursos de inversión pública para servicios de salud, educación primaria y agua y saneamiento, aun cuando en muchos casos no lograron dar el salto de la lógica de la ejecución presupuestaria y la eficacia productiva a la de efectividad social y eficiencia[6].

De acuerdo con esta orientación de racionalización y competitividad, en este período también hay una gran relevancia de la descentralización, dado que se procura lograr una gestión de recursos y proyectos más autónoma respecto del gobierno central, así como la externalización o tercerización de la producción, lo que da un impulso a la participación de privados y organizaciones no gubernamentales en la gestión.

Esta orientación se refleja en el ámbito de la protección social. En este período se produce una gran transformación de los fondos de jubilaciones y pensiones y del aseguramiento de la salud en el sector formal. A partir de los problemas de sostenibilidad fiscal de la seguridad social basada en fondos de reparto, surge la idea de los fondos individuales, bajo el supuesto de que con un mercado de trabajo formal y estabilidad laboral una persona puede reunir los recursos necesarios para una jubilación digna y que, a su vez, esto le permite financiar un seguro de salud para su familia. Con ello, de cierta manera se deja de lado la lógica de universalismo fragmentado preexistente y se generan administradoras privadas de esos recursos (Asociación de administradoras de fondos de pensiones (AFP) en Chile, Administradoras de fondos de jubilaciones y pensiones (AFJP) en Argentina, entre otras) y se potencia la participación de aseguradoras de salud (como las ISAPRES de Chile). De este modo, la protección social del período queda marcada por un enfoque dual. Por un lado, la protección social contributiva de los asalariados fundada en la capitalización individual y el aseguramiento, que funciona en la órbita de los ministerios de trabajo y de salud; por otro, la protección social no contributiva orientada a cubrir ciertos niveles mínimos de bienestar y mitigar las consecuencias de la pobreza extrema, administrada por los ministerios encargados del desarrollo social. En este período, el Estado asume cada vez más un papel subsidiario y de control y evaluación y disminuye, al menos proporcionalmente, su papel de proveedor, situación que se observa muy claramente en Chile.

---

6 El primer ejemplo de fondo de inversión social fue el Fondo Social de Emergencia (FSE) de Bolivia, creado en 1985 y convertido en 1990 en el Fondo de Inversión Social (FIS) (Araníbar, 2010). Otros ejemplos son el Fondo Hondureño de Inversión Social (FHIS), el Fondo Nacional de Cooperacion para el Desarrollo (FONCODES) del Perú y el Fondo de Inversión Social (FONVIS) de la República Bolivariana de Venezuela.

Desde mediados de los años noventa se va configurando un nuevo enfoque de desarrollo con el "paradigma de la competitividad sistémica", en que la inserción en una economía global depende de las capacidades organizacionales y gerenciales de un país para combinar una variedad de factores (económicos y no económicos) y para articular diversos actores (Lechner y Calderón, 1998). Este es un período de consolidación de la institucionalidad democrática, en que se dan las reformas del Estado de "segunda generación" (Marchesi, 2004) y la dirigencia política "apunta a plasmar en algunas acciones concretas la idea de un Estado más presente, con mayor capacidad de intervenir en el desarrollo económico y social" (Repetto, 2010a, pág. 1). A su vez, alrededor de 2000, se comienzan a instaurar con fuerza conceptos como garantía de derechos (humanos, económicos, sociales y culturales), ciudadanía plena y cohesión social entre los enfoques que guían la política social (CEPAL, 2007). Estos dan cuenta de una preocupación explícita por lograr mejores niveles de distribución de los beneficios del desarrollo económico y disminuir la elevada desigualdad prevalente. Así, las personas pasan de ser consideradas consumidores y beneficiarios a convertirse en ciudadanos titulares de derechos.

En cuanto a la política social, dado que se trata de una etapa en proceso de desarrollo es difícil hacer un análisis definitivo, pero hay algunos elementos que la caracterizan. Por un lado, la tensión entre universalismo y focalización vuelve a la agenda, pero se integra en la idea de focalizar recursos para universalizar derechos o mínimos sociales (CEPAL, 2000; Ocampo, 2001), ya no productos iguales para todos ni solo para algunos, sino políticas universales con servicios diferenciados según la variedad de necesidades y brechas de una población heterogénea. Así, no solo las diferencias socioeconómicas sino las étnicas y culturales, de género, edad y lugar de residencia empiezan a considerarse variables centrales en los aspectos sustantivos y administrativos de dicha política. Por otra parte, se potencia la preocupación por la calidad de servicio (objetiva y subjetiva) y los principios de efectividad y eficiencia, así como por generar sinergias en las redes de atención y protección.

En términos de actores, se mantiene, sino se potencia, la articulación público-privada, en que tanto las organizaciones de ambos sectores, las organizaciones no gubernamentales y otras instituciones de la sociedad civil participan. Sin embargo, el Estado potencia su papel regulador, asumiendo progresivamente un carácter de garante, no necesariamente proveedor pero tampoco solo subsidiario.

En este escenario se abren nuevos espacios de debate sobre la protección social, como la articulación de modelos de capitalización individual con solidaridad (CEPAL, 2006; Uthoff, 2006), la flexiseguridad laboral y el derecho a tener un ingreso mínimo que permita salir al menos de la pobreza extrema con enfoques que enfatizan las acciones de corto y largo plazo. En la siguiente sección se identifican los contextos y debates que han inspirado el surgimiento de distintos enfoques y propuestas sobre protección social.

B. Protección social, un concepto en evolución

Los cambios que han experimentado las políticas sociales, y particularmente las de protección social, no han ocurrido de manera aislada del debate conceptual que se ha dado en el medio académico, los organismos de la cooperación y las instituciones financieras internacionales. Más aun, se evidencia una constante retroalimentación en la que —aun cuando no siempre la implementación refleje de manera exacta lo que las propuestas analíticas presentan— es posible observar una evolución de los conceptos y las líneas de intervención, así como identificar en qué medida esas propuestas están actualmente presentes en los distintos países.

En las últimas décadas, ante la coincidencia sobre la falta de mecanismos efectivos de protección frente a la pobreza y la vulnerabilidad, ha habido un prolífico debate sobre estos fenómenos, la multidimensionalidad de sus causas y consecuencias, la forma de medirlas, el papel y desafíos que suponen para distintos actores, y la efectividad de las políticas y los enfoques que se han de adoptar para lograr impactos positivos. Así, el debate sobre la protección social ha derivando en una extensa literatura, donde coexisten análisis de tipo histórico (Draibe y Riesco, 2007; Filgueira y Filgueira, 2002), conceptual (Barrientos e Hinojosa-Valencia, 2009; Barrientos y Hulme, 2008; Cook y Kabeer, 2009; Norton, Conway y Foster, 2002) y normativo (CEPAL, 2006; Naciones Unidas, 2009a), junto con propuestas concretas para su implementación y ampliación[7].

Diversos actores han participado en el desarrollo conceptual de la protección social. En años posteriores a la definición de la protección social hecha por las Naciones Unidas en 2000 (véase la sección B de la introducción), esta se ha ampliado para incorporar de manera explícita el enfoque de derechos. Mientras que la Organización Internacional del Trabajo (OIT, 2008a) la ha definido en función de los derechos a beneficios y prestaciones a los que la ciudadanía puede acceder para protegerse del brusco decaimiento en sus estándares de vida y ha elaborado la propuesta de "piso básico de protección social" (véase el recuadro I.1), la CEPAL (2006) lo ha hecho con el fin de generar respuestas asistenciales, de promoción y desarrollo social, ante los riesgos del entorno, con un enfoque de derechos.

---

[7] Véase, por ejemplo, Banco Mundial, 2005; CEPAL, 2006; Deveraux, 2002a, 2002b; Holzmann y Jorgensen, 1999; OCDE, 2009; OIT, 2008a, 2008b.

Recuadro I.1

EL PISO BÁSICO DE PROTECCIÓN SOCIAL

La Organización Internacional del Trabajo (OIT), junto a otros organismos del sistema de las Naciones Unidas, está promoviendo a nivel mundial una propuesta que intenta asegurar un piso básico de protección social para todas las personas. Esta propuesta ha sido motivada por la constatación de que un 80% de la población mundial no tiene acceso a ningún tipo de seguridad social (OIT, 2008a, pág.7), y se nutre de un enfoque de derechos, estructurándose en función de ámbitos de necesidades básicas que son clave para realizarlos.

La propuesta consiste en desarrollar sistemas de protección social para las personas que no están cubiertas por los sistemas de previsión existentes mediante un piso de protección social. Este piso puede lograrse a través de transferencias de ingresos o en especie y establece un paquete de prestaciones mínimas, independientemente de la afiliación laboral.

Ese paquete básico cumple un conjunto de estándares en cuanto a las dimensiones de ingreso, asistencia médica y pensiones para todas las personas. No se intenta definir el contenido de los beneficios, sino la garantía del acceso a ellos (OIT, 2008a, pág. 3), por lo que los países están en libertad de implementar este piso mínimo a través de transferencias focalizadas, sujetas a condicionalidades o universales.

La OIT ha estimado que este piso de protección social sería alcanzable para toda la población que vive en situación de pobreza en el mundo si se destinara a él menos del 2% del PIB global (OIT, 2008a). Al mismo tiempo, se requeriría un 6% del PIB global para otorgar un piso de protección social a todas las personas que no cuentan con acceso a estos sistemas.

Asimismo, sobre la base de estudios realizados en siete países de África (Burkina Faso, el Camerún, Etiopía, Guinea, Kenya, el Senegal y la República Unida de Tanzanía) y cinco de Asia (Bangladesh, la India, Nepal, Pakistán y Viet Nam), la OIT ha estimado el costo de un paquete básico de protección social para los países de bajos ingresos (véase el cuadro). Estas estimaciones no han sido adecuadas a la realidad de América Latina donde, en la mayoría de los países, ya se aplican programas de transferencias monetarias con corresponsabilidad o pensiones de tipo no contributivo, que deberían formar parte de los cálculos para definir el costo aproximado como porcentaje del PIB de un paquete con estas características.

ESTIMACIÓN DE COSTOS PARA UN PAQUETE DE PRESTACIONES BÁSICAS DE PROTECCIÓN SOCIAL PARA PAÍSES DE ÁFRICA Y ASIA

Prestaciones	Indicadores	Costo [a]
Seguridad de ingresos mediante pensiones básicas para las personas de edad avanzada y los discapacitados.	Se calculó una pensión universal equivalente al 30% del PIB per cápita de los países considerados en el estudio para todos los adultos mayores de 65 años y personas discapacitadas (estimadas en el 1% de la fuerza laboral)[b].	Entre un 0,6% y un 1,5% del PIB.

(continúa)

Recuadro I.1 (conclusión)

Seguridad de ingresos para los niños, que facilite el acceso a la nutrición, la educación y el cuidado.	15% del PIB per cápita para dos niños menores de 14 años por mujer que haya dado a luz[c].	Menos del 3,5% del PIB.
Acceso a la atención de salud básica y esencial.	Personal médico: 300 integrantes por cada 100.000 habitantes. Salarios del personal médico indexados con el crecimiento del PIB per cápita[d]. Costos operacionales correspondientes al 67% de los costos del personal médico.	Entre un 1,5% y un 5,5% del PIB.
Algunas medidas de asistencia social para los pobres o las personas desempleadas (por ejemplo, a partir de planes de garantía para el empleo).	Apoyo a los ingresos por un 30% del PIB per cápita[b]. El beneficio llega al 10% de la población económicamente activa durante100 días al año. Válido para hogares que no reciben ningún otro tipo de transferencia.	Entre un 0,5% y un 0,9% del PIB.
Total		Entre un 3,7% y un 10,6% del PIB.

Fuente: Organización Internacional del Trabajo (OIT), "Establecimiento de normas de seguridad social en una sociedad global. Análisis de la situación y de la prácticas actuales y de las opciones futuras para el establecimiento de normas de seguridad social globales en la Organización Internacional del Trabajo", Ginebra, 2008; "Can low-income countries afford basic social security?", Ginebra, 2008.

[a] Estimaciones para 2010. En OIT (2008b, págs. 23-24) se incluyen proyecciones hasta 2034.

[b] Máximo 1 dólar diario. Dólares en paridad de poder adquisitivo (PPA), indexados a la inflación, tasas de cambio calculadas por el Fondo Monetario Internacional (OIT) (2008b, págs. 23-24).

[c] Máximo 0,5 dólares diarios. Dólares PPA, indexados a la inflación, tasas de cambio calculadas por el Fondo Monetario Internacional (OIT) (2008b, págs. 23-24).

[d] Como mínimo se asume que el sueldo del personal médico es tres veces el PIB per cápita.

El Banco Mundial, por su parte, ha instalado un concepto de protección en función de su capacidad para responder *ex ante* y *ex post* a diversos escenarios de riesgo (Holzmann y Jorgensen, 1999) (véase el recuadro I.2). En años recientes, este organismo ha complementado esta formulación desde el punto de vista del nuevo contrato social necesario para brindar una protección social eficaz a todos los ciudadanos. Esta nueva propuesta enfatiza los desafíos que impone la informalidad como barrera de entrada a la protección social y la fragmentación en el acceso a los beneficios de las políticas de protección social para trabajadores formales e informales, así como la necesidad de encontrar mecanismos para extender la protección social contributiva a todos los ciudadanos, independientemente de su situación laboral, complementando esta acción con el fortalecimiento sustentable de su capital humano y empleabilidad (Ferreira y Robalino 2010; Ribe, Robalino y Walker, 2010).

Recuadro I.2
EL MANEJO SOCIAL DEL RIESGO

Hacia fines de los años noventa, el Banco Mundial desarrolló un marco de análisis para comprender y desarrollar políticas asociadas a la protección social: el manejo social del riesgo. Este define una serie de estrategias que pueden implementarse para identificar tempranamente las diversas fuentes y tipos de riesgos, prevenirlos, mitigarlos y superarlos (Holzmann y Jorgensen, 1999, Serrano y Raczynski, 2003). Básicamente, el manejo social del riesgo intenta destacar el impacto de las imperfecciones del mercado en el riesgo que enfrentan las familias (Munro, 2008) y la necesidad de generar medidas públicas de protección social para reducir la vulnerabilidad, activar el consumo y promover la equidad en la gestión de los riesgos de los individuos, hogares y comunidades, especialmente, de los hogares de menores ingresos (pobres y vulnerables). Esos mecanismos deben ponerse en marcha ante la ausencia o deficiencia de los mercados y se conciben como intervenciones acotadas en el tiempo que buscan contribuir al desarrollo económico. De esta forma, el manejo social del riesgo supone tres estrategias: informales, de mercado y públicas. Además, identifica responsabilidades públicas e individuales con respecto a la protección social. Las responsabilidades públicas se vinculan a las políticas y a la regulación de los mecanismos de mercado, mientras que las individuales pueden ser formales (el ahorro sistemático, los seguros privados, tener un empleo en el sector formal de la economía e invertir en la educación de los hijos) o informales (redes sociales y comunitarias).

Sin embargo, el manejo social del riesgo se ha criticado por su limitado alcance para transformar las estructuras económicas y redistributivas (Cook y Kabeer, 2009; Lo Vuolo, 2009; Sojo, 2003). Progresivamente, ha comenzado a instalarse en la agenda un enfoque de derechos como complemento necesario del análisis más técnico respecto de los riesgos puntuales que enfrentan diversos grupos de población y la forma de resolverlos.

Fuente: S. Cook y N. Kabeer, "Socio-economic security over the life course: A global review of social protection", Sussex, Ford Foundation, Institute for Development Studies, 2009; R. Holzmann y S. Jorgensen, "Social protection as social risk management: conceptual underpinnings for the social protection sector strategy paper", *Journal of International Development*, vol. 11, N° 17, 1999; Lo Vuolo, R., "Social exclusion policies and labour markets in Latin America", *Financing Social Policy. Mobilizing Resources for Social Development*, K. Hujo y S. Mcclanahan (eds.), Nueva York, Instituto de Investigaciones de las Naciones Unidas para el Desarrollo Social (UNRISD), Palgrave Macmillan, 2009; L. Munro, "Risks, needs and rights: compatible or contradictory bases for social protection", *Social Protection for the Poor and Poorest. Concepts, Policies and Politics*, A. Barrientos y D. Hulme (eds.), Basingstoke, Palgrave Macmillan, 2008; C. Serrano y D. Raczynski, "Derechos sociales básicos, superación de la pobreza y protección social ante la vulnerabilidad", Santiago de Chile, Asesorías para el Desarrollo [en línea] http://www.asesoriasparaeldesarrollo.cl/secciones/areas_de_trabajo/politicas_sociales.html, 2003; Ana Sojo, "Vulnerabilidad social, aseguramiento y diversificación de riesgos en América Latina y el Caribe", *Revista de la CEPAL*, N° 80 (LC/G.2204-P/E), Santiago de Chile, Comisión Económica para América Latina y el Caribe (CEPAL) 2003.

En este contexto, tanto en el análisis del concepto como en la definición de objetivos y alternativas de política sobre protección social es posible identificar diversos puntos de vista (Barrientos y Hulme, 2008; Cook y Kabeer, 2009; Norton, Conway y Foster, 2002): desde el de la economía del empleo, habitualmente circunscrita al ámbito de la protección de los trabajadores formales; otros centran su contribución en los pobres, los inactivos y los trabajadores informales, en tanto que otros integran ambas visiones en una más amplia que incluye, además, la regulación del mercado laboral entre sus componentes[8]. Algunos autores comprenden el alcance de la protección social en función de los dos primeros componentes: seguridad social y asistencia (Ferreira y Robalino, 2010; Norton Conway y Foster, 2002), mientras que en otras formulaciones, los tres componentes mencionados aparecen como inseparables en el diseño de sistemas de protección social (Banco Mundial, 2001b; Barrientos y Hulme, 2008; Holzmann y Jorgensen, 1999).

En América Latina, los debates más recientes están intrínsecamente asociados a los referidos a la pobreza y la falta de mecanismos de protección frente a los riesgos de quienes viven en esa situación (Barrientos y Hulme, 2008; Cook y Kabeer, 2009). En este documento se adopta un punto de vista amplio de la protección social como garantía de ciudadanía, y por tanto, universal en su orientación, aun cuando se reconoce que es necesario incorporar instrumentos diferenciados y focalizados para consolidarla, brindando atención en primer lugar a quienes se encuentran en situación de mayor pobreza y vulnerabilidad. La protección social incluye tanto los instrumentos de protección contributivos como no contributivos surgidos del limitado poder de integración del empleo formal a las estructuras de la protección social contributiva.

Sin embargo, este criterio no es ni ha sido generalizado, sino, al contrario, es posible analizar distintos enfoques, entre los que se identifican cuatro que han marcado el debate: i) la protección basada en el empleo formal, ii) la protección frente a situaciones de emergencia, iii) la protección como asistencia y acceso a la promoción y iv) la protección como garantía ciudadana.

---

8 Cabe distinguir entre los autores que enfatizan el papel de la regulación de los mercados laborales (Barrientos y Hulme, 2008) y del fortalecimiento de las instituciones laborales (Weller, 2008) para la protección social (véase el capítulo IV.E.3), y quienes ponen de relieve el papel de las políticas laborales y de mejoramiento de la empleabilidad de los trabajadores (Ribe, Robalino y Walker, 2010). En la concepción que aquí se presenta sobre protección social, estas últimas cabrían en el marco de las políticas de promoción social (véase el capítulo IV.A), que si bien muestran marcadas sinergias con las de protección social, funcionan con distintas medidas de implementación.

1. Protección basada en el empleo formal

La reflexión respecto de la protección social durante gran parte del siglo pasado estuvo vinculada a la protección social contributiva y a una "sociedad del trabajo" (CEPAL 2006, pág. 34). Se trataba de un enfoque de "protección basada en el empleo formal", y que, como se ha señalado, da cuenta de una primera aproximación de los mecanismos necesarios para proteger a los trabajadores ante circunstancias inesperadas (desempleo, enfermedad o accidentes laborales), así como en determinadas etapas del ciclo de vida (fundamentalmente, a través de las pensiones y jubilaciones, y seguros de sobrevivencia a los familiares de los trabajadores).

Este enfoque se reflejó en instrumentos y mecanismos como los seguros sociales y las mutuales, así como en la legislación laboral elaborada por los Estados ante las demandas de mejoras laborales de los trabajadores formales organizados en gremios y asociaciones[9]. Estos instrumentos resultaron, en la práctica, estratificantes en cuanto a su cobertura, pues solo estaban disponibles para quienes estuvieran vinculados al mundo del trabajo formal (Filgueira y Filgueira, 2002). Así, se dejaba fuera a importantes sectores sociales, particularmente a los trabajadores rurales y pobres urbanos no asalariados, situación que se ha agravado por las tendencias recientes del mercado laboral. En tal contexto, la CEPAL (2006) ha hablado de la promesa incumplida del pleno empleo, refiriéndose a la convicción de que a través de él se lograrían consolidar los derechos asociados a la ciudadanía social en América Latina (Marshall, 1950). Si bien este enfoque de protección social se ha mantenido a lo largo del tiempo, los gobiernos de la región, así como diversas instituciones internacionales, han puesto una mayor atención en generar mecanismos que permitan proveer de un nivel básico de protección para quienes permanecen, por diversas razones, fuera del mercado formal de trabajo.

2. Protección frente a situaciones de emergencia

Sobre la base de estas consideraciones, así como de las transformaciones que operan en los paradigmas de la política social, se identifica la necesidad de elaborar enfoques más integrales y articulados para la superación de la pobreza. Este interés se intensifica a partir del diagnóstico de los impactos generados por los ciclos de crisis económica que golpearon a la región. La volatilidad de los precios, la precariedad de los empleos y las numerosas restricciones para acceder a mecanismos públicos y privados de aseguramiento afectan de manera más intensa a los

---

9 Por ejemplo, las reformas laborales pioneras en el Uruguay en la década de 1920 o la Ley del seguro social de 1943 en México.

pobres y vulnerables, disminuyen su acceso a recursos para incrementar su consumo y proteger su bienestar ante eventos críticos, y, por tanto, los deja más expuestos a sufrir pérdidas presentes y futuras en el capital acumulado (Cook y Kabeer, 2009, pág. 4). Se comienza a hablar entonces de las redes de seguridad (*safety nets*), también conocidas como "redes de protección social" (León, 2008, pág. 134) o "redes mínimas de protección social" (Mesa-Lago, 2000, pág. 41)[10]. Estas redes incluyen el conjunto de políticas y programas de reducción de la pobreza existentes hasta aquel momento (transferencias en dinero o especie, subsidios monetarios a la alimentación y electricidad, empleos de emergencia, fondos de inversión social, entre otros), unidos al acceso gratuito a los servicios sociales de corte más tradicional (salud, educación, transporte y, en algunos casos, vivienda) (Grosh y otros, 2008, pág. 5-6). Estas redes se consideran intervenciones compensatorias que incrementan el ingreso y otros activos mediante transferencias focalizadas, diseñadas específicamente para sostener o aumentar el bienestar de los grupos pobres o vulnerables en períodos de transición (o crisis) económica (Graham, 1994 en Cohen y Franco, 2006a, pág. 47), razón por la cual se llamará a este enfoque "protección frente a situaciones de emergencia"[11].

Se trata de políticas de naturaleza no contributiva y focalizadas en quienes viven en situación de pobreza y pobreza extrema, y no incluyen políticas de protección social contributiva (Grosh y otros, 2008, pág. 4). Las medidas que prevén se implementan mientras las personas buscan nuevas oportunidades económicas que, supuestamente, les permitirán mejorar su situación de manera expedita (Barrientos y Hulme, 2008). La novedad que ofrecen es coordinar, precisamente desde la perspectiva de una red, la oferta pública para mitigar los impactos de los eventos críticos. La idea es incorporar a esta red de carácter temporal a quienes se encuentran fuera del alcance de las políticas sociales y no cuentan con suficiente capacidad de respuesta autónoma ante los riesgos. Si bien se trata de intervenciones de carácter residual, que buscan responder a través de medidas mitigadoras y compensatorias en el corto plazo las caídas bruscas en los ingresos que afectan a los hogares más pobres (Deveraux, 2002a; Conway y Norton, 2002), son un antecedente directo de los debates más recientes sobre protección social.

[10] En este documento se opta por hablar de "redes de seguridad" para distinguirlas de los sistemas de protección social que dan cuenta de una mirada más comprehensiva a nivel conceptual y operativo. Estos sistemas a veces son llamados "redes de protección social", de allí que se procure evitar la confusión entre ambos enfoques.

[11] Este enfoque estuvo presente, de manera implícita o explícita, en las primeras formulaciones de los fondos de inversión social (por ejemplo, los del Estado Plurinacional de Bolivia) y las redes de seguridad social, entre fines de los años ochenta y los noventa.

3. Protección como asistencia y acceso a la promoción

A fines del siglo pasado y comienzos de este, se hace evidente la necesidad de generar estrategias que logren ir más allá de los eventos críticos y sus efectos inmediatos en el decaimiento estacional de los estándares de vida de las personas y familias. Se busca intervenir ante impactos de más largo plazo en la trasmisión intergeneracional de la pobreza y en pérdidas agregadas en el bienestar de las familias y sus integrantes, derivadas de la adopción de estrategias familiares ante el riesgo que compromete activos esenciales[12]. Así, la pobreza comienza a verse como un fenómeno dinámico, de múltiples entradas y salidas en el tiempo, que requiere de intervenciones más complejas y persistentes para su superación. Por lo tanto, la protección social debería asumir papeles de corto y largo plazo en el combate a la pobreza (Banco Mundial, 2001b), y hacer frente a las necesidades más urgentes derivadas de los riesgos y crisis; también le corresponderá apoyar la conservación y acumulación de activos —incluidas, por ejemplo, las pensiones no contributivas— a través de políticas de prevención, así como aportar a la transformación de las condiciones socioeconómicas que se encuentran en la base de la pobreza (Acosta y Ramírez, 2004; Barrientos y Hulme, 2005, pág. 9)[13]. Denominamos a esta versión más amplia de la protección social "protección como asistencia y acceso a la promoción".

Este nuevo enfoque queda plasmado en el título del primer instructivo sectorial de protección social del Banco Mundial (*Social Protection Sector Strategy: from Safety Net to Springboard*) que muestra la transformación de la protección social de las "redes de seguridad" (*safety nets)* a la noción de "trampolín" (*springboard*) (Banco Mundial, 2001b; Cook y Kabeer, 2009, pág. 8), trascendiendo las respuestas centradas solo en el plano de "emergencia"[14]. Progresivamente, se incorporan otras medidas, que habían quedado relegadas durante la época de ajuste estructural, como la regulación de los mercados laborales, la entrega de transferencias de tipo no contributivo a los adultos mayores que no cuenten con mecanismos de protección social contributiva y la incorporación de beneficios de aseguramiento contra el desempleo (Cook y Kabeer, 2009; Acosta y Ramírez, 2004).

---

12 Wood (2003) describe la situación que enfrentan quienes viven en situación de pobreza como "mantenerse pobres para estar seguros" (véase Barrientos y Hulme 2005, pág. 10).

13 Acosta y Ramírez (2004, pág. 48) llaman la atención sobre la necesidad de combinar en los sistemas integrales de protección social, mecanismos de mitigación de los riesgos asociados a crisis económicas, así como medidas anticíclicas, en momentos de mayor estabilidad. Se espera que estos mecanismos permitan mantener el "funcionamiento de la protección social" en sus dimensiones de financiamiento y operación.

14 En un reciente informe del Banco Mundial (Ferreira y Robalino, 2010) se propone el término "cuerdas de oportunidad" (opportunity ropes) para hacer énfasis en el tema de la promoción social sustentable.

Si bien en la práctica ambos enfoques —protección frente a situaciones de emergencia y protección como asistencia y acceso a la promoción— son cercanos y comparten una atención centrada en la pobreza como eje principal de acción, ambos se distinguen no solo en función de su dimensión temporal, sino, fundamentalmente, de las políticas que articulan. Si en el primer caso se trata de respuestas ad hoc formuladas en un escenario de crisis, en el segundo se va consolidando una mirada de más largo plazo, con intervenciones más articuladas entre sí y que intentan responder a las necesidades de protección de familias y hogares a lo largo del ciclo de vida. Las políticas diseñadas en el marco del enfoque de protección social frente a situaciones de emergencia no siempre fueron capaces de alcanzar a la población que vive en situación de extrema pobreza, como en el caso de los fondos de inversión social (Britto, 2004; Deveraux, 2002a), en tanto que en la protección como asistencia y acceso a la promoción se incluye un diseño más atento a las necesidades de quienes viven en la pobreza, pobreza extrema y situaciones de vulnerabilidad.

Asimismo, en este último enfoque se distingue cada vez más entre acciones promocionales y de protección: mientras que estas últimas quedan asociadas a los conceptos de riesgo y vulnerabilidad (véase el recuadro I.3), las primeras se vinculan más estrechamente con las estrategias de fortalecimiento del capital humano y el mejoramiento de los servicios relacionados en cobertura y calidad[15]. Concretamente, las políticas de promoción social consisten en el conjunto de esfuerzos específicos para el fortalecimiento de los activos con que cuentan las familias. Son políticas de promoción las sectoriales de salud y educación (y otras como vivienda), junto con los programas para elevar los ingresos de las familias (como los microcréditos) y mejorar la empleabilidad de familias y personas en situación de pobreza y vulnerabilidad (programas de capacitación) (Deveraux, 2002a; Dreze y Sen, 1989).

Debido a su potencial para fortalecer los activos con que cuentan los hogares, proteger ante los riesgos y contribuir a la superación de la pobreza, las políticas de formación de capital humano se encuentran en

---

[15] Entre 1999 y 2001 aparecen una serie de documentos conceptuales elaborados por el Banco Mundial en que se reconocen los límites del crecimiento económico y las políticas macroeconómicas para conducir por sí solas a la eliminación de la pobreza (Banco Mundial, 2001a y 2001b; Holzmann y Jorgensen, 1999). El Informe sobre el desarrollo mundial 2000/2001: lucha contra la pobreza da cuenta, precisamente, de esta preocupación e identifica tres ámbitos centrales de acción para la nueva estrategia de combate a la pobreza: la creación de oportunidades, el empoderamiento de quienes viven en situación de pobreza y la protección social (Banco Mundial, 2001a). Al mismo tiempo, numerosos estudios muestran el papel determinante que tiene la educación en la pobreza medida a través de ingresos (Fiszbein y Psacharopoulos, 1995 y CEPAL, 2002 en Britto, 2004, pág. 2).

íntima relación con las de protección social. Estas últimas se encargan de resguardar las condiciones que garantizarán el acceso y mantenimiento de los individuos y familias dentro de los sistemas de formación de capital humano, previniendo, por ejemplo, el trabajo infantil como estrategia para enfrentar determinados eventos críticos. A su vez, el fortalecimiento del capital humano es un activo que, en el largo plazo, puede proteger de forma significativa frente a determinados riesgos. Como se verá más adelante, está complementariedad entre aspectos de protección y promoción está detrás de los programas de transferencia con corresponsabilidad, que demandan una mayor articulación entre su componente de transferencia de ingresos y la oferta pública sectorial vinculada a los ámbitos de formación de capital humano (salud y educación).

Recuadro I.3

EL RIESGO Y LA VULNERABILIDAD COMO CONCEPTOS CLAVE DE LA PROTECCIÓN SOCIAL

En el centro de las definiciones más recientes sobre protección social se encuentran las ideas de riesgo y vulnerabilidad. Los eventos o condiciones del entorno que constituyen un "riesgo" son aquellos que "pueden dañar el bienestar y que son inciertos en cuanto a su ocurrencia" (Sojo, 2007, pág. 119). Si bien el riesgo y los eventos críticos afectan a todos dentro de una sociedad, lo hacen de manera más intensa a quienes viven en situación de pobreza y pobreza extrema y a los que, no siendo pobres, son vulnerables a la pobreza. En este marco, por "vulnerabilidad" se entenderá la probabilidad de ser pobre en el futuro o de sufrir daño a partir de un determinado riesgo o amenaza (Barrientos y Hulme, 2008, pág. 4).

Aplicado al campo de la seguridad alimentaria, el Programa Mundial de Alimentos (PMA) define a la vulnerabilidad alimentaria como "la probabilidad de que se produzca una disminución aguda del acceso a alimentos, o a su consumo, en relación a un valor mínimo que define niveles críticos de bienestar humano" (PMA, 2002 en Martínez y Fernández, 2006, pág. 6). Es posible traducir esta definición a los siguientes términos de relación:

Vulnerabilidad = riesgo – capacidad de respuesta

Esta definición parece ser válida no solo para la seguridad alimentaria y la desnutrición, sino también para las restricciones de ingreso y pobreza, así como para otros ámbitos de la protección social. En efecto, de acuerdo con esta definición, un aspecto clave para identificar las personas o los grupos que son vulnerables es la capacidad de respuesta de los individuos y familias frente a los distintos tipos de riesgo. En esta relación, serán más vulnerables quienes menor capacidad de respuesta tengan.

La capacidad de respuesta puede fundarse en los activos de que disponen los hogares, familias e individuos, junto con la capacidad social

(continúa)

Recuadro I.3 (conclusión)

e institucional para hacer frente a situaciones de riesgo y la estructura de oportunidades existente en la sociedad.

Los activos "son el conjunto de recursos que en una instancia dada pueden ser movilizados en busca de mejoras en el bienestar o de evitar caídas en el bienestar de un hogar" (Kaztman y otros, 1999, pág. 9). Entre estos activos se cuentan: el capital humano (salud, educación y conocimiento), el capital social (redes de apoyo, contactos y acceso a información), el capital físico o patrimonial (alimentos, tierra y otros), los ingresos y el trabajo (Kaztman y otros, 1999, pág. 12; Moser, 1996 en Escobar y González de la Rocha, 2002). En cada uno de estos tipos de activos hay atributos individuales o familiares sobre los que se ejerce control y que pueden movilizarse para su acumulación, consumo e inversión productiva (Kaztman y otros, 1999, pág. 13-14).

El capital social es el que permite activar mecanismos más allá del hogar para dar protección ante situaciones de riesgo social, económico o ambiental que conlleven caída brusca de ingresos o pérdida de activos. La expresión informal de estos mecanismos es la que se genera de manera autónoma la propia comunidad y algunos ejemplos recurrentes son las asociaciones de consumidores, los mercados de trueque, la minga y las ollas comunes. La expresión más formal es la que ofrece la institucionalidad del Estado a través de sus instrumentos de protección social no contributiva, mediante la distribución de recursos, bienes y servicios o empleos de emergencia.

La estructura de oportunidades, por otra parte, está compuesta tanto por mecanismos de mercado como estatales, y se refiere al conjunto de fuentes de renovación y acumulación de activos, que facilita a los hogares el uso de sus propios recursos o les suministra otros que les son útiles para su integración a la sociedad (Kaztman y Filgueira, F. 2006, pág. 9). Estas estructuras pueden, por una parte, proveer nuevos activos o regenerar los agotados (por ejemplo, a través de los servicios de salud y educación gratuita) y, por la otra, facilitar un uso más eficiente de los recursos con los que un hogar cuenta (por ejemplo, abriendo guarderías infantiles para liberar recursos humanos que pueden ser invertidos en la producción de ingresos) (Kaztman y Filgueira, F. 2006, pág. 10). Incorporan, por tanto, políticas y estrategias de promoción y protección social.

Fuente: A. Escobar y M. González de la Rocha, "Evaluación cualitativa del programa de desarrollo humano Oportunidades. Seguimiento de impacto 2001-2002, comunidades de 2.500 a 50.000 habitantes", evaluación de resultados de impacto del programa de desarrollo humano Oportunidades, México, D.F., Centro de Investigaciones y Estudios Superiores de Antropología Social (CIESAS), 2002; R. Kaztman y otros, "Vulnerabilidad, activos y exclusión social en Argentina y Uruguay", *Documento de trabajo*, N° 107, Santiago de Chile, Organización Internacional del Trabajo (OIT), 1999; R Kaztman y F. Filgueira, "Las normas como bien público y como bien privado: reflexiones en las fronteras del enfoque AVEO", *Colección aportes conceptuales*, N° 4, Montevideo, Universidad Católica del Uruguay, 2006; R. Martínez y A. Fernández, "Modelo de análisis del impacto social y económico de la desnutrición infantil en América Latina", *serie Manuales*, N° 52 (LC/L.2650-P), Santiago de Chile, Comisión Económica para América Latina y el Caribe (CEPAL), 2006. Publicación de las Naciones Unidas, N° de venta: S.06.11.G.175.

4. Protección como garantía ciudadana

La necesidad de instalar una visión más inclusiva y sustentable de la protección social es el antecedente de un cuarto enfoque de protección social, que va más allá de quienes viven en situación de pobreza y se orienta a asegurar niveles mínimos de protección al conjunto de la ciudadanía: es el que denominamos "protección como garantía ciudadana" y que brinda orientaciones fundamentales para la integralidad e inclusividad de la protección social. Esta perspectiva se fundamenta en la Declaración Universal de Derechos Humanos de 1948, el Pacto Internacional de Derechos Económicos, Sociales y Culturales (PIDESC) de 1966 y otros instrumentos de la normativa internacional de derechos humanos (véase el anexo 1), pero es solamente durante la última década cuando su mensaje empieza a tener más presencia y ganar más adeptos en América Latina, tanto entre los analistas como entre los equipos a cargo del diseño e implementación de la protección social.

La protección social como garantía ciudadana se enfoca fundamentalmente en la realización de los derechos económicos, sociales y culturales, y en los cuatro principios que deberían estar incorporados a nivel conceptual y operativo en los sistemas de protección social: i) igualdad y no discriminación, ii) participación y empoderamiento, iii) rendición de cuentas y iv) transparencia; estos principios generan obligaciones de carácter irrenunciable, universal y progresivo de los Estados con sus ciudadanos (Abramovich, 2006). Los Estados tienen así la obligación de respetar, proteger y promover la realización de los derechos, que tienen la característica de ser complementarios e indivisibles (Abramovich, 2006). De esta manera, la titularidad de derechos se convierte en garantía y fundamento de la ciudadanía (CEPAL, 2006, pág. 18).

Como plantean Abramovich y Pautassi, estos derechos, al ser aplicados a las estrategias de desarrollo, permiten fijar pautas y criterios para el diseño y la implementación de estrategias sustentables de desarrollo y políticas sociales inclusivas. Estas pautas "se traducen en estándares jurídicos —como la obligación de garantizar el contenido mínimo de los derechos, la obligación para los Estados de no aplicar políticas regresivas sino progresivas, la obligación de garantizar la participación ciudadana—, así como en principios —igualdad y no discriminación, universalidad, acceso a la justicia, acceso a la información pública—, que se utilizan para desarrollar una matriz útil en la definición de las políticas y estrategias de intervención, tanto de los Estados como de los actores sociales y los organismos de cooperación para el desarrollo, como también para el diseño de acciones para la fiscalización y evaluación de políticas públicas" (Abramovich y Pautassi, 2009).

El cumplimiento de las obligaciones adquiridas a través de los mandatos incorporados en las cartas constitucionales, así como en los pactos y tratados internacionales, lleva a los Estados a generar medidas positivas en materia de políticas públicas, que faciliten la implementación de mecanismos de seguimiento respecto de estas últimas (Abramovich y Pautassi, 2009). Así, en la región es cada vez más frecuente encontrar programas sociales, políticas sectoriales y reformas diseñadas desde un enfoque de derechos. Ejemplos de esta tendencia son el Plan Acceso Universal con Garantías Explícitas (plan AUGE, véase el recuadro II.5), el sistema de protección social en Chile y la reforma del sistema de salud en Colombia. Algunos programas de transferencia con corresponsabilidad como Oportunidades en México o *Bolsa Família* en el Brasil incluyen en su formulación una referencia directa a los estándares de derechos, aun cuando el conjunto de sus intervenciones no surge únicamente de esta matriz ni siempre logren ser efectivos.

Un concepto de protección social en un marco normativo de derechos supone generar estándares concretos e igualitarios para su implementación a favor de toda la ciudadanía. Las garantías se refieren, por tanto, a un conjunto de estándares que traducen los derechos económicos, sociales y culturales en ámbitos precisos de política —como el acceso, la calidad, el financiamiento, el monitoreo, la participación y la compensación—, sujetos a una legislación que obliga a su implementación y seguimiento por parte del Estado (Gacitúa-Marió y Norton, 2009). Con este enfoque, la protección social debería, por tanto, orientarse a: i) comunicar amplia y claramente los derechos, beneficios y estándares exigibles por los ciudadanos, ii) comprometer la equidad en la provisión de los servicios que materializan tales beneficios y estándares y iii) definir los mecanismos de compensación ante el incumplimiento de estos (Norton, Gacitúa-Marió y Georgieva, 2009, pág. 3).

Es posible identificar el enfoque de protección como garantía ciudadana a partir de una serie de debates, análisis y propuestas concretas de protección social sustentadas en derechos y elaboradas en diversos círculos académicos de la región y por organismos internacionales, más que en una sola formulación (cf. CEPAL, 2006; Filgueira y otros, 2006; Gacitúa-Marió, Norton y Georgieva, 2009; Molina, 2006; OIT, 2008a, 2008b; Naciones Unidas, 2009a, 2000). Pese a su diversidad, estas propuestas muestran cierta coincidencia en la búsqueda de la extensión de los mecanismos de protección para quienes aún se encuentran fuera de su alcance y la realización de la ciudadanía social. En su conjunto, se observa una búsqueda compartida en torno a los siguientes elementos:

i) Esquemas de protección social construidos a partir de la noción de ciudadanía social y de los derechos económicos, sociales y culturales, en que el Estado tiene un papel central como garante de los estándares que definen mínimos sociales de protección social y que establecen bases comunes respecto de la calidad y acceso (cobertura) a los servicios y beneficios asociados con las políticas de protección social, independientemente de que su provisión sea estatal, privada o mixta.

ii) Una orientación universal de la protección social como objetivo último, que mantiene la focalización de las acciones como instrumento para reducir las desigualdades y optimizar la distribución de recursos, y revela la existencia de posiciones contrastantes sobre la introducción de criterios de condicionalidad.

iii) Una serie de estándares de contenidos, acceso y calidad, entendidos como "mínimos sociales", que se han incorporado en diversos mecanismos y propuestas para traducir la universalidad de la protección social en políticas concretas.

iv) Instrumentos diseñados en función de la mejora de la identificación de los riesgos que enfrentan las familias y distintos grupos, y el fortalecimiento de la acumulación de activos y contribución a la plena realización de sus derechos, lo que requiere gestionar la protección social desde una óptica de integralidad, intersectorialidad y adaptabilidad de sus acciones, a través de sistemas de políticas de protección y promoción social, más que de programas e intervenciones aisladas.

La especificidad del enfoque de protección social como garantía ciudadana reside, por tanto, en la instalación de una mirada sinérgica de la protección social que trasciende —al mismo tiempo que incluye— los ámbitos de la protección contributiva (seguridad) y no contributiva (asistencia social). Más allá de definir políticas de protección social a priori, se identifican necesidades y vacíos de intervención, lo que hace más complejo el diseño y la gestión.

Capítulo II

La protección social en la América Latina del nuevo milenio

Las distintas conceptualizaciones y orientaciones analíticas sobre la protección social y las políticas implementadas en los países de la región delimitan el contexto en el cual cabe analizar las características de las políticas vigentes, los recursos involucrados y los arreglos institucionales desarrollados para su implementación. A continuación se presentan algunos de sus principales elementos, avances y limitaciones.

A. La situación actual, una realidad de brechas y logros

En el año 2009, 183 millones de personas vivían en la pobreza en América Latina —un tercio de los habitantes de la región—, de las cuales 74 millones se encontraban en la pobreza extrema (CEPAL, 2010c). Esto significa que entre 2008 y 2009 tres millones de personas cayeron en la pobreza extrema a causa de la crisis económica mundial, el aumento del desempleo y la informalidad y la insuficiencia de los mecanismos de protección social. Muchos otros ciudadanos continuarán viviendo en una situación de vulnerabilidad, que supone enormes dificultades para enfrentar crisis económicas o de otra índole[1].

---

[1] De acuerdo con datos de la CEPAL (2010a), entre el 37% (Uruguay) y el 86% (Honduras) de la población latinoamericana es extremadamente pobre, pobre o vulnerable a la pobreza (su ingreso per cápita no supera 1,8 veces la línea de pobreza de su país).

Pese a la temprana introducción del denominado enfoque de "protección basada en el empleo formal" (véase el capítulo I.C), fundamentalmente sustentado en políticas de protección social contributiva (Draibe y Riesco, 2007; Mesa-Lago, 2004a), en América Latina coexisten en la actualidad dos realidades muy distintas para los ciudadanos (Bertranou, 2008; CEPAL, 2006, 2008a; Filgueira, 2007; Regalia, 2006). Por una parte, menos de la mitad de la población ocupada está integrada en el mercado formal del trabajo y cuenta con algún tipo de protección social contributiva, es decir, tiene acceso a un conjunto de mecanismos de cobertura ante contingencias y riesgos estructurales. Por otra, una gran parte de la población continúa excluida del mercado formal del trabajo y por ende carece de acceso a tales mecanismos. El origen de esta dualidad debe buscarse en los fundamentos de la protección social anclada en la expansión del mercado formal del trabajo (Lo Vuolo, 2009), promesa largamente incumplida en la región (CEPAL, 2006).

Los datos estadísticos disponibles indican que la precariedad en el mercado de trabajo en la región se vincula con la informalidad y el empleo en sectores de baja productividad. En 2008, alrededor de la mitad de los trabajadores latinoamericanos estaba ocupada en los sectores de baja productividad e ingresos, con escasa cobertura de seguridad social (véase el gráfico II.1)[2]. Ese mismo año, frente a una afiliación del 51,5% de los ocupados de 15 años y más a la seguridad social, solamente el 19,1% de los ocupados en el sector informal contaba con cobertura de la seguridad social. Entre los trabajadores ocupados en las áreas rurales la cobertura llegaba al 27%. Preocupa, en particular, la gran proporción de mujeres ocupadas en sectores de baja productividad (55,5%) en comparación con los hombres (45,9%) (Naciones Unidas, 2010) (véase el cuadro 3 del anexo estadístico).

Asimismo, cerca del 41% de los trabajadores de 12 países de la región no contaban con un contrato formal de trabajo en 2006 (CEPAL, 2009a), cifra que da cuenta de capas medias que también quedan excluidas de un tipo de relación laboral contractual y, en consecuencia, se vuelven más vulnerables. Ese mismo año, solo el 26,2% de los asalariados del sector de baja productividad aportaba a la seguridad social, en evidente contraste con el 76,7% de los asalariados de los sectores de productividad media y alta, quienes sí cotizaban en estos sistemas.

---

2 De acuerdo con la CEPAL, la informalidad se refiere a los ocupados en el sector de baja productividad, o sea los empleadores o asalariados (profesionales y técnicos o no) que trabajan en empresas con hasta cinco empleados (microempresas) o en el empleo doméstico o son trabajadores independientes no calificados (por cuenta propia y familiares no remunerados sin calificación profesional o técnica).

Gráfico II.1
AMÉRICA LATINA (18 PAÍSES): OCUPADOS EN SECTORES DE BAJA PRODUCTIVIDAD (SECTOR INFORMAL) Y OCUPADOS NO AFILIADOS A LA SEGURIDAD SOCIAL, ALREDEDOR DE 2008
(En porcentajes)

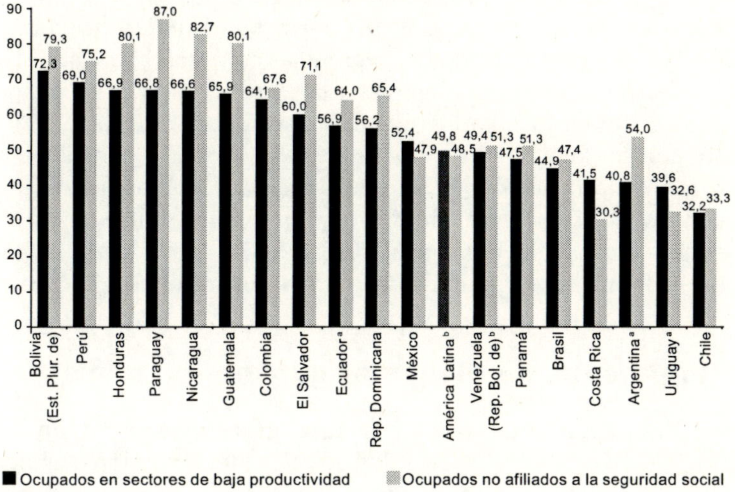

Fuente: Comisión Económica para América Latina y el Caribe (CEPAL), sobre la base de tabulaciones especiales de las encuestas de hogares de los respectivos países.
[a] Áreas urbanas.
[b] Promedio ponderado.

Cabe destacar que, incluso en períodos de crecimiento como el de 2003 a 2008, los problemas estructurales del empleo no se han resuelto y se mantienen altos niveles de "vulnerabilidad al empobrecimiento" (CEPAL, 2010a). Claramente, las familias pobres y vulnerables de la región no disponen de empleo e ingresos en forma permanente, pese a que el primero constituye el principal recurso con que cuenta la gran mayoría de los hogares para garantizar la subsistencia (Cecchini y Uthoff, 2008; CEPAL, 2009a)[3].

Existe a su vez un conjunto de personas —entre ellas los adultos mayores, los niños y los discapacitados— que se encuentran fuera del mercado del trabajo. Aunque en determinados casos están cubiertas por la protección social contributiva mediante seguros y pensiones del cónyuge o familiar, con frecuencia carecen de dicha cobertura y por tanto requieren mecanismos de protección social no contributivos.

---

[3] De acuerdo con datos de la CEPAL, las remuneraciones provenientes del trabajo representan en promedio el 79% de los ingresos de los hogares de la región. Los salarios representan aproximadamente dos tercios de dicho porcentaje, que equivalen al 52% del ingreso total (CEPAL, 2009a).

En este contexto, en el marco de la protección social se ha debido hacer frente a diversas situaciones mediante la creación de mecanismos de aseguramiento —ya sea vinculados con el mercado de trabajo o independientes de este— y la cobertura ante reducciones bruscas del ingreso por medio de la protección social no contributiva. En particular, el conjunto de las transferencias de ingresos estatales no contributivas —entre ellas los programas de transferencias con corresponsabilidad (PTC) o las pensiones sociales— muestran una clara incidencia en la mejora de los niveles de bienestar de los hogares más pobres (CEPAL, 2010a). Esto contrasta con los instrumentos de la protección social contributiva, como el aseguramiento privado y las indemnizaciones laborales y de salud, que se concentran en los sectores de mayores ingresos y entre los trabajadores del mercado formal de empleo (CEPAL, 2010a; Mesa-Lago, 2009), tienen impactos redistributivos negativos o nulos y son altamente segmentadores.

B. Regímenes de bienestar e inversión social

América Latina se caracteriza por una gran diversidad en cuanto a los tipos de protección social y los niveles de inversión pública social —tradicionalmente conocida como "gasto"—, así como en relación con sus impactos redistributivos[4]. En muchos países se ha logrado avanzar en la protección de los ciudadanos, al extenderse la cobertura a grupos hasta hace pocos años excluidos[5]. Esto ha ocurrido en parte gracias al aumento de la inversión social, que desde 1990-1991 se ha incrementado en promedio cinco puntos porcentuales, para llegar al 18% del producto interno bruto (PIB) en 2007-2008 (CEPAL, 2010c)[6]. Aunque significativo, este avance es todavía insuficiente, si se tiene en cuenta que la región se sitúa siete puntos porcentuales por debajo de los países de la Organización de Cooperación y Desarrollo Económicos (OCDE), cuya inversión social alcanza el 25% del PIB (CEPAL, 2010a). Los niveles de inversión social per cápita también varían mucho según los países —de un mínimo de 107

---

4 En las estadísticas de finanzas públicas y las cuentas nacionales se suele hablar de "gasto social" para referirse a todos aquellos recursos destinados al financiamiento de la política social, sus programas y proyectos. Sin embargo, en este libro se prefiere utilizar la expresión "inversión social", a la luz de los retornos que esta tiene en términos de desarrollo humano en la sociedad (Martínez y Collinao, 2010).

5 Con excepción de Haití, que antes del terremoto de enero de 2010 se encontraba en una fase inicial de consolidación de sus redes de servicios sociales básicos, prácticamente en todos los países de América Latina existen mecanismos de acceso a políticas sectoriales de salud y educación, por más débiles que estas sean en cuanto a cobertura e inversión social. Asimismo, casi en la totalidad de los países de la región se han implementado programas de transferencias con o sin corresponsabilidad, ya sea como instrumento principal o complemento de otras medidas de protección social no contributiva.

6 El dato se refiere al promedio ponderado correspondiente a 21 países de América Latina y el Caribe.

dólares en Nicaragua hasta un máximo de 2.276 dólares en Argentina— y en algunos casos no se condicen con su nivel de desarrollo (véanse el gráfico II.2 y los cuadros 1 y 2 del anexo estadístico).

Gráfico II.2
AMÉRICA LATINA Y EL CARIBE (21 PAÍSES): INVERSIÓN PÚBLICA SOCIAL Y PRODUCTO INTERNO BRUTO PER CÁPITA, 2007-2008
(En dólares de 2000)

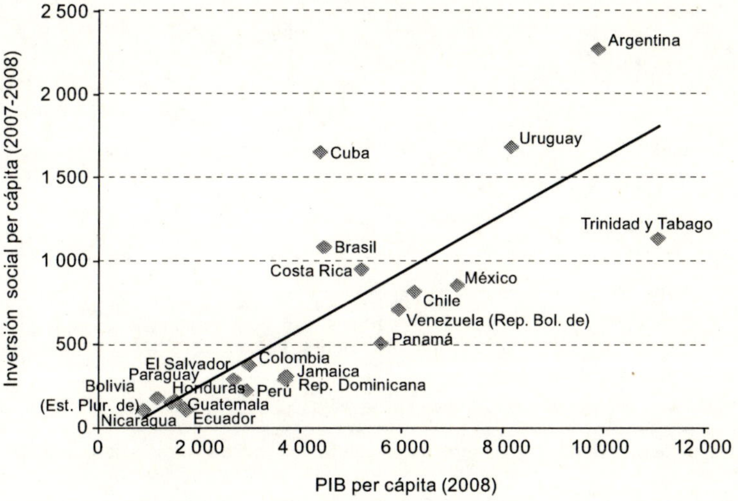

Fuente: Elaboración propia, sobre la base de Comisión Económica para América Latina y el Caribe (CEPAL), *Panorama social de América Latina, 2010*, documento informativo, Santiago de Chile, 2010.

Al analizar el impacto redistributivo de las transferencias monetarias públicas y privadas (véanse el gráfico II.3 y el cuadro 2 del anexo) es posible apreciar que contribuyen a disminuir la concentración del ingreso primario, sobre todo en los países con sistemas de protección social más consolidados y que tienen una mayor cobertura, como en el caso de la Argentina, el Brasil, Chile, Costa Rica y el Uruguay. Sin embargo, aun cuando reducen la concentración observada en el ingreso primario, las transferencias no siempre son progresivas en términos absolutos, pues en algunos países se concentran en hogares de ingreso primario más elevado, lo que resulta del peso de las jubilaciones y de la menor proporción de hogares que depende solo de estas. Por otra parte, cabe tener presente que si bien las transferencias solo representan el 9% del ingreso total, llegan a representar un tercio del ingreso de quienes las reciben, sobre todo en hogares compuestos únicamente por adultos mayores (CEPAL, 2010a, pág. 106).

Gráfico II.3
AMÉRICA LATINA (18 PAÍSES): COEFICIENTE DE GINI DEL INGRESO PER CÁPITA DE LOS HOGARES ANTES Y DESPUÉS DE LAS TRANSFERENCIAS, ALREDEDOR DE 2008[a]

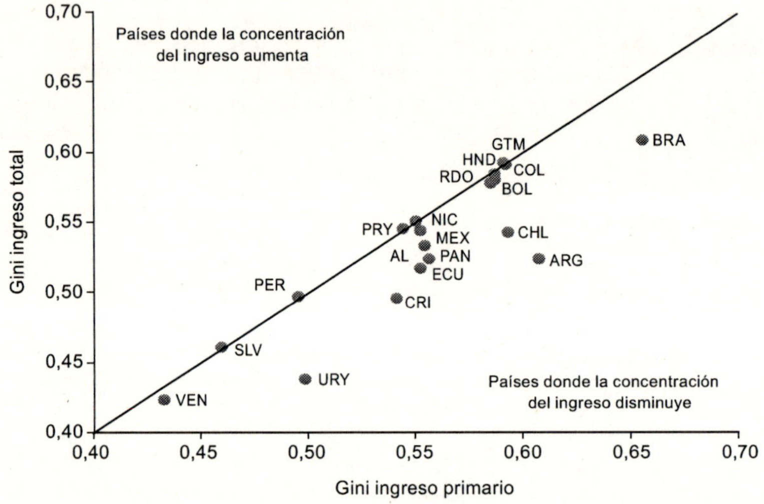

Fuente: Comisión Económica para América Latina y el Caribe (CEPAL), sobre la base de tabulaciones especiales de las encuestas de hogares de los respectivos países.

[a] Corresponde al ingreso primario, después de impuestos y aportes a la seguridad social.

Una forma de examinar el desempeño de la protección social en la región consiste en analizar su labor presupuestaria junto con sus logros. De acuerdo con la clasificación presentada por la CEPAL (2010a, 2010b), se distinguen tres grupos de países según sus niveles de inversión social, lo que tiene repercusiones en los resultados de la protección social y la cobertura de servicios de salud y educación (véase el cuadro II.1). Como se puede apreciar, subsisten brechas evidentes en la provisión de bienestar en América Latina: en promedio, menos de la mitad de la población ocupada de cada país tiene cobertura de la seguridad social, mientras que en aquellos países con menor inversión social esa proporción apenas llega a poco más de un quinto. Incluso en el caso del primer grupo —el de mayor inversión social— no hay una cobertura universal de la seguridad social, de modo que urge la búsqueda de alternativas para mejorar las respuestas estatales en este ámbito. Asimismo, existen grandes brechas en aseguramiento en salud y en el acceso a la educación.

Cuadro II.1
AMÉRICA LATINA: INDICADORES DE INVERSIÓN SOCIAL, COBERTURA DE PROTECCIÓN SOCIAL, SALUD Y EDUCACIÓN, ALREDEDOR DE 2008
(En promedios simples para cada grupo de países)

Indicador	Grupo I	Grupo II	Grupo III	América Latina
	Argentina, Brasil, Chile, Costa Rica, Panamá, Uruguay	Colombia, México, Venezuela (República Bolivariana de)	Bolivia (Estado Plurinacional de), Ecuador, El Salvador, Guatemala, Honduras, Nicaragua, Paraguay, Perú, República Dominicana	
Inversión social				
Inversión pública social per cápita (en dólares de 2000)	1 220	646	181	666 [a]
Inversión pública social como porcentaje del PIB	18,5	12,7	10,0	14,2 [a]
Inversión pública en seguridad y asistencia como porcentaje del PIB	8,1	5,0	2,6	5,0 [b]
Inversión pública en salud como porcentaje del PIB	4,1	2,2	2,3	2,9 [b]
Inversión pública en educación como porcentaje del PIB	4,7	4,2	4,1	4,3 [b]
Cobertura de protección social, salud y educación				
Ocupados afiliados a la seguridad social (en porcentajes)	58,5	49,9	23,9	41,4 [c]
Cobertura de pensiones y jubilaciones. Áreas urbanas (en porcentajes) [d]	64,4	26,6	14,1	32,8 [c]
Cobertura de aseguramiento en salud (en porcentajes) [d]	69,7	45,6	17,2	39,4 [c]
Tasa neta de matrícula en la educación secundaria [e]	76,1	71,0	57,9	66,1 [f]

Fuente: Comisión Económica para América Latina y el Caribe (CEPAL), sobre la base de tabulaciones especiales de las encuestas de hogares de los respectivos países; C. Mesa-Lago, "Social insurance (pensions and health), labour markets and coverage in Latin America", *Financing Social Policy. Mobilizing Resources for Social Development*, K. Hujo y S. McClanahan (eds.), Nueva York, Instituto de Investigaciones de las Naciones Unidas para el Desarrollo Social (UNRISD), Palgrave Macmillan, 2009 e Instituto de Estadística de la UNESCO (ISU) http://stats.uis.unesco.org/unesco/TableViewer/document.aspx?ReportId=143&IF_Language=eng.

[a] Promedio simple de 21 países.

[b] Promedio simple de 17 países.

[c] Promedio simple de 18 países.

[d] No incluye el Brasil. Los datos corresponden a los años 2004, 2005 y 2006.

[e] No incluye Costa Rica y Honduras.

[f] Promedio simple de 16 países.

La situación actual refleja los distintos procesos históricos que tuvieron lugar en los países a lo largo del siglo XX. Así, mientras algunos, como la Argentina, Chile, Cuba, el Uruguay y luego Costa Rica, fueron "pioneros" en desarrollar programas de protección social de tipo contributivo y no contributivo en los años veinte y treinta, en Colombia y México se hizo a partir de los años cuarenta y cincuenta y en otros, como el Estado Plurinacional de Bolivia, El Salvador y el Perú, estos programas se introdujeron a partir de la década de 1960 y no se cuenta con pensiones sociales (Mesa-Lago 2004a, págs. 186-187). Estos procesos derivan en modelos de Estado de bienestar de distintas características: el "universal estratificado" en la Argentina, Chile y el Uruguay, donde los mayores niveles de protección se vinculan con la pertenencia a grupos insertos en el mercado de empleo formal; el "régimen dual" en el Brasil y México, países sumamente heterogéneos en cuanto a la distribución territorial, de recursos y de los niveles de protección entre regiones geográficas; y el "régimen excluyente" en países como el Estado Plurinacional de Bolivia, el Ecuador, El Salvador, Guatemala, Honduras, Nicaragua y la República Dominicana, en los cuales hasta hace poco las élites se habían beneficiado en gran medida de los recursos estatales sin que hubiera prácticamente ningún tipo de redistribución pública de recursos (Filgueira y Filgueira, 2002, págs. 135-145).

La heterogeneidad de situaciones en la región refleja distintas visiones con respecto al papel del Estado en garantizar el acceso a la protección social frente a otros actores como el mercado, la familia y las organizaciones sociales y comunitarias, que en determinados países cobran mayor relevancia debido a la falta de políticas asociadas. En los países donde la participación del Estado en la provisión de protección social es menor y el acceso a servicios sociales fuera del mercado es más difícil, la familia y sus sistemas de cuidados domésticos basados en la división sexual del trabajo adquieren un papel fundamental (Martínez, J. 2008a). Este es el caso del régimen "informal-familiarista" (Martínez, J. 2008a) en el que cabría ubicar al Estado Plurinacional de Bolivia, Colombia, el Ecuador, El Salvador, Guatemala, Honduras, Nicaragua, el Paraguay, el Perú, la República Dominicana y la República Bolivariana de Venezuela. Con respecto a los países donde el Estado está más presente en los regímenes de bienestar, J. Martínez (2008a) establece dos categorías: por una parte, el régimen "estatal-productivista" (Argentina y Chile) y, por otra, el "estatal-proteccionista" (Brasil, Costa Rica, México, Panamá y Uruguay). En el primero, el mercado incorpora más activamente a los trabajadores al empleo formal y es, a la vez, un actor importante en la provisión de bienestar. Además, los recursos estatales están fuertemente orientados a la formación de capital humano, como lo muestran los altos niveles de inversión en salud y educación. En el segundo, existen mayores niveles de informalidad en el empleo y el Estado interviene más activamente que en otros casos en la regulación de los mercados laborales y en la creación de esquemas no contributivos.

Como se verá más adelante, es necesario tener en cuenta esta diversidad de arreglos y capacidades a la hora de plantear los requisitos y desafíos de un sistema integral de protección social.

C. Las instituciones de la protección social

En este apartado se presentan algunos de los principales elementos de la institucionalidad vigente en los países de la región a fin de visualizar el nivel de desarrollo y las posibilidades existentes para avanzar en políticas de protección social.

1. Las entidades y organismos a cargo

La participación de actores institucionales, tanto públicos como privados, en la implementación y operación de las políticas de protección social varía mucho en los países de la región. Esta diversidad es resultado de la naturaleza de la protección social, que incorpora distintas dimensiones y componentes —contributivos, no contributivos y la regulación de los mercados laborales (véase el capítulo IV.E)— y requiere de múltiples sinergias para su funcionamiento integral.

En primer lugar, cabe destacar que el Estado central, sus entidades ministeriales y secretarías desempeñan un papel clave en el diseño, la implementación, la evaluación y el control de la protección social. Las carteras de desarrollo social, salud, educación, trabajo y previsión (o seguridad) social están frecuentemente involucradas tanto en los ámbitos contributivos ("seguridad") como no contributivos ("asistencia") de la protección social, así como en la definición de políticas y regulaciones vinculadas al mercado laboral. Estas instituciones pueden participar tanto en la formulación de políticas como en su coordinación o parte de su implementación.

En segundo lugar, conforme a la observación de que no existe un modelo único de protección social en América Latina, es posible distinguir diversos tipos de arreglos institucionales, en los que se combinan instrumentos de tipo contributivo y no contributivo, de carácter universal y específico, tanto públicos como privados y mixtos (OIT, 2001 en Bertranou, Solorio y van Ginneken, 2002, pág. 12).

a) Protección social contributiva

Con respecto a la protección social de tipo contributivo, históricamente han confluido distintos actores, cuya participación se mantiene en la actualidad. En la región, se crearon en forma temprana instrumentos previsionales administrados directamente por las uniones sindicales o los gremios de cada rama —por medio de las cajas de previsión, como la Caja de Industria y Comercio del Uruguay, creada en 1919 como fondo de pensiones para los empleados de estos sectores. En otros casos, estos instrumentos son gestionados por el Estado, como los servicios del seguro social o los institutos de seguridad social[7] (Draibe y Riesco, 2007, pág. 43). Con las reformas implementadas durante las décadas de 1980 y 1990 cobran importancia las instituciones privadas de seguridad social, no obstante las instituciones públicas mantienen un papel importante tanto en la definición y control de políticas y niveles de aseguramiento garantizados como en la gestión de tales políticas. En el ámbito del sector privado se encuentran los seguros privados, los administradores de fondos de pensiones[8] y las mutuales de seguridad[9], que cubren sobre todo a los trabajadores formales, debido a la naturaleza contributiva de los requisitos de entrada al sistema.

b) Sector salud

En el ámbito específico de la protección social en salud, a las instituciones señaladas se suman otras vinculadas tanto al aseguramiento como a la provisión de servicios. Así, por ejemplo, al papel que cumplen los seguros públicos y privados de salud en los casos de licencias médicas, enfermedades laborales, invalidez o maternidad, se añade la participación de los ministerios o secretarías de salud y de los proveedores de servicios

---

7 En la región existen múltiples ejemplos de institutos de seguridad social —entre ellos el Instituto Guatemalteco de Seguridad Social, el Instituto Hondureño del Seguro Social (IHSS), el Instituto Mexicano del Seguro Social (IMSS), el Instituto Nicaragüense de Seguridad Social (INSS) y el Instituto Salvadoreño del Seguro Social (ISSS). Por lo general, se trata de instituciones autónomas de derecho público, con personería jurídica propia. En el caso de Honduras, además del IHSS, existen otros cuatro institutos que proveen pensiones a grupos específicos: i) el Instituto Nacional de Previsión del Magisterio (INPREMA) (para docentes del sector público y privado); ii) el Instituto Nacional de Jubilaciones y Pensiones de los Empleados y Funcionarios del Poder Ejecutivo (INJUPEMP); iii) el Instituto de Previsión Militar, y iv) el Instituto de Previsión Social de los Empleados de la Universidad Nacional Autónoma de Honduras (INPREUNAH) (Badillo y otros, 2009). En el caso de México, además del IMSS, hay otras dos instituciones públicas directamente vinculadas a la seguridad social de los trabajadores: el Instituto de Seguridad y Servicios Sociales de los Trabajadores del Estado y la Secretaría de Salud. En otros casos, como en Chile, se crea un servicio público —el Instituto de Previsión Social (IPS)— sujeto a las disposiciones del Ministerio del Trabajo y Previsión Social para la gestión de pensiones solidarias (parcial o totalmente no contributivas) y de los regímenes previsionales anteriormente tramitados por el Instituto de Normalización Previsional (INP).

8 Por ejemplo, el Fondo de Ahorro Previsional en el Uruguay o las Administradoras de Fondos de Pensiones (AFP) en Chile. La presencia de estas instituciones privadas en la región no es homogénea y varía de acuerdo con los parámetros de reforma emprendidos por los distintos países, en los que el Estado y el mercado tienen mayor o menor participación.

9 Entidades de naturaleza privada sin fines de lucro encargadas de brindar garantías de cobertura de salud ante riesgos laborales a los trabajadores afiliados a estos esquemas.

de salud privados, donde estos existan. Sin embargo, es importante precisar que la situación del sector salud en la protección social no es suficientemente clara en la región, pues deben definirse con mayor especificidad la función de la protección social contributiva en este campo y los ámbitos de protección —el aseguramiento de la cobertura y acceso— y de promoción y oferta de servicios propiamente dichos. Como se verá más adelante, los aspectos de salud ligados con la protección deberían comprender solo el aseguramiento y no la provisión de servicios.

La mayoría de los países de la región cuenta con tres sistemas: público, seguro social por concepto de enfermedad y maternidad, y privado (Mesa-Lago, 2009, pág. 216). Si bien los sistemas públicos protegen a la población no asegurada por otros mecanismos, se observan múltiples problemas de cobertura y calidad en los servicios efectivamente provistos. En el Brasil y Cuba no hay un sistema de seguro social sino un sistema nacional público, mientras que en Chile se combinan el sistema público y de seguro social (Mesa-Lago, 2009, pág. 216). A pesar de que en la mayoría de los países la Constitución y la legislación establecen el derecho a algún tipo de cobertura en salud, la protección a la maternidad o el acceso a sistemas universales y gratuitos para quienes no cuentan con seguro de salud alguno, en la práctica esta legislación no se cumple cabalmente en casi la mitad de esos países (Mesa-Lago, 2008, pág. 10).

c) Protección social no contributiva

Con respecto a las prestaciones de naturaleza no contributiva, la gestión de los programas de transferencias con y sin corresponsabilidad que existen en la región recae sobre todo en los ministerios y las secretarías sectoriales encargadas de los ámbitos que estos programas consideran.

i) Programas de transferencias con corresponsabilidad

En el caso específico de los PTC, se observa que tienden a establecerse en las entidades ministeriales vinculadas específicamente con los temas de desarrollo social y reducción de la pobreza, entre ellos los ministerios de desarrollo social y de planificación. Si bien esto concuerda con su inserción en una visión de largo plazo dentro del conjunto de la política social, en algunos casos se trata de ministerios nuevos o excesivamente técnicos, que carecen de peso político. Este anclaje institucional debería fomentar la intersectorialidad en la dirección de los programas, aunque a expensas de una atención menos precisa de los elementos relativos a cada sector particular, que podría acarrear problemas cuando los objetivos de los programas tienen un marcado componente de capital humano[10]. Un

---

[10] Reimers, DeShano da Silva y Trevino (2006) examinan los problemas que se producen en el sector de la educación cuando los programas no son gestionados por los ministerios del ramo y mencionan, entre otros, la falta de una especificidad propiamente educacional

segundo conjunto de PTC parte más bien desde un punto de vista sectorial, es decir que se incorpora a la estructura de ministerios y secretarías de salud y educación o, en el caso de la Argentina, el Ministerio de Trabajo, Empleo y Seguridad Social[11]. Si bien esto se debe a que algunos programas tienen orientaciones sectoriales específicas, ello reduce su capacidad de articularse con otros sectores y podría derivar en la duplicación de funciones y acciones. Cabe destacar también que los PTC han permitido abrir vínculos con otras instituciones que llevan a cabo programas de desarrollo social —por ejemplo, en las áreas de microemprendimiento y de acceso a créditos, insertas en los ministerios sociales, así como de desarrollo rural o de economía— y empleabilidad, a cargo de programas de empleo o de capacitación (véase el capítulo V).

En la decisión sobre la instalación de los programas en uno u otro tipo de instituciones entran en juego elementos como los siguientes: la competencia en el manejo de determinada población objetivo, que puede ser individual en el caso de los ministerios sectoriales (por ejemplo estudiantes) o familiar en el caso de los ministerios de desarrollo social, y la mayor experiencia en programas focalizados y familias pobres en los ministerios de desarrollo social, que a su vez registran más casos de prácticas de asistencialismo y clientelismo, entre otros. El caso del Brasil y la transformación de sus programas sectoriales *Bolsa Escola* (educación) y *Bolsa Alimentação/Cartão Alimentação* (salud) en el programa intersectorial *Bolsa Família* son una buena muestra de las concesiones y compensaciones que se producen entre la efectividad en los objetivos de capital humano y la racionalización de la política social y sus estructuras (Draibe, 2006)[12]. Un tercer grupo de PTC se asienta en estructuras altamente subordinadas a fluctuaciones políticas, como las agencias dependientes de la Presidencia de la República o el despacho de la Primera Dama (Bastagli, 2009; Cecchini y Madariaga, 2010). En estos casos, el riesgo de una escasa sostenibilidad política resulta considerable.

---

en el abordaje de los problemas, la poca consideración de la experiencia acumulada en la materia y la escasa participación de los funcionarios del sector. Véase más información sobre el caso del Brasil en Draibe (2006).

11 En la Argentina, las transferencias no contributivas de asistencia social son gestionadas tanto por el Ministerio de Trabajo, Empleo y Seguridad Social como por el Ministerio de Desarrollo Social. Así, por ejemplo, el Plan Adultos Mayores es de responsabilidad institucional compartida entre el Ministerio de Trabajo, Empleo y Seguridad Social, el Ministerio de Desarrollo Social y el Consejo Nacional de Coordinación de Políticas Sociales (CNCPS), mientras que la gestión del Programa Jefes de Hogar correspondía al Ministerio de Trabajo, Empleo y Seguridad Social. Véase http://www.trabajo.gob.ar/index.asp.

12 En Levy y Rodríguez (2005) puede encontrarse un relato de las estrategias de racionalización de programas y recursos fiscales vinculados con la implementación de Progresa en México, pág. 119 y siguientes.

ii) Otras prestaciones no contributivas

La gestión de otro tipo de transferencias y prestaciones vinculadas con la protección social no contributiva recae en entidades dependientes de los ministerios de trabajo, previsión y seguridad social. Es el caso de los subsidios a la contratación de trabajadores que viven en situación de pobreza y vulnerabilidad y de subsidios específicos al consumo, establecidos por los ministerios encargados de política económica y finanzas. Por su parte, la implementación de las pensiones no contributivas y solidarias corresponde principalmente a las instituciones públicas de seguridad social descritas más arriba o a otras creadas a tales efectos. Así, por ejemplo, en el año 2006 se creó en México el Sistema de Seguridad Social Popular para atender a los trabajadores por cuenta propia, no asalariados y por honorarios no incorporados a los sistemas de seguridad social preexistentes e identificados a través del programa Oportunidades, mientras en la Argentina el sistema de pensiones no contributivas es gestionado por el Ministerio de Desarrollo Social (MDS) y la Administración Nacional de la Seguridad Social (ANSES), bajo la jurisdicción del Ministerio del Trabajo, Empleo y Seguridad Social.

Además de las entidades ministeriales (secretarías y divisiones), otras instituciones públicas participan activamente en la formulación de políticas de protección social. En el caso de Costa Rica, el responsable de gestionar distintos programas de transferencias y subsidios (entre ellos el PTC Avancemos) es el Instituto Mixto de Ayuda Social (IMAS), una institución autónoma con personería jurídica y financiada con diversas fuentes de aportes: el Fondo de Desarrollo Social y Asignaciones Familiares (FODESAF), instituciones estatales descentralizadas, municipios, entidades internacionales, sector privado y organizaciones no gubernamentales (Román, 2010).

A las instituciones públicas de nivel central se han sumado en forma creciente aquellas de naturaleza descentralizada a nivel territorial. Países como la Argentina, el Brasil y México cuentan con instrumentos contributivos y no contributivos específicamente creados en determinados estados federales y municipalidades. En México, el programa 70 y más opera a nivel federal y brinda pensiones no contributivas a los adultos mayores que forman parte de familias beneficiarias del programa Oportunidades y viven en localidades de menos de 30.000 habitantes. Estas políticas coexisten con las implementadas por el Distrito Federal en materia de pensiones alimentarias universales. Al mismo tiempo, esos tres programas dependen de distintas instituciones: el Apoyo para Adultos Mayores de Oportunidades se implementa por medio de la Coordinación Nacional del Programa Oportunidades, el programa 70 y más depende de la Secretaría de Desarrollo Social (SEDESOL) y la pensión alimentaria, del Instituto para la Atención de los Adultos Mayores del D.F. (véase Rubio y Garfias, 2010).

d) Supervisión y regulación

A las instituciones descritas se suman las encargadas de velar por el correcto cumplimiento de las funciones de las instituciones públicas y privadas, así como de las regulaciones del mercado del trabajo. Este es el caso de las superintendencias de seguridad social y de las direcciones del trabajo. En Chile, se creó en 2008 la Superintendencia de Pensiones, una entidad autónoma pero regida por la normativa del Ministerio del Trabajo y Previsión Social, que ejerce funciones de contraloría del sistema de pensiones solidarias, las administradoras privadas de fondos de pensiones (AFP) y la administradora de fondos de cesantía (AFC). Las contralorías no siempre dependen de instituciones a nivel ministerial. En el caso de Costa Rica, la Superintendencia de Pensiones, creada en 1996, depende del Banco Central y cumple funciones de regulación, fiscalización y supervisión, tanto de los regímenes básicos de pensiones como de los sistemas complementarios gestionados por operadores privados[13].

2. La coordinación interinstitucional

Además del conjunto de instituciones que participan directamente en la gestión, provisión y regulación de la protección social en la región, es posible distinguir una serie de instancias de coordinación de la política social, que actúan a nivel político, técnico y operativo y se vinculan, de diversas formas, con la coordinación de los sistemas y políticas de protección social.

a) Nivel político

Entre las experiencias latinoamericanas a nivel político se destacan los gabinetes sociales y los ministerios coordinadores de temas sociales, identificados como alternativas para cumplir con las funciones de una autoridad social[14]. Si bien hasta ahora no han sido totalmente exitosos, sobre todo porque en muchos casos persisten la superposición de tareas y la segmentación sectorial, han creado un espacio de comunicación propicio para profundizar la coordinación. Algunos ejemplos de este tipo

---

13 Otros países que cuentan con instituciones similares son la Argentina, el Estado Plurinacional de Bolivia, Colombia, El Salvador, México, el Perú, la República Dominicana y el Uruguay. En otros casos, como en el de Honduras, son las propias instituciones encargadas del sistema de pensiones —los cinco institutos especializados— las responsables de realizar las funciones de control y vigilancia, junto a la supervisión de la Comisión Nacional de Bancos y Seguros.

14 Franco (2004, 2010) define cinco funciones de la autoridad social, a saber: priorizar, coordinar, asignar recursos, controlar y evaluar.

son el Gabinete Social del Uruguay, el Gabinete Social del Paraguay, el Consejo Nacional de Política Económica y Social (CONPES) en Colombia y las cámaras sectoriales que articulan grupos de ministros en el caso del Brasil. Un modelo distinto es el desarrollado a partir de 2007 en el Ecuador, donde se instituyeron ministerios coordinadores en distintos ámbitos, entre ellos el Ministerio de Coordinación de Desarrollo Social, encargado específicamente de coordinar los programas sociales implementados por distintos ministerios y administrar el registro de beneficiarios[15]. Aunque todavía es muy pronto para evaluar los resultados de estos modelos, es evidente que requieren un muy fuerte apoyo político y la disponibilidad cooperativa de los distintos ministerios para generar las sinergias esperadas[16].

Históricamente, las primeras damas han desempeñado un papel clave en este nivel de coordinación, sobre todo con respecto a las políticas sociales relacionadas con la infancia, la lucha contra la pobreza y la desnutrición. Esto ocurre en particular modo en los países de Centroamérica, por ejemplo en Honduras, donde hasta la crisis política de 2009 la primera dama ejercía funciones de coordinación de determinados programas de protección social no contributiva (Repetto, 2010b, pág. 43), o en Guatemala, donde tiene a su cargo la coordinación del Consejo de Cohesión Social, encargado de coordinar el PTC Mi Familia Progresa. Un desafío que se plantea, particularmente con respecto a la protección social, es el de profundizar el componente técnico de este modelo de coordinación y combinarlo, de manera adecuada, con el papel político que estos programas han adquirido.

b) Nivel técnico

En cuanto a la coordinación técnica, la experiencia regional de las redes de seguridad de los años ochenta y los fondos de inversión social (FIS) es bastante ilustrativa. Una característica común a estas experiencias es que no se radicaron dentro de un ministerio específico sino que produjeron modelos relativamente autónomos de gestión. Como postula Sojo, "cuando se implantaron los fondos sociales de emergencia, su operación autónoma respecto de los ministerios y de los sectores sociales fue destacada como una de sus virtudes y postulada como garantía de agilidad, eficacia y eficiencia". Sin embargo, "sus relaciones competitivas con lo sectorial, más que garantizar agilidad o eficiencia, incrementaron

---

15 Ministerios de Finanzas, Trabajo y Empleo, Salud Pública, Inclusión Económica y Social, Educación, Desarrollo Urbano y Vivienda, Agricultura, Ganadería, Acuicultura y Pesca, la Secretaría Nacional de Planificación y Desarrollo y la Secretaría Nacional del Migrante.

16 Otro ejemplo de ministerio coordinador de los aspectos sociales es el Ministerio de Desarrollo Humano, que operó entre 1993 y 1997 en el Estado Plurinacional de Bolivia (Araníbar, 2010).

la fragmentación administrativa de las políticas universales, pues se añadieron superposiciones y duplicidades, o bien se provocaron discontinuidades con la dinámica sectorial" (Sojo, 2007, pág. 117).

Entre las experiencias actuales de coordinación a nivel técnico, se destaca el sistema Chile Solidario, cuya Secretaría Ejecutiva —que depende del Ministerio de Planificación y Cooperación (MIDEPLAN)— tiene las siguientes funciones: articular las instituciones responsables de brindar prestaciones sociales y asegurar su funcionamiento en red, generar recursos específicos para las necesidades que no quedan cubiertas por la oferta regular (ampliando los programas sociales vigentes o creando nuevos) y velar por la gestión de la información, manteniendo un sistema integrado de soporte. Para ello opera sobre la base de convenios interinstitucionales directos, en un marco legal que rige el funcionamiento de todo el sistema y regula el régimen de garantías (MIDEPLAN, 2009b). Se caracteriza además por utilizar la gestión presupuestaria como un mecanismo de control de los avances y compromisos por parte de los distintos organismos involucrados en la labor del sistema de protección social[17].

El programa Solidaridad, de la República Dominicana, constituye otro ejemplo de coordinación desarrollado en el ámbito de un PTC. En este caso, la inadecuación entre la demanda y la oferta de servicios llevó a la búsqueda de espacios de coordinación entre las políticas de protección social no contributiva y sectoriales, tanto a nivel central como local (Gámez, 2010). A partir de la constitución del Comité de Coordinación Intersectorial (CCS), conformado por los Ministerios de Salud, Educación y Hacienda, el Seguro Nacional de Salud, el programa Solidaridad y la Dirección Técnica del Gabinete Social, se han establecido objetivos comunes en materia de salud, educación y nutrición para potenciar los planes sectoriales por medio del PTC. A través del trabajo del Comité se ha avanzado además en aspectos como la determinación de las brechas de cobertura a nivel local, el establecimiento de los mecanismos de asignación presupuestaria necesarios para asegurar el financiamiento de largo plazo requerido para la ampliación de la oferta ("candados presupuestrarios"), la redefinición de los papeles de los funcionarios y ejecutores locales de los planes sectoriales en el contexto de Solidaridad y su capacitación e inducción en la lógica de operación del programa (Gámez, 2010).

---

[17] Si bien la Secretaría Ejecutiva no cuenta con recursos políticos ni monetarios específicos para incentivar a estos organismos a cumplir con su aporte al funcionamiento de todo el sistema, el hecho de poder retener las asignaciones destinadas sectorialmente a cada ministerio y servicio involucrado se ha convertido en una estrategia clave para fortalecer tales avances. Al mismo tiempo, la transformación de la secretaría en un aliado relevante en la gestión para mantener y aumentar determinados recursos ante el Ministerio de Hacienda para los organismos sectoriales, se ha transformado en un poderoso catalizador de relaciones de colaboración y articulación (entrevista con Verónica Silva, Secretaria Ejecutiva del Sistema Chile Solidario, 14 de diciembre de 2009).

c) Nivel operativo

A nivel operativo, es posible también identificar interesantes experiencias de coordinación que derivan del uso de instrumentos de gestión de servicios como la "ventanilla única", que permite hacer varios trámites administrativos y tener información y acceso a distintos servicios sociales a nivel local a través de una sola oficina o despacho de atención al público (o de "apoyo familiar", en el caso de Chile Solidario), y los sistemas de identificación y registro de beneficiarios, que han tenido como externalidad positiva la promoción de la articulación sectorial y el planeamiento de nuevas intervenciones (Mesquita, 2009) (véase la sección IV.F). Entre los sistemas de identificación y los registros de beneficiarios establecidos en el marco de las cajas y fondos previsionales y, en especial, de los PTC se destacan los siguientes: el SISBEN en Colombia, la Ficha de Protección Social y el Sistema Integrado de Información Social en Chile, el Registro Único de Beneficiarios en El Salvador, el Sistema de Información de la Población Objetivo (SIPO) del Instituto Mixto de Ayuda Social (IMAS) en Costa Rica, el Cuestionario Único de Información Socioeconómica (CUIS) y el Sistema Integral de Padrones de Programas Gubernamentales (SIIPP-G) en México (véase el recuadro II.1), el Sistema Único de Beneficiarios (SIUBEN) en el caso del PTC Solidaridad en la República Dominicana y el *Cadastro Único* (*CadÚnico*) del Brasil. Dichos esfuerzos se han realizado también en países de menor desarrollo institucional como Honduras, donde se creó el SIRBHO, un registro de beneficiarios que permitió unificar la información del Programa de Asignación Familiar (PRAF) nacional y el PRAF III en el marco de la Red Solidaria (Cecchini y otros, 2009).

Recuadro II.1
SISTEMA INTEGRAL DE PADRONES DE PROGRAMAS GUBERNAMENTALES (SIIPP-G)

El principal objetivo del Sistema Integral de Padrones de Programas Gubernamentales consiste en mejorar la calidad de la información y pesquisar la superposición en la atención de beneficiarios de los programas (Diario Oficial, 2005) que forman parte del Sistema de Seguridad Social Popular (SISSP), a saber: Oportunidades, Seguro Popular y Vivienda[a]. El SIIPPP-G es una modalidad de registro e identificación de los beneficiarios mediante la unificación de los distintos padrones. Dicha unificación comenzó en marzo de 2006 (Fernández, 2006). A partir de este padrón general se entregan credenciales de identificación a las familias e individuos que participan en alguno de los tres programas.

(continúa)

Recuadro II.1 (conclusión)

La utilidad de las credenciales, que tienen un chip de contacto y otro de radiofrecuencia, radica en la interfase directa que permiten con el expediente electrónico de cada beneficiario. La credencial incluye información biométrica del beneficiario y se utiliza de manera unificada para todos los trámites que han de realizarse en dependencias del gobierno federal adheridas al esquema. La llave común para todos los programas es la Clave Única de Registro de Población (CURP) otorgada por el Registro Nacional de Población e Identificación Personal.

Además de incrementar la transparencia y contraloría de la operación del sistema, esta modalidad permite una mayor flexibilidad en la atención, visto que las personas pueden ser atendidas en cualquier entidad federativa previa presentación de sus credenciales. Estas funcionan también como herramienta de facilitación, tanto para las entidades federativas y los municipios, como para todas aquellas entidades vinculadas a la gestión de los programas.

El SIIPP-G ha sido administrado por el Ejecutivo Federal, por medio de la Secretaría de la Función Pública. Pese a sus potenciales ventajas desde el punto de vista de la transparencia y la coordinación interinstitucional, la evaluación de su funcionamiento por parte de la Auditoría Superior de la Federación (ASF) en 2007 no fue positiva. Entre otros aspectos, dicha auditoría destaca que no se establecieron objetivos, metas ni indicadores de avance con respecto a los cuales evaluar la implementación del SIIPP-G. La dificultad para medir el avance de los programas federales se enmarca en la falta general de mecanismos de evaluación de otros aspectos, como la eficiencia, la eficacia y la transparencia. Al mismo tiempo, solo se habían unificado los padrones de 45 de los 117 programas de la Administración Pública Federal (38,5%), mientras que la mitad de los 133 millones de registros carecían de la CURP como llave de identificación de los beneficiarios. Algunos problemas de calidad dificultaron aún más la integración de los padrones al SIIPP-G, de modo que solo fue posible integrar 11 de 45 padrones. Tampoco se dispuso de un sistema informático para analizar la información de los programas (ASF, 2007). Todo esto muestra las dificultades para llevar a la práctica este tipo de iniciativas y debe tenerse en cuenta para futuras aplicaciones de esta modalidad.

Fuente: Auditoría Superior de la Federación (ASF) "Auditoría 501. Sistema integral de información de padrones de programas gubernamentales (SIIPP-G). Cuenta pública 2007" http://www.asf.gob.mx/Pags/AED/PG_DGADDS2007/501SIIPPG.PDF, 2007 *Diario oficial,* "Decreto por el que se crea el sistema integral de información de padrones de programas gubernamentales", 12 de diciembre de 2005 http://www.contraloria.df.gob.mx/prontuario/vigente/1182.htm; J.A. Fernández, "Sistema Integral de Información de Padrones de Programas Gubernamentales. Antecedentes – Prospectiva (SIIPP-G)" www.normateca.gob.mx/.../4_Antecedentes_Prospectiva_Comision_Nacional_de_Proteccion_Social.ppt, 2006.

[a] El SISSP fue creado en 2006, durante la presidencia de Fox, con la finalidad de extender la cobertura de seguridad social a los trabajadores por cuenta propia excluidos de los otros institutos de seguridad social —el Instituto Mexicano de Seguridad Social (IMSS) y el Instituto de Seguridad y Servicios Sociales de los Trabajadores del Estado (ISSSTE). El SISSP aborda tres ámbitos específicos no considerados previamente para estos trabajadores: acceso a la salud, vivienda y retiro en condiciones dignas de vida. Véase http://fox.presidencia.gob.mx/actividades/?contenido=23661.

D. El financiamiento de la protección social

El financiamiento de un sistema de protección social proviene principalmente de impuestos, cotizaciones (de trabajadores, empleadores o ambos) o una combinación de las dos fuentes, a lo que se suma el aporte de las familias para hacer frente al gasto en servicios sociales —como los de salud— en forma de pago directo ("gasto de bolsillo") o como seguro, en los casos en que el sistema no cubra totalmente sus necesidades. En los países más pobres se puede contar también con el apoyo de la cooperación internacional y las instituciones financieras internacionales.

El tema de las fuentes de financiamiento de la protección social se ha analizado en forma recurrente en la región, particularmente en lo que se refiere al componente de jubilaciones y pensiones, a los sistemas de salud y a su potencial ampliación. El financiamiento de los sistemas de salud proviene tanto de aportes fiscales como de cotizaciones a la seguridad social. Entre los países donde la salud se financia sobre la base de rentas generales se encuentran el Brasil, Cuba, la República Bolivariana de Venezuela y la mayoría de los países del Caribe anglófono. Las cotizaciones pueden complementar las rentas generales —como en los casos de Chile, Costa Rica, Colombia— o no estar integradas a estas —como ocurre en la Argentina, el Ecuador, El Salvador, el Estado Plurinacional de Bolivia, Guatemala, Honduras, México, Nicaragua, Panamá, el Paraguay, el Perú y el Uruguay (Cetrángolo y Goldschmit, 2009).

1. Protección social contributiva

En el campo de las pensiones de tipo contributivo, los países latinoamericanos presentan tres modelos o sistemas principales: de reparto (beneficio definido), de capitalización parcial colectiva y de capitalización plena (contribución definida) (Mesa-Lago, 2004b). Sin embargo, visto que los mercados laborales de la región no han logrado transformarse en una puerta de entrada universal y dinámica a los esquemas de protección social, la CEPAL (2006) ha planteado la urgencia de desarrollar sistemas de protección social no necesariamente vinculados al trabajo, potenciando los mecanismos no contributivos. Los PTC y las pensiones para adultos mayores financiadas por el fisco en países como el Brasil, Chile, el Estado Plurinacional de Bolivia y México representan importantes ejemplos en este sentido.

Hasta la década de 1970, los países contaban con sistemas de financiamiento colectivo y administración pública que suponían un contrato intergeneracional de ahorro y protección y conformaban un fondo para cubrir los riesgos de invalidez y muerte, así como reservas ante cambios demográficos imprevistos (Uthoff 2006, pág. 23)[18]. A principios de los años ochenta, como respuesta a la perspectiva de que el sistema no sería capaz de solventar el pago de jubilaciones futuras[19], surgen en Chile los fondos de capitalización individual y sus correspondientes administradoras privadas de fondos previsionales (AFP), que luego se difundirían con diversas modalidades en la Argentina, Colombia, Costa Rica, El Salvador, el Estado Plurinacional de Bolivia, México, el Perú, la República Dominicana y el Uruguay. En todo caso, con estas reformas la cobertura disminuyó y los montos de las pensiones no aumentaron significativamente.

Tanto en el caso de los esquemas originales de reparto como en los de capitalización individual el universo abarca solo a los empleados del sector formal y su financiamiento proviene primariamente de aportes obligatorios de los trabajadores (definidos por ley), complementados en algunos casos por el empleador. La diferencia consiste en que en el primer sistema hay un esquema de solidaridad interna entre los aportantes, que no está presente en el segundo.

Ambos sistemas de financiamiento han sido objeto de críticas. Se argumenta que, debido al impacto de la transición demográfica (menores tasas de natalidad y mortalidad y mayor esperanza de vida), el sistema de reparto generaría un déficit a largo plazo, pues el número de beneficiarios de jubilaciones y pensiones previsionales, con derechos predeterminados y por mayor tiempo promedio, crece en forma progresiva e independiente del flujo de ingresos actuariales concurrentes. Esta situación requiere el incremento progresivo de los aportes de los trabajadores activos, un significativo aumento de la inversión social o ambas cosas, situación que ya se ha observado en varios países, con grandes repercusiones fiscales[20]. Por otra parte, las críticas al sistema de capitalización individual señalan, entre otras cosas, que el traspaso de un sistema a otro ha generado déficits considerables en los fondos previsionales preexistentes, debido al corte que se produce en el flujo de ingresos, y que la gran variabilidad de los aportes en la etapa activa de muchos empleados limita sus jubilaciones a valores

---

18 Estos sistemas podían ser administrados en un gran fondo nacional (público o autónomo), como la Previsión Social del Brasil o la Caja Costarricense de Seguro Social, o funcionar como fondos específicos para distintos grupos gremiales, como la Caja de empleados particulares de Chile o las cajas nacionales de previsión en la Argentina (industria, comercio y actividades civiles; Estado y servicios públicos y autónomo) (ANSES, 2009).

19 Uthoff (2006, pág. 23-24) también señala los siguientes aspectos como motores de las reformas: la diferencia entre la administración de fondos de ahorro para eventos ciertos como la vejez y la administración de fondos para seguros en casos probables (como la enfermedad, la invalidez y la muerte no anticipada); la gran vulnerabilidad del fondo de reparto al "uso político" de sus recursos para financiar otras iniciativas de política pública sin atender al equilibrio entre riesgo y rentabilidad requerido para garantizar los fondos de reserva; y la persistencia de subsidios cruzados originados en la naturaleza del aporte al sistema.

20 Véanse, por ejemplo, el caso del Uruguay y los dilemas fiscales enfrentados por este modelo en Filgueira, Georgieva y Lijtenstein (2009).

insuficientes que terminan por requerir una compensación mediante pensiones aportadas por el Estado[21]. Para remediar esta situación, se han incorporado programas de pensiones mínimas garantizadas por el Estado o, menos frecuentemente, subsidios estatales a los aportes previsionales. Ambas soluciones están condicionadas a la realización de aportes a los sistemas contributivos y, por lo tanto, excluyen a los trabajadores informales. Las pensiones no contributivas, por otra parte, sí han llevado la solidaridad ciudadana a los sectores más desprotegidos (CEPAL, 2006).

A fin de generar nuevos acuerdos políticos y sociales para el tema previsional, Uthoff (2006, pág. 41) plantea la necesidad de incorporar los siguientes cuatro "pilares": i) un pilar macroeconómico e institucional sobre la base de políticas anticíclicas a partir de reglas de superávit estructural —como en el caso chileno— o fondos de estabilización[22]; ii) la adaptación de los modelos de pensiones a las realidades demográficas y financieras locales; iii) una estrategia para fortalecer las recaudaciones contributivas, reconociendo el papel del mejoramiento de la capacidad productiva de los afiliados, para lo cual las políticas de formación de capital humano, desarrollo productivo y empleo se vuelven fundamentales; y iv) el pilar solidario, que cierra el ciclo de iniciativas para garantizar, sobre la base de arreglos financieramente sustentables, la expansión de la cobertura de las brechas de protección. Este consiste en incorporar criterios de solidaridad a los ahorros requeridos para financiar las prestaciones, procurando premiar los esfuerzos mediante sistemas de contribución definidos —evitando así los desincentivos—, y fondos de garantías para prestaciones mínimas establecidas sobre las bases actuariales. La idea central es conciliar los principios de equidad y solidaridad, resguardando que las prestaciones no superen las contribuciones capitalizadas (Uthoff 2006, pág. 42).

---

21 Los sistemas de capitalización individual también han sido criticados desde una perspectiva de equidad de género, pues la precaria inserción laboral de las mujeres les impide formar parte de los usuarios y deriva en su mayor desprotección (Marco, 2004).

22 Acosta y Ramírez (2004, pág. 45) destacan, en el caso brasileño, la adopción de la Ley de Responsabilidad Fiscal que impuso límites al gasto para resguardar los equilibrios macroeconómicos, y la creación de fondos específicos de financiamiento, como el Fondo para la Mantención y Desarrollo de la Enseñanza Básica y Valoración del Magisterio (FUNDEF) y el Fondo de Reducción de la Pobreza, con contribuciones de los distintos niveles del gobierno y en el marco de arreglos de repartición de presupuestos. Al mismo tiempo, los autores relevan la contribución que podrían realizar los fondos de ahorro para la protección social en otros países de la región a fin de proteger sus recursos, especialmente para los más pobres, en momentos de crisis y austeridad fiscal (Acosta y Ramírez, 2004, pág. 53). El ejemplo chileno de políticas anticíclicas se menciona con frecuencia con respecto a este tema. En Colombia también se ha implementado un Fondo de Equilibrio y Protección Social (FEPS) (2002), con el cual se procura operar de manera anticíclica, a partir del ahorro de los recursos adicionales que se reciban por concepto de impuestos en años en que el PIB del país crezca más del 4% (Acosta y Ramírez, 2004, pág. 54).

Ahora bien, el pilar solidario plantea el dilema del escaso margen de crecimiento de los aportes contributivos en América Latina debido a la persistencia de la informalidad y a los bajos aportes a la seguridad social. En la reforma previsional chilena de 2007 se optó por complementar los aportes contributivos con prestaciones financiadas con cargo a impuestos generales, de modo que la pensión final sea la suma de la pensión autofinanciada y el complemento del pilar soldiario dentro de la lógica de una "pensión mínima graduada" (Uthoff, 2008). Esta solución requirió consenso y voluntad política, aspectos que sin embargo no pueden darse por sentado en la región, por lo que se necesita profundizar el debate sobre las alternativas. Así, por ejemplo, el Banco Mundial (Ribe, Robalino y Walker, 2010) ha llamado recientemente a intensificar las contribuciones a la seguridad social por parte de los trabajadores, incluidos quienes se encuentran fuera del mercado laboral formal, por medio de aportes incrementales y voluntarios, que permitan unificar los sistemas de protección social contributiva tradicionalmente fragmentados y eliminar los factores que desmotivarían el aumento de la contratación y formalización de las relaciones laborales (cargas impositivas y regulaciones) (Ferreira y Robalino, 2010). Esta propuesta también supone una mayor alineación de los incentivos y retribuciones y una mayor transparencia de los subsidios, que deben ser financiados vía rentas generales.

Estas propuestas se complementan con la preocupación manifestada por diversos autores en cuanto al margen de complementariedad que existiría entre las pensiones no contributivas y las contributivas (Lo Vuolo, 2009; Ramírez y Peñaloza, 2007; Ribe, Robalino y Walker, 2010). Esta discusión se basa en el reconocimiento de la fragmentación de los sistemas de protección social, que separan a la población beneficiada conforme a mecanismos contributivos y no contributivos, y que no siempre supone el acceso a prestaciones de igual calidad y oportunidad. Desde esta perspectiva, se propone, entre otras cosas, universalizar los instrumentos de corte no contributivo para abordar los déficits de ciudadanía generados a partir de esta fragmentación (Huber, 2006; Lo Vuolo, 2009), promover la expansión de las contribuciones (Ribe, Robalino y Walker, 2010) o mejorar la coordinación institucional de ambos tipos de políticas (contributivas y no contributivas) (Acosta y Ramírez, 2004, pág. 56). Este es sin lugar a dudas un aspecto que requiere mayor análisis y debate.

La protección del ingreso ante la pérdida del empleo es otro instrumento para el cual existen diversas fuentes de financiamiento. Por lo general, las indemnizaciones están a cargo de los empleadores, mientras que en el caso de los seguros de cesantía, se presentan combinaciones en que también concurren los empleados y a veces se cuenta con aporte público. Por ejemplo, el seguro de cesantía de Chile, puesto en marcha en 2002, se financia tanto por medio de cuentas individuales de cesantía como mediante un Fondo de Cesantía Solidario, al cual aportan los empleadores y el Estado (AFC, 2010; Fajnzylber, 2010).

2. Protección social no contributiva

El financiamiento del componente de protección social no contributiva proviene de las siguientes tres fuentes: aporte fiscal directo con cargo al presupuesto nacional, préstamos de instituciones financieras internacionales (IFI) y donaciones privadas y de la cooperación internacional, con distintas participaciones presupuestarias.

Un ejemplo de financiamiento mediante la primera fuente se observa en el caso del Brasil, donde el Beneficio de Prestación Continuada (BPC), el esquema de pensiones no contributivas para los discapacitados y adultos mayores con ingresos inferiores a la cuarta parte del salario mínimo, es pagado por el Instituto Nacional do Seguro Social (INSS) (que también está a cargo de los esquemas contributivos de pensiones) y financiado enteramente con transferencias del tesoro federal a través del Fondo Nacional de Asistencia Social (FNAS). La principal fuente de financiamiento para sustentar esta prestación es la Contribución para el Financiamiento de la Seguridad Social (COFINS), impuesto consagrado en la Constitución de 1988 para financiar el presupuesto de la seguridad social. De esta forma, el gobierno federal asume enteramente los costos y la administración (Schwarzer y Querino 2002, pág. 89)[23]. Por otra parte, la Pensión Alimenticia para Adultos Mayores en la Ciudad de México, que es de carácter solidario, se cubre enteramente mediante impuestos de los contribuyentes del D.F.[24].

En otros casos, los programas de protección social no contributiva se financian con las entradas por explotación de recursos naturales, como en el Estado Plurinacional de Bolivia donde la Renta Dignidad se financia con los ingresos de la venta de hidrocarburos. En el caso de Chile, las obligaciones derivadas de la expansión progresiva de la cobertura de la pensión básica solidaria de vejez e invalidez (PBS) y del aporte previsional solidario de vejez e invalidez (APS), así como del financiamiento del régimen de garantía estatal de pensiones mínimas de vejez, invalidez y sobrevivencia, son financiadas con arreglo al Fondo de Reserva de Pensiones (FRP)[25]. Este último sigue la lógica del balance estructural

---

23 En el Brasil existe también un programa "semicontributivo" de pensiones rurales vinculado a un período mínimo de 12 años de actividad en el sector agrícola y financiado parcialmente con impuestos a la comercialización de productos agrícolas, que ha permitido reducir la pobreza en zonas como el nordeste del país (CEPAL, 2006).

24 Decreto de presupuesto anual aprobado por la Asamblea Legislativa, según lo define la Ley que establece el derecho a la pensión alimenticia para adultos mayores de sesenta y ocho años residentes en el Distrito Federal, publicada en la *Gaceta Oficial del Distrito Federal* el 18 de noviembre de 2003, véase http://www.adultomayor.df.gob.mx/iaam/LPension.pdf.

25 La PBS se otorga a todos los hombres y mujeres que pertenecen al 60% de la población de menor nivel socioeconómico, tienen 20 años de residencia en el país y 65 o más años de edad (PBS de vejez) o que tienen entre 18 y 65 años de edad y sufren una discapacidad física o mental (PBS de invalidez). El APS consiste en una transferencia monetaria para aquellos afiliados al sistema previsional con acceso a una pensión contributiva de bajo monto (Huepe y Larrañaga, 2010). El objetivo de la Garantía Estatal es generar una base

como metodología de la política fiscal chilena, con el cual se procura aislar los efectos de variabilidad económica en las finanzas públicas, de acuerdo con la actividad económica, los ingresos fiscales, el precio del cobre y del molibdeno. De esta forma, cada año el FRP debe recibir el aporte del superávit fiscal devengado el año anterior (0,2% del PIB como mínimo y 0,5% como máximo), pudiendo también recibir, en períodos extraordinarios, aportes del Fondo de Estabilización Económica y Social (FEES), que acumula los flujos de superávit estructural en ciclos positivos y es fuente de financiamiento en períodos de déficit fiscal (Rodríguez y Flores, 2010, pág. 16, 21).

En el caso de los préstamos y las donaciones, cabe destacar que el financiamiento externo aporta tanto oportunidades como nudos críticos a la implementación de las políticas de protección social no contributiva, porque trae aparejadas condicionalidades e inestabilidad del flujo de financiamiento. Especialmente en el caso de los PTC, se puede advertir un contraste neto entre los programas piloto realizados en los países más pobres con fondos externos y los PTC de países con mejores indicadores de desarrollo humano y financiamiento interno. Es frecuente observar contradicciones entre los términos de referencia de los préstamos y los objetivos de los programas (Moore, 2009b), como lo demuestran los casos de Nicaragua y Honduras[26] (véase el recuadro II.2).

3. Equidad de género

En el contexto de la ampliación de la cobertura de la protección social, ha comenzado a discutirse con mayor intensidad en los últimos años el tema de la equidad en el financiamiento de la protección social, no solo entre distintas generaciones o grupos de una misma generación sino también entre géneros. Son las mujeres quienes, tradicionalmente y desde niñas, han cumplido el papel de cuidadoras de la población dependiente en la región. Esto supone una serie de medidas de prevención y reinvindicaciones que es necesario considerar. Entre otras medidas para fomentar una mayor igualdad de género, la CEPAL (2010a), y OIT/PNUD (2009, pág. 138-139) han apostado por promover un acceso universal a los servicios sociales y de protección social, priorizando la inversión en los servicios de cuidado.

---

de ingresos para aquellas personas que, habiendo cotizado una parte considerable de su vida, no alcancen a reunir los recursos necesarios para obtener una pensión equivalente a la mínima y no tengan otras fuentes de ingresos (SP, 2010). Se estima que el Sistema de Pensiones Solidarias de Chile pasará de una cobertura de poco más de 612.000 beneficiarios al momento de su puesta en marcha (diciembre de 2008) a 1.215.000 en diciembre de 2012.

[26] En el caso de Honduras, el 60% del financiamiento del PRAF en 2010 correspondía a recursos internos, el 21% a préstamos del BID y del Banco Centroamericano de Integración Económica (BCIE), y el 19% restante a donaciones del BID, el Gobierno de la provincia china de Taiwán y otros fondos vinculados al alivio de la deuda provenientes de los Estados Unidos y Alemania (República de Honduras, 2010).

Recuadro II.2
PTC: LOS RIESGOS DEL FINANCIAMIENTO EXTERNO

Los préstamos de los organismos internacionales no incluyen únicamente los recursos financieros y el aporte de los equipos de técnicos especialistas que ayudan en la implementación de los programas y promueven su eficiencia y efectividad, sino también condiciones para la utilización de dichos recursos y restricciones importantes en los plazos y fechas relacionadas con la entrega de recursos.

Esta situación no es exclusiva de los países más pequeños y con menor tradición de política social. En el caso de Colombia, el Comité de Calidad de Familias en Acción, encargado de proponer ajustes y modificaciones a las reglas de operación del programa, debe solicitar la aprobación de la banca multilateral que financia el programa antes de hacer efectivos los cambios o ajustes propuestos (Acción Social, 2010).

De acuerdo con Moore (2009b), estos elementos tienden a producir entornos favorables a la búsqueda de objetivos de corto plazo en los PTC, contrarios, por ejemplo, a los objetivos de acumulación de capital humano, y, sobre todo, contrarios a una estrategia de protección social integral. Como señalan Levy y Rodríguez (2005) respecto del caso de Progresa, la decisión de financiar la primera etapa del programa con recursos propios obedeció, entre otras cosas, a la intención de blindarlo de estas condiciones y riesgos. En efecto, instituciones como el Banco Mundial y el BID solo comenzaron a desempeñar un papel importante en términos financieros cuando el programa ya estaba consolidado y comenzó su expansión hacia las áreas urbanas bajo el nombre de Oportunidades (Levy y Rodríguez, 2005). Asimismo, si bien el Sistema Chile Solidario y el programa Puente contaron inicialmente con un préstamo del Banco Mundial destinado a financiar la instalación del programa —gastos de estudios, información, fortalecimiento institucional y personal—, en la actualidad se financian casi enteramente con fondos del Gobierno de Chile. En los países donde el financiamiento de las políticas de protección social no contributiva tiene una composición mixta, además de los problemas propios de la implementación de cualquiera de estos programas, se debe enfrentar un conjunto de problemas adicionales derivados de la diferencia de expectativas y posiciones entre los representantes de los gobiernos y de los organismos financieros.

Fuente: Acción Social (Agencia Presidencial para la Acción Social y la Cooperación Internacional) [en línea] http://www.accionsocial.gov.co/contenido/contenido.aspx?catID=204&conID=157, 2010; S. Levy y E. Rodríguez, *Sin herencia de pobreza. El programa Progresa-Oportunidades de México*, Washington, D.C., Banco Interamericano de Desarrollo (BID), 2005 y C. Moore, "El impacto no es suficiente: imagen y sostenibilidad de las TMC en Nicaragua" , *One Pager*, N° 79, Brasilia, Centro Internacional de Políticas para el Crecimiento Inclusivo, 2009.

En relación con las pensiones, Bertranou (2006, pág. 32-33) analiza la manera de revertir los efectos negativos de las reformas estructurales en términos de desigualdad de género. Si bien se destaca la posibilidad que abren los sistemas de capitalización individual para recuperar los aportes previsionales realizados por personas con poco tiempo de contribución al sistema, como es frecuentemente el caso de las mujeres, es fundamental lograr mejores equilibrios en este ámbito en el contexto actual. Marco (2004, pág. 244-245) propone algunas medidas específicas para eliminar las formas de discriminación contra las mujeres en los sistemas de pensiones, que incluyen "establecer tablas de mortalidad únicas para ambos sexos en el cálculo de las prestaciones, igualar progresivamente la edad de jubilación de mujeres y hombres y adoptar disposiciones de acción positiva, tales como reducir los años de cotización obligatoria de las mujeres en retribución al tiempo que dedican al trabajo doméstico, de cuidado y crianza".

La reforma previsional de Chile ilustra la búsqueda de una mayor equidad de género en las pensiones, pues incluye medidas para aumentar el ahorro previsional de las mujeres mediante un bono por hijo nacido vivo[27] y la separación de la prima por género del seguro de invalidez y sobrevivencia, que favorecerá a las mujeres por su menor siniestralidad. Asimismo, en caso de divorcio, se autorizará la división del saldo acumulado de la cuenta individual del cónyuge que deba hacer compensación económica. Esto beneficiará a las mujeres, porque son las que realizan más aportes no remunerados a la economía del hogar (OIT, 2008c, pág. 30-31).

E. La protección social como un derecho

En varios países de América Latina se ha avanzado considerablemente en el reconocimiento de los derechos sociales a nivel legal y constitucional. Sin embargo, este reconocimiento no debe entenderse como precondición para la puesta en marcha de políticas diseñadas con un enfoque de derechos, ni como garantía inmediata de su incorporación. Por ejemplo, en la Constitución del Brasil se consagró en 1988 una mirada normativa de la protección social y sus componentes (Sposati, 2009), que definía una creciente responsabilidad estatal en el financiamiento del sistema y postulaba la universalización del acceso y la cobertura de los servicios sociales (Guimarães de Castro 2006, pág. 6). Sin embargo, en diferentes análisis se destaca que dicho reconocimiento constitucional enfrentó fuertes límites en su traducción a políticas concretas en la década de 1990 (Sposati, 2009; de Castro y Ribeiro, 2003). Por otra parte, si bien la constitución de Colombia de 1991 resguarda los derechos a la seguridad

---

[27] Equivalente al 10% de 18 ingresos mínimos del valor fijado para los trabajadores mayores de 18 años de edad y hasta los 65 años, vigente en el mes de nacimiento del hijo.

y asistencia social, los análisis muestran brechas significativas entre los distintos grupos de beneficiarios (Mesa-Lago, 2009)[28].

En segundo lugar, la integración de un discurso y enfoque de derechos a las políticas de protección social en la región no se ha traducido necesariamente en una expresión formal de garantías sociales para sus diversos componentes (véase el cuadro II.2). Si bien existen casos paradigmáticos como la experiencia de Chile respecto a garantías explícitas de acceso a la salud (Plan AUGE, véase el recuadro II.5), la incorporación de este tipo de propuestas en un enfoque de derechos en la política social y su extensión a la protección social del conjunto de la ciudadanía es todavía lenta.

Cuadro II.2

ENFOQUE DE DERECHOS Y GARANTÍAS SOCIALES EN AMÉRICA LATINA [a]

País	Reconocimiento constitucional de derechos sociales	Enfoque de derechos en protección social	Garantías explícitas	Observaciones adicionales
Argentina	Sí	Sí	No	En la Constitución se establecen la obligatoriedad de que el Estado ofrezca beneficios de seguridad social y el derecho al trabajo, la protección de la familia y la salud.
Bolivia (Estado Plurinacional de)	Sí	Sí	Sí	En el sistema de salud se establecen garantías de atención materno-infantil.
Brasil	Sí	Sí	No	Se reconoce constitucionalmente el derecho a la salud y al ingreso ciudadano.
Chile	No	Sí	Sí	Como parte de la reforma del sistema de salud, se definen las garantías explícitas en materia de salud (AUGE) con normativa propia.
Colombia	Sí	Sí	Sí	La reforma de salud consagra el acceso gratuito a los servicios de salud (participación de toda la ciudadanía en el Sistema General de Seguridad Social en Salud, SGSSS). En la Constitución se reconocen explícitamente los DESC.
Costa Rica	Sí	Sí	No	En la Constitución se define una serie de garantías sociales en ámbitos directamente vinculados con los DESC.
Cuba	Sí	Sí	Sin información	En la Constitución se consagra el derecho a la educación, salud, protección y seguridad del trabajo.

(continúa)

[28] En 2008, solamente el 32,4% de los trabajadores ocupados en Colombia estaba cubierto por la seguridad social (véase el cuadro 4 del anexo).

Cuadro II.2 (conclusión)

País	Reconocimiento constitucional de derechos sociales	Enfoque de derechos en protección social	Garantías explícitas	Observaciones adicionales
Ecuador	Sí	No	No	En la Constitución se consagra el derecho a la salud, la educación, el trabajo (incluso las labores de cuidado) y la seguridad social. Se definen los derechos de las personas y grupos de atención prioritaria (entre ellos niños, jóvenes, adultos mayores y discapacitados)
El Salvador	No	Sí	No	El Gobierno ha comenzado a implementar un Sistema Universal de Protección Social guiado en cuya definición se hace alusión al enfoque de derechos.
Guatemala	No	Sí	Sí	El sistema de salud incluye un paquete básico de cuidados en el nivel primario de atención en salud.
México	Sí	Sí	No	La Estrategia Vivir Mejor se articula explícitamente en torno a un enfoque de derechos.
Panamá	No	No	No	En la formulación de la Red de Oportunidades no se define explícitamente la adhesión al enfoque de derechos.
Paraguay	No	Sin información	Sin información	En Tekoporâ no se define explícitamente la adhesión al enfoque de derechos.
Perú	No	No	No	En la Red Juntos no se define explícitamente la adhesión al enfoque de derechos.
Uruguay	Sí	Sí	No	Si bien no se define un régimen de garantías explícitas, en la práctica el sistema funciona en torno a los derechos garantizados en la Constitución y en su sistema de políticas sociales.
Venezuela (República Bolivariana de)	Sí	Sí	Sin información	En la Constitución se define el derecho a la seguridad social. Los artículos 22 y 23 de las Competencias del Ministerio del Poder Popular para las Comunas y Protección Social orientan las políticas y programas al disfrute de los derechos de niños y adolescentes.

Fuente: Elaboración propia sobre la base de la revisión de planes oficiales sobre protección social; F. Carbonari y J. Vargas, "A bridge to peace through citizenship building: guaranteeing health and education rights", Building Equality and Opportunity through Social Guarantees, E. Gacitúa-Marió, A. Norton y S. Georgieva (eds.), Washington, D.C., Banco Mundial, 2009; M. Drago, "La reforma al sistema de salud chileno desde la perspectiva de los derechos humanos", serie Políticas sociales, Nº 121 (LC/L.2539-P/E), Santiago de Chile, Comisión Económica para América Latina y el Caribe (CEPAL), 2006. Publicación de las Naciones Unidas, Nº de venta: S.06.II.G.66; F. Filgueira, S. Georgieva y S. Lijtenstein, "Moving toward comprehensive social policy: the case of Uruguay", Building Equality and Opportunity through Social Guarantees, E. Gacitúa-Marió, A. Norton y S. Georgieva (eds.), Washington, D.C., Banco Mundial, 2009; A. Sojo, "La garantía de prestaciones en salud en América Latina. Equidad y reorganización de los cuasimercados a inicios del milenio", serie Estudios y perspectivas, Nº 44 (LC/MEX/L.708), México D.F., Comisión Económica para América Latina y el Caribe (CEPAL), 2006. Publicación de las Naciones Unidas, Nº de venta: S.06.II.G.9.

[a] Se excluyen de esta lista los países de América Latina donde no se han introducido estas políticas o para los que no se ha encontrado información reciente (Haití y Honduras).

En relación a este punto, existen diversos debates sobre la aplicabilidad y el desarrollo de mecanismos para la judicialización ante el incumplimiento de los derechos económicos, sociales y culturales (DESC) por parte de los Estados (Abramovich y Pautassi, 2009; De Roux y Ramírez, 2004). En efecto, si bien se prevé la gradualidad en la implementación de los DESC exigible a los países, el Comité creado para velar por la implementación del Pacto Internacional de Derechos Económicos, Sociales y Culturales (PIDESC) (Naciones Unidas, 1966) ha demandado explícitamente a los Estados su acotación en el tiempo. Los Estados que han ratificado el Pacto están obligados a garantizar niveles mínimos esenciales de cada uno de los derechos reconocidos (De Roux y Ramírez, 2004, pág. 14). Para el reconocimiento judicial de los DESC, De Roux y Ramírez (2004, pág. 17) plantean el principio de urgencia, judicializar para evitar el daño.

Esto ya se ha aplicado en Colombia, donde además el artículo 93 de la Constitución y la jurisprudencia reconocen que los tratados internacionales forman parte central de su constitucionalidad (De Roux y Ramírez, 2004). Algunos aspectos decisivos para la judicialización de la conculcación de los derechos habrían sido la relativa facilidad del acceso a la justicia constitucional y los resguardos establecidos por la Constitución de 1991, entre ellos la creación de la acción de tutela, mediante la cual cualquier persona puede solicitar la protección de sus derechos a un juez (De Roux y Ramírez, 2004). Un caso paradigmático es la Sentencia T-025/04 de la Corte Constitucional de Colombia, que tras conceder una serie de amparos individuales declaró un "estado de cosas inconstitucional" respecto de la precariedad de la política social existente para la población desplazada. Con este fallo, la Corte obligaba a las autoridades nacionales a reformular sus políticas relativas a esta población para garantizar la satisfacción de sus necesidades básicas. En este caso, el fallo supuso el aumento de los recursos para las políticas diseñadas en este marco y la reorientación de las prioridades estratégicas en el campo de la política social. La Corte también ha fallado en casos vinculados con los derechos económicos de individuos y grupos, por ejemplo, anulando leyes que incrementaban el impuesto al valor agregado de productos de primera necesidad (Sentencia C-776/03) o extendiendo beneficios previsionales a grupos anteriormente excluidos (Sentencia C-409/94) (Uprimny, 2007).

Sin embargo, las características indicadas con respecto a Colombia no están presentes en todos los países de la región, dada la diversa valoración que el mecanismo judicial ha alcanzado para la realización de los DESC. En efecto, en el caso de la Argentina, la presentación de demandas a nivel judicial ante el incumplimiento de derechos sociales (véase el recuadro II.3) no siempre ha sido un recurso exitoso para alcanzar soluciones en el corto plazo.

Recuadro II.3
VULNERACIÓN DE DERECHOS Y JUDICIALIZACIÓN DEL DÉFICIT DE OFERTA EN EL PROGRAMA DE CIUDADANÍA PORTEÑA

El Programa de Ciudadanía Porteña "Con todo derecho" constituye un ejemplo de la magnitud que puede adquirir el déficit de oferta de servicios sociales y la necesidad de evaluar el estado de la oferta antes de la implementación de un PTC y explicitar los procedimientos por medio de los cuales se va a cubrir antes de su puesta en marcha.

Este programa surgió en 2005 con el objetivo de disminuir los niveles de desigualdad en la ciudad de Buenos Aires. Conforme a las características típicas de un PTC con énfasis en la complementación de un cierto nivel de consumo, el programa se caracteriza por establecer condiciones de educación a niños en edad preescolar (entre los 3 y 4 años) ligadas a su asistencia a jardines de infantes. El incumplimiento de las condiciones prevé sanciones que van desde la reducción del beneficio mensual y la suspensión de las transferencias hasta la eliminación de la condición de beneficiario.

A fines de 2006, se precipitó una crisis por el colapso de los jardines públicos y el incremento de las listas de espera por vacantes, que según datos oficiales alcanzaban a más de 6.000 niños entre el preescolar y las salas de 2 a 4 años. Algunas organizaciones de la sociedad civil impulsaron una acción de amparo contra el gobierno de la ciudad de Buenos Aires en representación de los derechos de los niños y niñas excluidos. A la falta de vacantes se añadía, a juicio de los demandantes, una elevada subejecución del presupuesto destinado a infraestructura escolar, que se consideró como un indicador de que el problema no radicaba en la falta de recursos.

En 2009, el conflicto llegó a la máxima instancia judicial de la ciudad: el Tribunal Superior de Justicia porteño. Se estima que, a tres años de la primera acción, y luego de la interposición de otras dos demandas por el mismo concepto y la multa impuesta por la justicia a los titulares de Desarrollo Social y de Educación de la ciudad de Buenos Aires, seguía habiendo alrededor de 4.500 niños sin acceso a los servicios necesarios para realizar las contraprestaciones que exige el programa.

Fuente: Sitio web del programa y Diario página 12, 16 de septiembre de 2009 [en línea] http://www.pagina12.com.ar/diario/sociedad/3-131848-2009-09-16.html.

Como se desprende del cuadro II.2, en nueve de los diez países de referencia en los que hay un reconocimiento constitucional de derechos sociales se explicita la incorporación de un enfoque de derechos en las políticas de protección social, mientras que en otros tres el enfoque no está consagrado a nivel constitucional. Por otra parte, solo en cuatro de los países examinados existen políticas con garantías explícitas.

Así, pese a los avances que los mecanismos de judicialización suponen, la incorporación de los principios del enfoque de derechos y los contenidos de los DESC en los sistemas de protección social de la región sigue siendo un desafío, pues subsisten importantes deficiencias en torno al compromiso estatal y la implementación de acciones concretas, que reflejan las brechas por disminuir. En algunos casos, el establecimiento de garantías en un campo no supone necesariamente su ampliación a otros ámbitos que también las requieren. En Guatemala, por ejemplo, la incorporación de garantías de prestaciones de un paquete de atención primaria de salud se transformó en el eje de la reforma de salud, pero esta no ha acompañado la expansión de los niveles de aseguramiento y la realización de los derechos relativos a la protección social (Sojo, 2006, pág. 10). En México, el impulso otorgado al Seguro Popular de Salud (SPS) y la creación del Sistema de Protección Social en Salud (SPSS) en 2004 responden explícitamente al objetivo de universalizar servicios y de fortalecer el papel rector de la Secretaría de Salud[29]. Sin embargo, además de que el modelo de financiamiento aplicado no ha permitido superar la segmentación en la cobertura y los beneficios de los grupos poblacionales de mayores y menores recursos, no se han implementado garantías explícitas de acceso (Sojo, 2006, pág. 42).

En el caso de los PTC, como en el de otros programas similares, algunas consideraciones de visibilidad política pueden interferir con los tiempos, la lógica y el diseño de los programas que buscan defender y garantizar derechos. Estas dificultades pueden afectar su efectividad y el cumplimiento de sus objetivos, particularmente en países con una institucionalidad débil, escasa experiencia en materia de política social y sistemas políticos que privilegian la actividad política personalista y a los líderes caudillistas. En estos contextos, la política pública tiende a considerarse como iniciativa de gobierno y no como política de Estado, de modo que el apoyo político a determinados programas puede llevar a su identificación con las personas o los sectores que los impulsan, lo que representa un desafío serio para su sostenibilidad más allá de los horizontes electorales (Britto, 2006; Cecchini y otros, 2009).

Sin embargo, de acuerdo con el análisis de Román (2010) de los cambios de ejes programáticos y prioridades que sufrió el Instituto Mixto de Ayuda Social (IMAS) costarricense al asociarse a la Presidencia de la República durante los años noventa, eso también puede ocurrir en contextos de institucionalidad más consolidada. Es el caso de Oportunidades, uno de los programas más grandes y con mayor historia de la región, cuyos mecanismos de egreso sufrieron modificaciones como consecuencia de los cambios de gobierno. Banegas (2008) critica la introducción del esquema diferenciado de apoyos (EDA) (véase el recuadro V.4), que a su juicio afectan negativamente el cumplimiento de sus objetivos de capital humano.

[29] El SPSS incluye un Catálogo de Servicios Esenciales en Salud (CASES) basado en criterios epidemiológicos, un Programa de ampliación de cobertura, la extensión del Programa de calidad, equidad y desarrollo en salud (PROCEDES) en áreas rurales y urbanas y las intervenciones incluidas en los programas federales.

De acuerdo con las Naciones Unidas (2009a), la inexistencia de mecanismos claros de rendición de cuentas que establezcan las responsabilidades y funciones de los actores involucrados, públicos y privados, dificulta la comprensión de los PTC en términos de titularidad y de derechos y facilita su interpretación como instrumentos de clientelismo que pueden ser manipulados por diferentes actores políticos y sectores que históricamente gozan de gran poder de negociación y autonomía[30].

F. Las políticas actuales a la luz de los enfoques conceptuales

El análisis de las principales orientaciones vigentes en las políticas de protección social en la región revela la interacción, pero también la distancia, que existe entre el desarrollo teórico o académico y las dificultades concretas que surgen al promover la formulación de sistemas integrales de protección social. Si bien en varios países se procura establecer esquemas sistémicos que integren la oferta, en la práctica surgen dificultades en los procesos legislativos y de implementación que alejan a los diseños originales de sus logros, de modo que, más que redes de políticas integradas bajo la noción de "sistemas", se observan esquemas y programas separados (Bertranou, 2008).

Por otra parte, las actuales políticas y programas de protección social se basan en diversas definiciones y concepciones, tanto de sus componentes como de los grupos atendidos. Si bien en la mayoría de los países se habla propiamente de protección social, en otros como Costa Rica, Cuba y la República Bolivariana de Venezuela se manejan conceptos más tradicionales de seguridad social. En otros casos, el término "protección social" se considera como un sinónimo de asistencia social para pobres y vulnerables, separado de la seguridad social (Levy, 2009)[31]. La noción de sistema también tiene significados distintos según el país de que se trate. En el caso de Colombia, el Sistema de Protección Social (SPS) "se orienta a generar estrategias para que las familias más vulnerables enfrenten la crisis sin comprometer su acumulación de activos físicos, humanos y

---

30 Gruenberg y Pereyra (2009) analizan el clientelismo en la gestión de programas contra la pobreza en la Argentina y encuentran que casi el 80% de las denuncias relativas a los planes Jefes y Jefas y el Plan de Empleo Comunitario se concentra en la etapa de control del cumplimiento de los programas, casi la mitad de dichas denuncias comportan la combinación de dos o más delitos y que los delitos más frecuentes son el cobro de dinero y la participación obligatoria en actividades políticas. Asimismo, muestran que algunas medidas encaminadas a aumentar la transparencia del proceso, entre ellas la introducción de una tarjeta magnética para el pago de beneficios, han tenido una efectividad limitada pues no tienen efectos sobre las otras etapas —selección de beneficiarios y especialmente control y monitoreo. Los autores sostienen que el acceso oportuno y eficaz a la información es un aspecto crucial para combatir las malas prácticas.

31 Este es el caso del Brasil. Véase Ananias (2009).

financieros" (Rentería, 2009, pág. 4). En tanto, en países como Chile y el Uruguay se adopta una definición integral de protección social en torno a la idea de "sistemas" de protección social para el conjunto de la ciudadanía, por medio de instrumentos diferenciados y universales.

Sobre la base de la información actualmente disponible[32] y con arreglo a la revisión planteada en el primer capítulo sobre los cuatro enfoques de la protección social, es posible distinguir tres grupos de países de acuerdo con sus políticas de protección social, según se acerquen más a un enfoque de "protección como asistencia y acceso a la promoción", "protección social como garantía ciudadana" o se encuentren en una posición intermedia (véase el cuadro II.3). En ningún país se mantiene un enfoque estrictamente centrado en la "protección basada en el empleo formal" ni se implementan redes de seguridad de enfoque mitigatorio o compensatorio frente a riesgos ("protección frente a situaciones de emergencia") en estado puro y sin otras acciones asociadas. Los grupos mencionados pueden no coincidir con las tipologías construidas sobre la base de indicadores de inversión social y de cobertura de protección social, salud y educación (véase el cuadro II.1).

En primer lugar, en algunos países prevalece un enfoque centrado en los pobres y vulnerables, en el que se da prioridad al desarrollo de políticas y programas de asistencia y acceso a la promoción social. Se trata de países con bajos niveles de cobertura en protección social contributiva y de inversión social, con una institucionalidad pública débil y una trayectoria histórica marcada por la exclusión de vastos sectores de la población de las políticas de protección social no contributiva. En ese contexto los PTC desempeñan un papel fundamental y cuentan con un fuerte apoyo de la cooperación internacional[33].

---

32 Este análisis se basa en documentos oficiales y sitios web gubernamentales que presentan las políticas de protección social y describen la orientación de los gobiernos para su diseño o implementación. En muchos casos, no se cuenta con información detallada de los plazos de implementación, los fondos asociados o la consideración del incremento porcentual de la inversión social en los esquemas propuestos. Sin embargo, se verifica la voluntad política existente para implementar determinados esquemas de protección social, identificando ámbitos que han de fortalecerse en razón de los niveles de inversión social y capacidad institucional.

33 Esta cooperación puede provenir de organismos internacionales —como por ejemplo el BID, en el caso de *Mi Familia Progresa* en Guatemala (Cecchini y otros, 2009)— o establecerse en forma horizontal (sur-sur), como entre Chile y Trinidad y Tabago para la implementación en este último del *Social transformation and empowerment programme –uplifting people* (STEP-UP), programa focalizado de transferencias con corresponsabilidad (OEA, 2009).

Cuadro II.3
ENFOQUES DE PROTECCIÓN SOCIAL EN AMÉRICA LATINA, ALREDEDOR DE 2009

Enfoque	Características principales	Países[a]
1. Protección como asistencia y acceso a la promoción.	Protección social no contributiva focalizada en los pobres (PTC).	Ecuador, Guatemala, Honduras, Paraguay, Perú y República Dominicana. Caribe: Jamaica, y Trinidad y Tabago.
2. Posición intermedia entre asistencia y acceso a la promoción y garantía ciudana.	Protección social no contributiva focalizada en los pobres (PTC). Además de PTC, se incorporan otras políticas de protección social no contributiva (focalizadas o universales, en ámbito de pensiones y salud) y se busca articular de manera progresiva los distintos componentes.	Bolivia (Estado Plurinacional de), Colombia, El Salvador, México y Panamá.
3. Protección social como garantía ciudadana.	Transferencias y prestaciones como parte de protección social no contributiva. Creciente articulación entre políticas de protección social no contributiva y contributiva. Se busca conformar sistemas integrados y coordinados de protección social.	Argentina, Brasil, Chile, Costa Rica y Uruguay.

Fuente: Elaboración propia sobre la base de documentos oficiales y sitios web gubernamentales sobre las políticas de protección social en etapa de diseño e implementación.

[a] No se han incluido en esta tabla los siguientes países por no disponerse de información actualizada: Cuba, Haití, Nicaragua y República Bolivariana de Venezuela.

Así, en países como Guatemala y Honduras las políticas de protección social contributiva (pensiones y salud) se establecieron en forma tardía, pues a lo largo del siglo XX no hubo un manejo colectivo e institucionalizado del riesgo y se descansó fundamentalmente en la familia como agente principal del bienestar (Martínez, 2008b, pág. 15; Mesa-Lago, 2004a). Se trata de países en los que no se reformaron los sistema previsional y de salud para ampliar la cobertura de la protección social al grueso de su población (Sojo, 2009). En ambos países, los PTC han desempeñado un papel de gran importancia en la extensión de la protección social no contributiva a la población en situación de extrema pobreza. En el caso del Ecuador, el Bono de Desarrollo Humano (BDH) se ha transformado en el principal programa social del país (Banco Mundial, 2009)[34]. De manera semejante, en el Perú el programa

[34] Junto al BDH operan también el Programa de Protección Social ante Emergencia, que consiste en una transferencia monetaria sin corresponsabilidad entregada a las familias que viven en un terreno declarado en estado de emergencia, y el crédito productivo solidario de naturaleza promocional, orientado a integrar a la población en situación de extrema pobreza a procesos productivos sustentables de tipo microempresarial. En la práctica, vista la debilidad de la protección social no contributiva en el país y la inexistencia de otras pensiones sociales, el BDH actúa tanto como un incentivo al acceso de los niños

Juntos está al centro de los esfuerzos por brindar apoyo directo a los más pobres y funciona con el mecanismo de las transferencias condicionadas. En Honduras se ha creado en 2010 el Bono 10.000, transferencia condicionada a compromisos en educación, salud y nutrición, que tiene su antecedente en el Programa de Asignación Familiar (PRAF), establecido en 1990 como un programa transitorio para mitigar el impacto de las políticas de ajuste estructural mediante transferencias no condicionadas a los hogares en situación de pobreza y pobreza extrema.

En segundo lugar, se encuentran los países en una posición intermedia entre "asistencia y acceso a la promoción" y "garantía ciudana" donde, si bien los mayores esfuerzos se siguen concentrando en la población que vive en situación de extrema pobreza, se han incorporado arreglos más amplios de tipo no contributivo. En ellos se incorpora una mirada ciudadana en torno a la universalidad de las políticas de protección social y se extiende su cobertura a segmentos tradicionalmente excluidos.

Este grupo comprende a México, donde la protección social no contributiva se ha fortalecido durante casi dos décadas, sobre todo a partir del Programa de Educación, Salud y Alimentación (Progresa), hoy llamado Oportunidades, que constituye el eje articulador de múltiples iniciativas de asistencia y promoción social. A este programa se ha sumado una serie de instrumentos que tienen por finalidad extender la protección social a grupos tradicionalmente excluidos. Así, en Oportunidades se ha logrado incorporar a un conjunto de personas que previamente no estaban incluidas en ningún esquema de salud y pensiones[35]. A partir de 2008, comenzó a implementarse también en México la estrategia "Vivir Mejor", especialmente orientada a articular la oferta de protección y promoción social para la población pobre y vulnerable (véase el recuadro II.4).

---

a sistemas de formación de capital humano, como una pensión asistencial a los adultos mayores y las personas discapacitadas en situación de pobreza.

35 Véase, un análisis del Apoyo para Adultos Mayores del programa Oportunidades en Rubio y Garfias (2010). Esto ocurre también a través del Instituto Mexicano de Seguridad Social (IMSS)-Oportunidades y el Mecanismo de Ahorro para el Retiro de Oportunidades (MAROP). Mientras con el primero se garantiza el acceso al sistema público de salud a todos quienes formen parte del programa, el segundo consiste en el acceso a una cuenta individual de ahorro para los trabajadores (asalariados e independientes) del sector informal, que en el caso de quienes pertenecen a Oportunidades, conlleva un subsidio gubernamental (Regalia, 2006).

Recuadro II.4
ESTRATEGIA VIVIR MEJOR

En un contexto de progresiva ampliación de las políticas de protección social y de las correspondientes articulaciones institucionales, el Gobierno de México puso en marcha la estrategia Vivir Mejor, con la que se busca promover el desarrollo humano sustentable, fomentando la igualdad de oportunidades y garantizando los derechos sociales.

Esta estrategia articula las acciones de cuatro ministerios: la Secretaría de Desarrollo Social (SEDESOL), la Secretaría de Educación Pública (SEP), la Secretaría de Salud y la Secretaría de Medioambiente y Recursos Naturales. Con una mirada multidimensional del desarrollo, el enfoque de las capacidades y la atención a la necesidad de coordinar la protección y la promoción social, la estrategia comprende cuatro ámbitos de intervención principales: i) el desarrollo de capacidades básicas; ii) la conformación de una red de protección social; iii) el establecimiento de puentes entre el desarrollo económico y el bienestar social; y iv) el mejoramiento del entorno físico y social.

En el primero de estos ámbitos, el desarrollo de capacidades básicas, se busca aumentar el capital humano de las personas que viven en situación de pobreza para facilitar su plena participación social, especialmente por medio del programa Oportunidades. Para fortalecer el capital humano se abordan las dimensiones de educación —mediante políticas de becas y ayuda para comprar uniformes y útiles escolares—, salud —medicina preventiva, salud reproductiva y prevención y control de enfermedades crónicas— y alimentación —otorgamiento de complementos nutricionales, transferencias monetarias, vigilancia de la nutrición y el crecimiento infantil y promoción de la educación en hábitos alimentarios.

En paralelo, se ha procurado consolidar la red de protección social, para promover respuestas apropiadas, especialmente, ante momentos de crisis económica y contingencias individuales y familiares. Así, por ejemplo, se han creado estrategias específicas para mitigar el impacto de la reciente crisis económica (el Apoyo Vivir Mejor, una transferencia monetaria adicional para las familias que pertenecen a Oportunidades, y el programa Apoyo Alimentario), se ha ampliado la cobertura de los programas de protección social no contributiva, se han implementado medidas de protección del acceso a productos básicos vitales congelando los precios del maíz y la leche en determinadas tiendas y se ha ampliado el presupuesto del Programa de Empleo Temporal. Este componente incluye también la articulación de una serie de iniciativas para ampliar el acceso a la protección social de grupos tradicionalmente excluidos, a partir, por ejemplo, del Seguro Popular, el programa 70 y más y el de atención en caso de desastres.

En cuanto al tercero de estos componentes, mediante la estrategia se buscó establecer programas específicos para incrementar el acceso de las personas en situación de pobreza y vulnerabilidad al mercado del trabajo, por ejemplo a través del Programa de Estancias Infantiles de Madres Trabajadoras, el apoyo a proyectos productivos y de capacitación.

Por último, se ha incorporado un cuarto componente centrado en el desarrollo del entorno físico y social como eje fundamental del desarrollo humano. En esta línea, se han desarrollo programas de habilitación urbana (Programa Hábitat), de recuperación de espacios públicos y de desarrollo de zonas rurales prioritarias.

Fuente: G. Merino, "Luchando contra la pobreza y la desigualdad: experiencias de México", documento presentado en la segunda conferencia de Río de Janeiro sobre desarrollo humano: "De los derechos a la realidad: logrando un sistema de protección social efectivo para todos en América Latina y el Caribe", Río de Janeiro, 7 al 9 de junio de 2010.

Asimismo, en el Estado Plurinacional de Bolivia se han implementado tres instrumentos de protección social no contributiva, a saber: dos PTC con condicionalidades en materia de educación y salud (Bono Juancito Pinto y Bono Juan Azurduy), gestionados, respectivamente, por el Ministerio de Educación y el Ministerio de Salud, y, desde el año 2007, una pensión universal para todas las personas mayores de 60 años, la Renta Dignidad[36].

En Panamá se ha puesto en marcha una serie de iniciativas para ampliar cada vez más la red de protección social, pero este proceso se encuentra en una fase de transición a partir del cambio de gobierno de 2009. El PTC Red de Oportunidades se ha erigido como el principal programa de protección del país y su funcionamiento ha requerido la coordinación del trabajo de varias instituciones para brindar protección social a lo largo del ciclo de vida a las personas que conforman los grupos más pobres y vulnerables (Arim y otros, 2009; Rodríguez, 2010)[37]. Con este PTC, que inicialmente se consolidó en comarcas indígenas caracterizadas por un alto grado de exclusión y pobreza y una escasa infraestructura de salud y educación, el gobierno inició una serie de actividades para extender la cobertura de la protección social, sobre todo en el ámbito de la salud, a la población que no estaba cubierta por la Caja de Seguridad Social (Robles, 2009; Waters, 2009)[38]. Es así como se procura que la Red de Oportunidades constituya el núcleo de un nuevo sistema de protección social orientado a la defensa de los más vulnerables (Rodríguez, 2010). Con el nuevo gobierno se ha establecido asimismo una pensión no contributiva, conocida como "100 a los 70", en virtud del monto mensual en dólares que se entrega a los mayores de 70 años de edad.

Por último, si bien el Sistema de Protección Social en Colombia da prioridad a las personas en situación de pobreza y vulnerabilidad, se basa en una concepción cada vez más orientada a garantizar la cobertura de toda la población. El sistema está fundado en cinco pilares, cada uno de los cuales da cuenta de procesos específicos de focalización para priorizar las intervenciones. Estos pilares son:

---

36 El monto de esta pensión varía dependiendo de que los adultos mayores reciban o no una renta de jubilación (150 bolivianos en el primer caso y 200 bolivianos en el segundo). Desde 2008 la Renta Dignidad ha reemplazado al Bono Solidario (BONOSOL), que se otorgaba a personas mayores de 65 años y cuyo monto era menor.

37 Además de la transferencia monetaria, este programa se coordinó inicialmente con el Bono familiar para la compra de alimentos (SENADES) y los programas preexistentes de subsidios por maternidad, asistencia en salud, seguro de desempleo y pensiones para trabajadores formales.

38 Institución que cubre riesgos de enfermedad, envejecimiento e invalidez para los trabajadores inscritos en el sistema de seguridad social. Así, por ejemplo, desde el año 2003 ha funcionado un programa de fortalecimiento de la atención en áreas rurales con financiamiento del BID llamado Paquetes de Atención Integral de Servicios de Salud (PAISS), con el cual se busca mejorar la cobertura y calidad de los servicios de salud materno-infantil para prevenir la desnutrición en las comunidades indígenas (Arim y otros, 2009).

i) Seguridad social integral: de carácter universal, supone el aseguramiento de la población por medio de mecanismos privados o subsidios (Rentería, 2009, pág. 8). Este sistema prevé la protección en caso de cesantía, ante riesgos profesionales y en aspectos de salud (DNP, 2007, pág. 123) y es coordinado por el Ministerio de Hacienda y Crédito Público y el Ministerio de Protección Social. Comprende diversas medidas, que incluyen la progresiva afiliación universal de la población al seguro social (DNP, 2007, pág. 129).

ii) Sistema de promoción social: orientado a la población más pobre y vulnerable con el objetivo de expandir sus oportunidades. La Red para la Superación de la Pobreza Extrema (JUNTOS) tiene un papel central en este componente e incluye acciones en materia de capacitación y habilitación laboral y orientación activa (DNP, 2007: 119) —a través del Servicio Público del Empleo— e inversión en infraestructura y empleo.

iii) Sistema de formación de capital humano a lo largo del ciclo de vida de las personas.

iv) Manejo social del riesgo.

v) Acceso a activos a partir de estrategias de apoyo a las familias que generen ingresos y adquieran activos físicos.

Uno de los riesgos que presentan estas iniciativas es la perpetuación de la dualidad de la protección social, al mantenerse esquemas para pobres y vulnerables sin acceso al mercado formal de empleo y otros para quienes están incorporados a este y cuentan con diversas capacidades de pago. El caso de México es paradigmático en cuanto a la fragmentación de las políticas sociales, no obstante la amplitud de la oferta. De acuerdo con un informe del BID (Regalia, 2006, pág. 2), si bien Oportunidades es frecuentemente considerado como "una de las mejores prácticas en protección social a nivel mundial, [...] forma parte de un sistema de protección y seguridad social históricamente fragmentado y dual". Así, mientras el Mecanismo de Ahorro para el Retiro de Oportunidades (MAROP) se ha establecido como un instrumento de protección que permite ampliar el bienestar de quienes viven en situación de pobreza extrema, la reforma de la seguridad social ha pasado a un segundo plano (Regalia, 2006). Esto constituye un llamado de alerta para promover la expansión de los sistemas contributivos a partir de diferentes estímulos y del fortalecimiento de las capacidades de acceso en la población.

En tercer lugar, se encuentran los países en los que se apunta explícitamente a conformar "sistemas" articulados de protección social con un enfoque de protección social como garantía ciudadana, en el cual la focalización se entiende como un instrumento para garantizar el acceso universal a la protección social. En estos casos, el componente de protección social contributiva se articula cada vez más con el de protección social no contributiva, a través de distintas opciones de articulación intra- e inter-institucional. Se trata de países con una trayectoria desigual, que tras las reformas estructurales a la economía de los años ochenta y noventa comenzaron un acelerado proceso de reorganización del sector social.

Por una parte, en el Brasil y Chile se observan esfuerzos concretos para ampliar y mejorar la oferta de servicios sociales y prestaciones que forman parte de la red de protección social y fortalecer la coordinación intersectorial para llevar a cabo este tipo de intervenciones. Por otra, en la Argentina, Costa Rica y el Uruguay, donde se consolidaron tempranamente sistemas de protección social que cubren a la gran mayoría de la población, se han debido enfrentar déficits de cobertura —ya sea de ingresos y acceso a la protección social contributiva, en el caso de la Argentina y el Uruguay, o de acceso a los servicios de educación, en el caso de Costa Rica. De ese modo, la protección social no contributiva es considerada como una herramienta para remediar situaciones críticas que afectan la universalidad de los derechos sociales.

El caso del Brasil se observa la implementación progresiva de una oferta de políticas de protección social diversa y coordinada, que hace hincapié en su descentralización y apertura a mecanismos de contraloría social (Hevia, 2010). Uno de los principales avances de esta política es la consagración del derecho a la protección social de los trabajadores rurales, al equiparar sus beneficios de previsión social a los de los trabajadores urbanos.

En cuanto a las políticas implementadas, con la promulgación de la Ley Orgánica de Asistencia y Desarrollo Social en 1993 se comenzó a dar forma a la implementación descentralizada de la Política Nacional de Asistencia Social. Se instauró el Beneficio de Prestación Continuada de la Asistencia Social (BPC), que consiste en un salario mínimo entregado a los adultos mayores y personas discapacitadas que viven en situación de pobreza (Hevia, 2010, pág. 10). A partir de 1995 comenzó a implementarse también una serie de programas de transferencias diseñadas a nivel municipal, estadual y federal (véase el anexo II.2) (Hevia, 2010; Draibe, 2006; Godoy, 2004).

En la actualidad, la oferta de políticas de protección social para las familias en situación de pobreza y vulnerabilidad se articula a través del Sistema único de asistencia social (SUAS) e incluye una serie de beneficios gestionados por el Ministerio de Desarrollo Social y Lucha contra el

Hambre[39]. Estos beneficios comprenden servicios de protección social básica y especializada y se articulan con la oferta de programas sociales existentes en los diversos territorios (Afonso, 2009). Desde el año 2007, opera el Catastro único para programas sociales (*CadÚnico*), en el que se identifica a todas las familias inscritas en algún programa de transferencias monetarias. Estos programas, como en el caso de *Bolsa Família*, promueven de forma simultánea lineamientos de protección social no contributiva, inclusión productiva, seguridad alimentaria y nutricional y transferencia de ingresos (Mesquita, 2009).

En Chile, el concepto de garantías sociales ha sido adoptado en diversos ámbitos de la protección social, entre los que se destaca el caso de las garantías explícitas de salud (AUGE) (véase el recuadro II.5). En el período 2006-2009, en el marco del sistema Chile Solidario y el programa Puente, diseñados para responder a los requerimientos de la población en situación de extrema pobreza (véase el anexo II), se pusieron en marcha una serie de iniciativas y medidas de coordinación adicionales. Se ha ampliado el foco de protección al conjunto de la ciudadanía, con miras a la plena realización de los derechos de las personas y asegurando condiciones básicas de bienestar a toda la población (Chile Solidario, 2009). El conjunto de estas intervenciones define la denominada "Red de Protección Social" (PROTEGE), con la cual se busca dar seguridad y oportunidades a toda la ciudadanía a lo largo del ciclo de vida. Esta red incluye un conjunto de programas y beneficios, a saber: Chile Solidario, Chile Crece Contigo, becas de educación escolar y superior, subsidio a la contratación de jóvenes, AUGE, subsidios para la vivienda, seguro de desempleo, pensión básica solidaria, bono por hijo vivo nacido o adoptado (PROTEGE, 2008). Este enfoque de la protección social supone la complementariedad de los componentes contributivos y no contributivos, configurando un amplio sistema de protección social, al que se suma una serie de políticas para la regulación de los mercados laborales en desarrollo (Ministerio del Trabajo y Previsión Social, 2009). Recientemente se ha anunciado la introducción del "ingreso ético familiar" a la batería ya existente de programas[40].

---

[39] Además del BPC, el Centro de Referencia de Asistencia Social (CRAS), que ofrece programas y servicios de asistencia social a familias e individuos en situación de riesgo; el Programa de Atención Integral a la Familia (PAIF); el Centro de Referencia Especializado de Asistencia Social (CREAS); el Programa de Erradicación del Trabajo Infantil (PETI); y, el Programa Nacional de Inclusión de Jóvenes (*Projovem Adolescente*) (véase MDS, 2010).

[40] El ingreso ético familiar, anunciado en mayo de 2010, beneficiaría al 20% más pobre de la población y supondría un piso de ingreso mínimo de 250.000 pesos chilenos para una familia de cinco personas, equivalente aproximadamente a 500 dólares. El costo para el fisco ha sido evaluado entre 1.900 millones y 2.000 millones de dólares. Véanse http://www.prensapresidencia.cl/discurso.aspx?codigo=6177 y http://www.senado.cl/prontus_galeria_noticias/site/artic/20100510/pags/20100510130236.html.

Recuadro II.5
LA REFORMA DEL SISTEMA DE SALUD EN CHILE

El principal objetivo del Plan de Acceso Universal con Garantías Explícitas (AUGE) es garantizar el derecho al nivel más alto posible de salud física y mental para la ciudadanía. Para ello se introducen mecanismos explícitos para asegurar el acceso a los servicios de salud a toda la población y se establece una serie de instrumentos administrativos para denunciar el incumplimiento de las garantías.

El Plan AUGE supuso una transformación profunda del sistema de salud chileno frente a las reformas implementadas en los años ochenta en el contexto de los programas de ajuste estructural. Estas consistieron en la privatización de gran parte del sector de la salud mediante la creación de aseguradores privados (ISAPRE, instituciones de salud previsional) y la puesta en marcha de un fondo nacional de salud (FONASA) con los aportes de quienes se atendieran en el sistema público. Por ley, todo trabajador dependiente debe destinar a la salud el 7% de su remuneración imponible. Mientras las personas desempleadas o de bajos ingresos solo podían atenderse en la red de atención pública, quienes contaban con mayores ingresos y tenían acceso a los planes ofrecidos por las ISAPRE, podían atenderse con proveedores privados bajo el método de libre elección. Si bien en Chile se había avanzado considerablemente en el mejoramiento de indicadores de salud como la mortalidad infantil y materna a lo largo del siglo XX, el sistema introducido reproducía condiciones de desigualdad y exclusión en cuanto al acceso y la calidad de los servicios de salud (Dannreuther y Gideon, 2008; Sojo, 2007).

Con el plan AUGE se buscó precisamente mejorar esta situación, definiendo un nivel de cobertura universal de prestaciones integrales independiente del nivel de ingresos y el monto de los aportes. La discusión del plan en el Congreso permitió que todos los sectores involucrados expusieran su punto de vista. Como resultado, en la ley 19.966 del año 2004 se estableció el Régimen General de Garantías Explícitas, mientras que en el Decreto Supremo 228 de 2005 se definió una lista de 40 enfermedades y condiciones de salud para las cuales se garantizan servicios adecuados. La lista de enfermedades se ha ampliado progresivamente y a fines de 2009 cubría 56 enfermedades (diagnóstico, tratamiento y rehabilitación) de alto costo. En el marco de este plan se seleccionan los problemas sanitarios más importantes en términos de carga epidemiológica o percepción ciudadana y se otorgan garantías en cuatro dimensiones: oportunidad (tiempos máximos de espera), acceso (obligación del FONASA y las ISAPRE de asegurar las prestaciones de salud), protección financiera (desembolso anual máximo por familia) y calidad (acreditación de establecimientos y certificación de médicos). La selección de las patologías se basa en su frecuencia, trascendencia (número de años de vida perdidos y existencia de inequidades socioeconómicas) y en la existencia de intervenciones costo-efectivas (Infante y Paraje, 2010).

(continúa)

Recuadro II.5 (conclusión)

El nuevo sistema integra tanto al sector privado como al público al sistema de garantías, acotando las prácticas de selección adversas de las ISAPRE. Para quienes se atienden en el sector privado, el nivel de copago debe ser como máximo el 20% del costo total, que no puede exceder el equivalente de un mes del ingreso medio anual del hogar. Al mismo tiempo, se definen protocolos de atención y tratamiento, tiempos máximos de espera y mecanismos de denuncia. La creación de la Oficina de la Superintendencia de Salud, que permitió coordinar y supervisar el cumplimiento de las garantías por las instituciones públicas y privadas de salud, fue una gran innovación. Otro aspecto importante fue la implementación gradual del plan (en un plazo de tres años), que permitió, por una parte, que en las redes asistenciales se desarrollaran los procesos necesarios para el buen funcionamiento del AUGE y, por otra, que se determinaran las restricciones de oferta existentes y se hicieran las inversiones en equipos y recursos humanos necesarias para responder adecuadamente a ellas (Infante y Paraje, 2010).

Los resultados preliminares de la reforma muestran aumentos considerables en la cobertura de los problemas garantizados y en el acceso a procedimientos diagnósticos y terapéuticos complejos. Si bien se observa un efecto positivo de la garantía financiera brindada por el AUGE, no es de gran magnitud para las familias de menores recursos. Asimismo, algunos estudios de percepciones muestran que la población ya no expresa el temor de morir por falta de atención médica o de empobrecerse por un gasto exorbitante (Infante y Paraje, 2010).

Entre las debilidades del sistema, destaca en primer lugar la larga espera que muchos de los beneficiarios del AUGE deben experimentar para poder acceder a las prestaciones a las que tienen derecho. También sobresale la falta de consenso político para alcanzar un pacto social que permita introducir reformas de más amplio espectro y mayor impacto, y por lo tanto una cobertura mayor de enfermedades dentro del plan (como por ejemplo un fondo de solidaridad que obligue a las ISAPRE a aportar al financiamiento del AUGE). La única medida aprobada por el Congreso para financiar la reforma consistió en un aumento de un punto porcentual del impuesto al valor agregado (IVA), ubicándolo en el 19%.

Asimismo, existen dificultades con respecto a la forma en que se definen los mínimos y dudas sobre las repercusiones que este programa pueda tener en reducir las desigualdades de género en el acceso a la salud. Además, existen limitaciones para emprender tratamientos diferentes a los estipulados por los protocolos y se teme que las ISAPRE disminuyan ciertos beneficios en sus planes para compensar los costos impuestos por la cobertura obligatoria del AUGE. Por último las desigualdades entre los usuarios del sistema público y el privado se mantienen con respecto a las enfermedades no cubiertas por el plan.

Fuente: C. Dannreuther y J. Gideon, "Entitled to health? Social protection in Chile's Plan Auge", *Development and Change*, vol. 39, N° 5, 2008; A. Infante y G. Paraje, "Reforma de salud: garantías exibibles como derecho ciudadano", *Las nuevas políticas de protección social en Chile*, O. Larrañaga y D. Contreras (eds.), Programa de las Naciones Unidas para el Desarrollo (PNUD), 2010; L. Moreno y M. Rosenblüth, "Implementing social guarantees: the regime of explicit guarantees in health in Chile", *Building Equality and Opportunity Through Social Guarantees*, E. Gacitúa-Marió, A. Norton y S. Georgieva (eds.), Washington, D.C., Banco Mundial, 2009 y A. Sojo "La trayectoria del vínculo entre políticas selectivas contra la pobreza y las políticas sectoriales", *Revista de la CEPAL*, N° 91 (LC/G.2333-P/E), Santiago de Chile, Comisión Económica para América Latina y el Caribe (CEPAL), 2007.

En el caso de la Argentina también es posible constatar un camino en construcción para consolidar el acceso a los sistemas de formación de capital humano y la protección social. A partir de la crisis económica de comienzos de la década de 2000, se creó una serie de programas de transferencias de ingresos con corresponsabilidad y promoción de la empleabilidad, con los cuales se logró ampliar el acceso a mecanismos de protección social no contributiva ante situaciones de crisis y decaimiento severo de las condiciones de vida[41].

Si bien en la Argentina se crearon instrumentos para garantizar el goce de derechos, existe el riesgo de duplicar programas debido a la insuficiente coordinación entre el Ministerio de Desarrollo Social (MDS) y el Ministerio del Trabajo, Empleo y Seguridad Social. Por ese motivo no se puede hablar de un sistema articulado de protección social propiamente dicho. En el país coexisten varios programas de transferencia de ingresos, tanto de tipo contributivo —gestionados a nivel federal y provincial[42]— como no contributivo. Entre estos últimos se cuentan un sistema de pensiones no contributivas (gestionado por el MDS y la Administración Nacional de la Seguridad Social, ANSES)[43], esquemas de transferencias de ingresos provinciales (que incluyen distribución de alimentos y políticas de empleo público) y el seguro de capacitación y empleo, transferencia condicionada al entrenamiento laboral y la búsqueda de empleo (gestionado por el Ministerio del Trabajo, Empleo y Seguridad Social) (Ringold y Rofman, 2008, pág. 34-35). Subsisten además algunos desafíos para construir un sistema integrado y equitativo, que cubra las necesidades de los trabajadores de los sectores formal e informal (Ringold y Rofman, 2008, pág. 30) y ofrezca una cobertura adecuada para quienes están suscritos a uno y otro programa.

Para paliar esta situación, en octubre de 2009 se creó la Asignación Universal por Hijo para Protección Social (AUH), que consiste en una prestación no contributiva para todos los niños y adolescentes que pertenezcan a grupos familiares cuyos adultos estén desocupados o insertos en el mercado informal del trabajo (y por tanto no reciban una

---

41 Estos son el programa Jefes y Jefas de Hogar Desocupados (PJJHD) (2001) y el programa Familias por la Inclusión Social (2005), sucesores del Programa de Atención a Grupos Vulnerables (PAGV) (1996) y el Ingreso para el Desarrollo Humano (IDH) (2002) (Arcidiácono, Fairstein y Kletzel, 2009; Campos, Faur y Pautassi, 2007; Cruces y otros, 2008; Cruces, Epele y Guardia, 2008).

42 Sistema integrado de jubilaciones y pensiones (federal), sistemas previsionales provinciales, asignaciones familiares (maternidad, adopción, hijos, hijos discapacitados, escolaridad y matrimonio) y seguro por desempleo (4 a 12 meses) (Ringold y Rofman, 2008, pág. 34).

43 Administración Nacional de la Seguridad Social, organismo creado en 1992 bajo la jurisdicción del Ministerio del Trabajo, Empleo y Seguridad Social para administrar los fondos de los regímenes nacionales de pensiones y jubilaciones, asignaciones y subsidios familiares, además del Fondo Nacional de Empleo (ANSES, 2009).

asignación similar por vía contributiva). Este beneficio se financia mediante el Fondo de Garantía de Sustentabilidad del ANSES y establece una serie de condiciones en materia de educación y salud para las familias que lo reciben (Agis, Cañete y Panigo, 2010). La naturaleza solidaria —se trata de una prestación no contributiva financiada con aportes contributivos a la seguridad social— y universal de este beneficio —en cuanto a su equivalencia para todos los menores que lo reciben, tanto por la vía contributiva, como por la no contributiva—, refleja una mirada progresiva para brindar garantías sociales a la población que carecía de acceso a la protección social. Al mismo tiempo, este instrumento constituye una iniciativa concreta para mejorar la articulación de las políticas de protección social no contributiva, pues la AUH es incompatible con otros planes sociales y busca eliminar la duplicación entre estos (Agis, Cañete y Panigo, 2010).

La principal característica histórica de Costa Rica en materia de política social ha sido la aplicación de un enfoque universal con el que se ha buscado garantizar un conjunto básico de derechos y resultados sociales para todos los ciudadanos, a fin de promover los procesos de movilidad social ascendente y la igualdad de oportunidades. Es así como, más que un elemento central del sistema de protección social, el PTC Avancemos representa un mecanismo *ad hoc* para resolver un problema específico como la inasistencia a la escuela secundaria (Román, 2010).

En el Uruguay, en el marco de políticas sociales universales, también se han llevado a cabo diversas iniciativas para atender a las familias pobres y vulnerables (Bonino, Kwon y Peyre Dutrey, 2007; Filgueira, Georgieva y Lijtenstein, 2009). Ante el contexto de aguda crisis económica y altas tasas de desempleo entre 1999 y 2004, las asignaciones familiares otorgadas por el Banco del Seguro Social se extendieron a todas las familias en situación de pobreza con hijos menores de 18 años (Filgueira, Georgieva y Lijtenstein, 2009). Posteriormente, dichas asignaciones se reformularon e incorporaron al Plan de atención Nacional a la Emergencia Social (PANES) y el Plan de Equidad.

El PANES tuvo un plazo definido (dos años a partir del 2005) e integró una serie de prestaciones y transferencias para la población más excluida, entre ellas el denominado "ingreso ciudadano". Este plan incluyó también una serie de componentes articulados entre sí, que comprendían los siguientes mecanismos de egreso y promoción social para sus beneficiarios: un programa de empleo (Trabajo para Uruguay) y uno de egreso (Rutas de Salida), además de programas de asistencia en las áreas de educación, salud y nutrición.

El Plan de Equidad, en funcionamiento a partir del año 2008, constituye un paso más hacia la universalización del acceso a las prestaciones de protección social en este país y mejora la cobertura de tales beneficios para la población de menores recursos. Entre otras innovaciones, incorpora una transferencia de ingresos a los hogares con niños, que reformula el sistema de asignaciones familiares y las consolida como un componente formal del sistema de protección social. En este sentido, y a pesar de mantener la lógica de las condicionalidades y la focalización, esas asignaciones se distinguen de otras transferencias de los PTC en la región por su grado de institucionalización y la orientación que adquieren (Filgueira, Georgieva y Lijtenstein, 2009)[44].

La información comentada en el presente capítulo muestra la dinámica y variabilidad en materia de protección social en la región, tanto con respecto a su componente contributivo como no contributivo. En relación con este último, cabe destacar que las propuestas e innovaciones planteadas tienen repercusiones fuera de la región, y es así que en la actualidad los PTC están presentes en todos los continentes. Dada la relevancia que han adquirido, en el siguiente capítulo se abordan sus enfoques más característicos.

---

44 Además, el Plan de Equidad introduce un subsidio a la vejez mediante transferencia de ingresos para la población de 65 a 70 años en situación de extrema pobreza, una transferencia de alimentos, una serie de acciones en materia de empleo e intervenciones educativas, a través de la ampliación de los Centros de Atención Integral a la Infancia y la Familia (para la atención de niños de 0 a 3 años, llamado Plan CAIF).

Capítulo III

Los programas de transferencias con corresponsabilidad y la protección social

Los programas de transferencias con corresponsabilidad (PTC) se caracterizan por intentar combatir la pobreza mediante la combinación de un objetivo de corto plazo, el aumento de los recursos disponibles para el consumo a fin de satisfacer las necesidades básicas de las familias beneficiarias, con otro de largo plazo, el fortalecimiento del capital humano para evitar la transmisión intergeneracional de la pobreza (Britto, 2006; Cecchini y Madariaga, 2010; Cohen y Franco, 2006a; León, 2008). Para ello, por lo general se utilizan tres instrumentos: i) las transferencias monetarias, para aumentar los ingresos, ii) el condicionamiento de las transferencias al uso de ciertos servicios sociales, para la acumulación de capital humano y iii) la focalización en los hogares pobres y extremadamente pobres. Por medio de estos mecanismos, se intenta abordar de manera conjunta los aspectos materiales y cognitivos asociados a las situaciones de pobreza, asumiendo la importancia de combinar la protección social no contributiva con la promoción social (Levy y Rodríguez, 2005), así como de realizar las intervenciones sobre una base intersectorial (Cohen, Franco y Villatoro, 2006).

Sobre la base del esfuerzo realizado por los PTC para incorporar grandes porciones de la población más desposeída a la política social, de la envergadura e importancia que estos programas han adquirido en varios países de la región y de su perspectiva intersectorial, en este capítulo se analizan los aportes que pueden hacer a la conformación de sistemas integrales de protección social.

A. El papel de los programas de transferencias con corresponsabilidad en la política social de América Latina

Ya sea por el intercambio de experiencias entre países, la coincidencia de las soluciones dadas a problemas sociales similares o su difusión por parte de organismos multilaterales y de cooperación, desde la década de 1990 se han implementado más de 35 programas de transferencias con corresponsabilidad en 19 países de la región (véase el cuadro A.5 del anexo estadístico). Actualmente, 23 de estos programas se encuentran en funcionamiento en 18 países y en 2009 permitieron proteger a 25 millones de familias que representan a 113 millones de latinoamericanos y caribeños. Esto equivale a alrededor del 19% de la población regional e involucra recursos financieros que representan el 0,4% del PIB de la región (véanse los gráficos III.1 y III.2).

Gráfico III.1
AMÉRICA LATINA Y EL CARIBE (18 PAÍSES): INVERSIÓN EN PROGRAMAS DE TRANSFERENCIAS CON CORRESPONSABILIDAD, ALREDEDOR DE 2009 [a]
(En porcentajes del PIB)

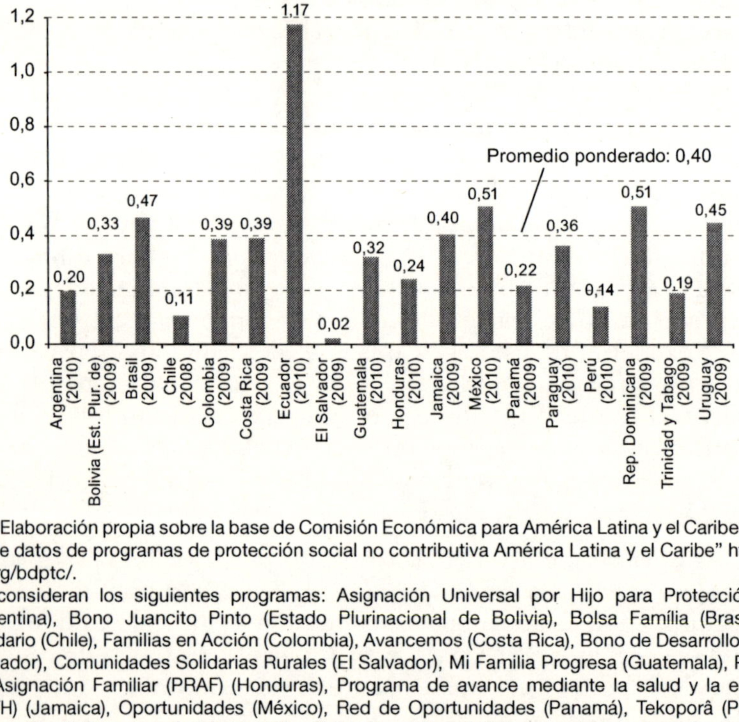

Fuente: Elaboración propia sobre la base de Comisión Económica para América Latina y el Caribe (CEPAL), "Base de datos de programas de protección social no contributiva América Latina y el Caribe" http://dds.cepal.org/bdptc/.

[a] Se consideran los siguientes programas: Asignación Universal por Hijo para Protección Social (Argentina), Bono Juancito Pinto (Estado Plurinacional de Bolivia), Bolsa Família (Brasil), Chile Solidario (Chile), Familias en Acción (Colombia), Avancemos (Costa Rica), Bono de Desarrollo Humano (Ecuador), Comunidades Solidarias Rurales (El Salvador), Mi Familia Progresa (Guatemala), Programa de Asignación Familiar (PRAF) (Honduras), Programa de avance mediante la salud y la educación (PATH) (Jamaica), Oportunidades (México), Red de Oportunidades (Panamá), Tekoporâ (Paraguay), Juntos (Perú), Programa Solidaridad (República Dominicana), Programa de transferencias monetarias condicionadas (CCTP) (Trinidad y Tabago) y Asignaciones Familiares (Uruguay).

Gráfico III.2
AMÉRICA LATINA Y EL CARIBE (18 PAÍSES): COBERTURA DE LOS PROGRAMAS DE TRANSFERENCIAS CON CORRESPONSABILIDAD, ALREDEDOR DE 2009 [a]
(*En porcentajes de la población total)*

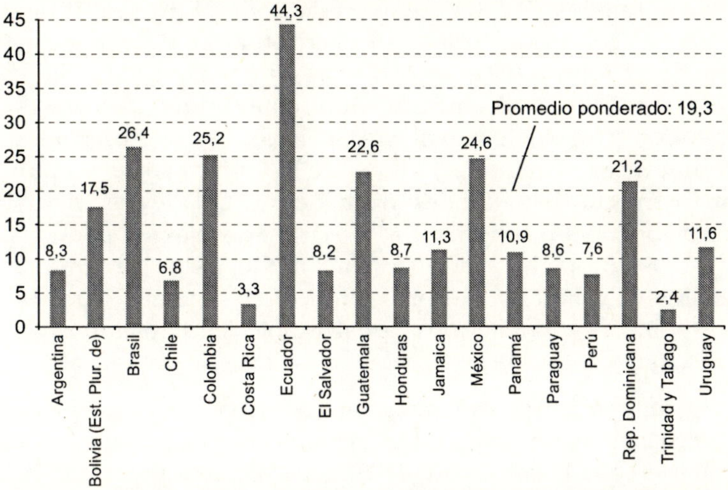

Fuente: Elaboración propia sobre la base de Comisión Económica para América Latina y el Caribe (CEPAL), "Base de datos de programas de protección social no contributiva América Latina y el Caribe" http://dds.cepal.org/bdptc/.

[a] Se consideran los siguientes programas: Asignación Universal por Hijo para Protección Social (Argentina), Bono Juancito Pinto (Bolivia), Bolsa Família (Brasil), Chile Solidario (Chile), Familias en Acción (Colombia), Avancemos (Costa Rica), Bono de Desarrollo Humano (Ecuador), Comunidades Solidarias Rurales (El Salvador), Mi Familia Progresa (Guatemala), Programa de Asignación Familiar (PRAF) (Honduras), Programa de avance mediante la salud y la educación (PATH) (Jamaica), Oportunidades (México), Red de Oportunidades (Panamá), Tekoporâ (Paraguay), Juntos (Perú), Programa Solidaridad (República Dominicana), Programa de transferencias monetarias condicionadas (CCTP) (Trinidad y Tabago) y Asignaciones Familiares (Uruguay).

Si bien desde hace varias décadas en la región existen programas que consideran contraprestaciones a los bienes y servicios ofrecidos por el Estado y subsidios a la demanda, los actuales PTC surgieron hacia la segunda mitad de los años noventa[1]. Fue precisamente en los programas de transferencias de ingresos vinculados a la educación en el Brasil (*Bolsa Escola*) y en el Programa de Educación, Salud y Alimentación (Progresa, actualmente Oportunidades) de México donde se conjugaron de manera explícita los elementos antes mencionados (véase el anexo II).

[1] Por ejemplo, algunos programas que consideran contraprestaciones son programas nutricionales como el Programa Nacional de Alimentación Complementaria (PNAC) de Chile (lanzado en 1954), de empleo transitorio como el Programa de Apoyo al Ingreso Temporal (PAIT) del Perú (que estuvo en vigor entre 1985 y 1987) y de becas de alimentación escolares como el Programa Nacional de Alimentación Escolar (PNAE, lanzado en 1955) del Brasil.

Al cabo de más de una década de la entrada en funcionamiento de Progresa y *Bolsa Escola*, han surgido una serie de argumentos a favor y en contra de estos programas. En primer lugar, se ha destacado la importancia que los PTC han tenido a la hora de proveer transferencias monetarias no contributivas a familias en situación de pobreza y extrema pobreza, sobre todo a aquellas con hijos en edad escolar (CEPAL, 2010a; Veras Soares, 2009a). Asimismo, aun cuando no siempre lo hayan planteado como un objetivo explícito, en varios casos estos programas han logrado impulsar la institucionalidad de la política social en términos de gestión, intersectorialidad y desarrollo de capacidades, así como también la unificación de procedimientos y reglas de elegibilidad (Fiszbein y Schady, 2009; Bastagli, 2009). De este modo, estos programas actúan indirectamente generando mejores condiciones para el desarrollo de otros planes y políticas, y, en algunos casos, estableciendo plataformas para un abordaje intersectorial de los problemas sociales.

Sin embargo, los esfuerzos de coordinación e intersectorialidad no siempre han dado los mejores resultados y a menudo se observan situaciones en que los programas tienden a adquirir independencia de los sectores involucrados en la intervención y generan estructuras paralelas muy clientelares y vulnerables a los ciclos políticos (Moore, 2009a). Asimismo, se ha puesto de relieve la preocupación por que el aumento de la demanda de servicios sociales promovida por los PTC encuentre una oferta de servicios adecuada (Cohen y Franco, 2006a; CEPAL, 2006; Fiszbein y Schady, 2009; Cecchini y otros, 2009).

Desde una perspectiva de derechos, uno de los mayores debates en torno a los PTC se ha centrado en su forma de abordar el combate a la pobreza (Künnemann y Leonhard, 2008; Naciones Unidas, 2009a; Standing, 2007; Freeland, 2009). Se ha advertido que una fijación demasiado estricta de condicionalidades puede generar una distinción poco afortunada entre "pobres merecedores y no merecedores de asistencia", lo que choca con el principio de universalidad de la política social y violaría derechos humanos básicos con relación al aseguramiento de un nivel mínimo de vida (Naciones Unidas, 2009a). Esto se ve agravado, además, por el hecho de que no existen evidencias claras y unívocas ni de la efectividad ni de la eficiencia de introducir condiciones a las prestaciones sociales (Draibe y Riesco, 2009; Veras Soares, Ribas y Osorio, 2007; Veras Soares, Ribas e Hirata, 2008).

También se han establecido diversos argumentos en contra de la excesiva importancia que estos programas dan a la focalización. En primer lugar, se argumenta que, si bien han sentado los fundamentos para una selección de beneficiarios basada en criterios técnicos y no clientelistas, esto también se puede lograr a través de prestaciones universales, que reducen las oportunidades de corrupción y además ayudan a eliminar el estigma asociado a la asistencia social (Mkandawire, 2005; Naciones Unidas, 2009a). En segundo término, la sofisticación de los procedimientos de focalización hace que muchas veces los criterios de elección se vuelvan opacos (Mkandawire, 2005), lo que desde la perspectiva de los beneficiarios redunda en una incomprensión del funcionamiento del programa[2]. Asimismo, se ha puesto el énfasis en que en situaciones de pobreza generalizada, los costos administrativos y los problemas mencionados podrían exceder los beneficios que usualmente se atribuyen a la focalización (Naciones Unidas, 2009a; Cecchini, 2009).

Por último, desde una perspectiva de género, las evaluaciones positivas que inicialmente se efectuaron de los PTC por su capacidad de aumentar el empoderamiento de las mujeres al hacerlas destinatarias de las transferencias se han vuelto cada vez más complejas (Adato y otros, 2000). Dado que la participación de las mujeres en los programas se establece en virtud del papel que históricamente han cumplido en la división sexual del trabajo —mayor preocupación por atender las necesidades del hogar frente a sus propias necesidades individuales—, se ha argumentado que, de producirse un empoderamiento, solo se trataría de un empoderamiento débil (Molyneux, 2009). Además, las evaluaciones no consideran dimensiones centrales del empoderamiento como el desarrollo de capacidades, la autonomía, la igualdad, la influencia y el aumento de las posibilidades de decisión (Molyneux, 2009). Por el contrario, se ha expresado con fuerza la preocupación por los efectos que las condicionalidades pueden tener en el reforzamiento de la división sexual del trabajo y la ampliación de la carga de trabajo no remunerado en las mujeres, con variados efectos negativos (Molyneux, 2009; González de la Rocha, 2008; CEPAL, 2006).

B. Los programas de transferencias con corresponsabilidad y su diversidad

Muchos programas de transferencias con corresponsabilidad se han convertido en los caballos de batalla de la política contra la pobreza y han llegado a difundirse como un modelo a aplicar por otros países, incluso en otras regiones del mundo (Handa y Davis, 2006; Son, 2006; Aguiar y Araujo, 2002; Morais de Sa e Silva en Hailu y Veras Soares, 2008). Ha existido un fuerte efecto de demostración producto de la constatación de los éxitos y fracasos de los programas en funcionamiento en países

---

2 En el caso de Progresa, se encontró que esto puede acarrear problemas que van desde la disminución de la adhesión al programa hasta conflictos entre los beneficiarios y no beneficiarios y la erosión del capital social comunitario a nivel local (Adato, 2000).

vecinos y la influencia de los organismos multilaterales en los aspectos financieros, técnicos y de difusión[3]. Sin embargo, han sido reapropiados y retraducidos sobre la base de las necesidades de cada país y su escenario político-institucional. Esto ha llevado a que los PTC respondan mucho más de lo que se piensa a las trayectorias institucionales propias de cada país en materia de política pública y de economía política de las reformas del sector social.

Asimismo, aunque existe una estructura básica común a los PTC, en la práctica difieren de manera considerable en parámetros como las prestaciones que ofrecen y la modalidad con que se entregan, los niveles geográficos donde funcionan, la proporción de población que atienden, sus vinculaciones interinstitucionales y el nivel de inversión comprometido (Cecchini y Madariaga, 2010; Bastagli, 2009). De hecho, estos programas presentan con frecuencia, y de manera creciente, prestaciones distintas de las meras transferencias monetarias, como las transferencias en especie, el apoyo psicosocial y el seguimiento a las familias, los programas de capacitación y el microcrédito. A esto se suma el hecho de que el modo de transferir el dinero adopta diversas modalidades y el pago en efectivo es solo una de ellas, que se suma a las tarjetas de débito y los vales, entre otras.

En varios de estos programas, el control de las condicionalidades tiende a ser un aspecto más formal que real, pues en algunos no se verifican y en otros se presentan graves problemas operacionales para concretar esta verificación. Mientras que en algunos casos esto se debe al gran esfuerzo que significa la implementación de los mecanismos de control, en otros el problema radica en la falta de oferta que hace inviable realizar la contraprestación. Incluso ocurre que la estricta verificación de las condicionalidades sencillamente no constituye un mecanismo central de ciertos programas.

Sobre la base de la gran heterogeneidad de las experiencias, es posible plantear nuevas formas de analizar estos programas y, por tanto, también de comprender el lugar que les puede caber en distintos contextos de protección social. Si se los considera como instrumentos de política más que como modelos estrictamente definidos, resultan ser herramientas versátiles, abordables desde distintas concepciones ideológicas, que permiten apropiarse del instrumento y sus bondades de diferentes formas.

Si se analiza el funcionamiento de los PTC, se pueden identificar algunas diferencias que llevan a plantear que estos asumen estructuras características sobre la base de ciertos criterios diferenciadores. En

---

3 Algunos programas de transferencias con corresponsabilidad se han extinguido por falta de recursos financieros, por la finalización de los préstamos que sirvieron para echarlos a andar o bien por la falta de apoyo político (Cecchini y otros, 2009; Moore, 2008).

primer lugar, existe una diferencia de orientación a nivel general de los programas sobre la base de si el énfasis se pone en el objetivo de corto plazo (provisión de ingresos para satisfacer niveles mínimos de consumo) o en el de largo plazo (generación y acumulación de capital humano). En función de estas orientaciones generales, los programas adoptan distintas formas en la gestión de sus diversos componentes, haciendo que elementos como la definición de beneficiarios, los mecanismos de focalización y los de egreso se definan en concordancia con dichas orientaciones (Handa y Davis, 2006).

De manera congruente, una segunda distinción resulta del papel que cumplen las transferencias monetarias en la lógica de funcionamiento del programa. De Janvry y Sadoulet (2006a) proponen que estas pueden tener dos motivos o justificaciones: i) aumentar el ingreso actual de los beneficiarios o ii) actuar como incentivo. Además, Cohen y Franco (2006a) proponen diferenciar entre programas que tienen un enfoque de incentivos (donde la transferencia monetaria actúa como un estímulo a la adopción de conductas favorables a la inversión en capital humano) y programas con un enfoque psicosocial (donde la transferencia monetaria tiene un papel más bien residual y se pretende generar cambios en las actitudes mediante el trabajo directo con la dinámica familiar). En función de lo expuesto, se observa que los programas tienden a diferir en ámbitos como el tipo de transferencias, el cálculo del monto de las transferencias monetarias y sus límites, lo que se encuentra estrechamente relacionado con la distinción anterior. Por ejemplo, si el énfasis se ubica en la reducción de la pobreza en el corto plazo, la transferencia tiene el sentido de aumentar el ingreso actual de los beneficiarios, mientras que si el énfasis se pone en el objetivo de largo plazo, la transferencia es vista, principalmente, como un incentivo a la utilización de servicios sociales.

En tercer lugar, se ha tomado como indicador los diferentes tipos o formas que adquieren las condicionalidades. La justificación que se utiliza para aplicarlas, las modalidades en que se materializan (incluido el control de su cumplimiento y los sistemas de sanción) y quién asume una responsabilidad mayor (los propios beneficiarios, el Estado o los proveedores de servicios) generan una diferencia adicional entre tipos de PTC (De Janvry y Sadoulet, 2006a; Bastagli, 2008, 2009).

A partir de estas distinciones, se plantea la existencia de tres tipos ideales de PTC, que nos permiten identificar su situación en la región[4]. Para presentarlos mostraremos la definición que hacen de los problemas que pretenden abordar, con sus correspondientes objetivos y beneficiarios, y su lógica de funcionamiento, que, en el caso de estos programas, tiene que ver con el lugar que ocupan las transferencias monetarias, la forma de las condiciones y los resultados esperados de su utilización, ejemplificadas con alternativas de diseño de los programas actualmente en operación.

La identificación de estos tres tipos de programas apunta a mejorar el diseño de los PTC y contribuye a conocer los requerimientos específicos de cada tipo de programa y la manera en que estos pueden insertarse en el conjunto más amplio de la política social. Del mismo modo, esta diferenciación ofrece la posibilidad de que los programas sean apropiados bajo distintas orientaciones políticas y adquieran una posición e importancia variables en las arquitecturas de protección social de cada país, en la medida en que se les asigne una posición funcionalmente coherente en dichas estructuras.

1. Programas de transferencias de ingresos con condicionalidad blanda

Un primer tipo de PTC lo constituyen los programas cuyo objetivo principal es asegurar a las familias pobres un nivel de consumo básico. Esta respuesta de la política pública se basa en el supuesto de que el principal problema que estas familias enfrentan es la falta de ingresos y la incapacidad de insertarse en los circuitos que los generan, sobre todo en el trabajo formal (véase el diagrama III.1).

El programa que más se asemeja a esta definición es *Bolsa Família* del Brasil, cuyo objetivo primordial es constituir un suplemento del salario de las familias más pobres (Britto, 2008). En este programa, la noción de corresponsabilidad se extiende al papel del Estado, entendiéndose el beneficio monetario como un derecho de ciudadanía y las condiciones vinculadas a la salud y la educación como parte del reforzamiento del acceso a esos derechos.

---

[4] La tipología que hemos construido es analítica y no empírica, lo que significa que puede haber programas que escapen a las categorías generadas o que existan categorías que tienden a traslaparse en alguna situación. En ambos casos, la fuerza analítica de la tipología no se ve mermada en la medida en que permite comprender las formas de funcionamiento de los programas de transferencias con corresponsabilidad en relación con sus objetivos y los instrumentos utilizados, y da un marco para analizar la diversidad de programas que han surgido con el correr del tiempo y pensar la manera en que estos pueden insertarse en la arquitectura de protección social.

Diagrama III.1
PROGRAMAS DE TRANSFERENCIAS CON CORRESPONSABILIDAD TIPO 1: PROGRAMAS DE TRANFERENCIAS DE INGRESO CON CONDICIONALIDAD BLANDA

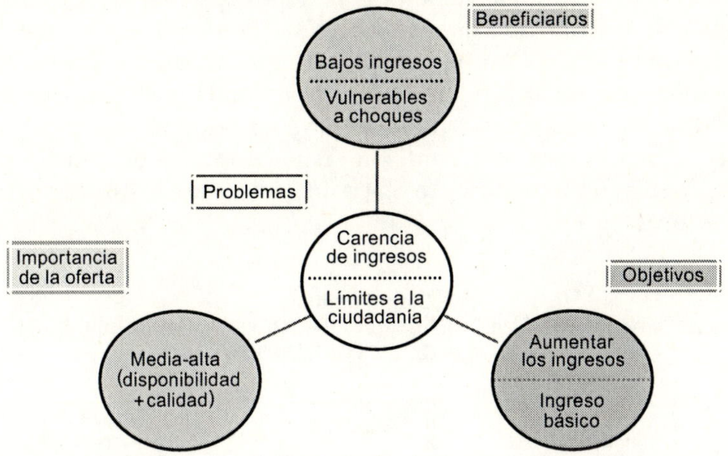

Fuente: Elaboración propia.

Puede pensarse que en los programas que ponen mayor énfasis en las transferencias de ingreso las preocupaciones por la oferta de servicios no tienen mayor importancia. Esto no es así dado que, en la medida en que la entrega de los beneficios y la continuidad de los beneficiarios en el programa dependen del cumplimiento de las condicionalidades respectivas, existe la obligación de, al menos, asegurar su disponibilidad. Más aun, cuando los programas tienen orientaciones relacionadas con el ejercicio de derechos y la ciudadanía, la calidad de los servicios ofrecidos pasa a tener una importancia crucial por cuanto los servicios de mala calidad repercuten en la vulneración de dichos principios.

a) Lógica de funcionamiento

Dado que el problema identificado es la carencia de ingresos, la transferencia monetaria es el instrumento que permitiría lograr los objetivos del programa (véase el diagrama III.2).

El monto de la transferencia tiende a establecerse de modo de cubrir la carencia de un ingreso mínimo y, por lo tanto, se calcula en función del costo de una canasta básica de alimentos (línea de extrema pobreza). Para ello existen dos modalidades: una transferencia plana y una transferencia diferenciada según la composición familiar. Por ejemplo, *Bolsa Família* entrega un beneficio básico a las familias en extrema pobreza, independientemente de su cantidad de integrantes, estimado sobre la base del valor de la línea de extrema pobreza. Además de este beneficio básico, es posible obtener una transferencia complementaria, llamada beneficio variable, dependiente de la composición familiar, hasta un número máximo de beneficiarios. El cálculo de las transferencias según la composición familiar implica otorgar más beneficios a hogares que cuentan con un mayor número de personas elegibles (niños hasta cierta edad, embarazadas o madres en período de lactancia, adultos mayores), tomando en consideración las necesidades de consumo de las familias según su estructura y la etapa del ciclo vital en que se encuentran sus miembros.

Diagrama III.2
PROGRAMAS DE TRANSFERENCIAS CON CORRESPONSABILIDAD TIPO 1: LÓGICA DE FUNCIONAMIENTO

Fuente: Elaboración propia.

Existen argumentos para justificar ambos tipos de transferencias. Privilegiar la composición del grupo familiar permitiría considerar de mejor manera las vulnerabilidades diferenciadas que enfrentan distintos tipos de hogares. Sin embargo, Stecklow y otros (2006) indican que una transferencia plana permitiría evitar "incentivos perversos" que favorezcan a las familias con mayor cantidad de hijos a estimular la fertilidad. Siguiendo este análisis, las transferencias diferenciadas por composición familiar tienden a tener límites de cantidad de beneficiarios o un monto máximo por familia. En algunos casos, estas limitaciones se combinan, además, con esquemas de montos decrecientes, por razones de economías de escala en el consumo. En el programa Familias por la inclusión social de la Argentina, por ejemplo, el monto de la transferencia comenzaba en 53 dólares mensuales para familias con dos hijos menores de 19 años y a partir del tercero la transferencia aumentaba solo alrededor de 12 dólares por hijo hasta un máximo de seis, lo que equivale a un total de 101 dólares por familia.

Las condicionalidades no juegan un papel central en el funcionamiento de estos programas, por lo que su verificación tiende a ser débil, o bien las sanciones por incumplimiento son moderadas. Por ejemplo, mientras en Oportunidades el incumplimiento de las condicionalidades supone la interrupción inmediata del beneficio monetario, en *Bolsa Família* se suspenden los pagos del mes correspondiente, pero los montos se acumulan y reintegran una vez que la familia vuelve a certificar el cumplimiento de las condicionalidades. En cambio, este programa asigna gran importancia al acompañamiento de las familias que incumplen sus compromisos a través de los equipos de asistencia social de los municipios, con el objeto de conocer e intentar superar los elementos que inciden en esa situación (Bastagli, 2009; Mesquita, 2009)[5]. Cuando un esquema de condicionalidades de este tipo se complementa con transferencias planas o que no distinguen entre efectos de educación o nutrición y salud, el diseño de la díada "una transferencia-una condición" se vuelve más complejo, lo que genera dificultades adicionales de control.

En la medida en que algunos programas se han extendido e institucionalizado sin exigir condicionalidades ni contar con mecanismos de egreso definidos, tienden a asemejarse a otros programas de protección social no contributivos. Un buen ejemplo es el Bono de Desarrollo Humano del Ecuador, que también tiene como objetivo principal asegurar un determinado nivel de consumo a las familias más pobres y que incorpora transferencias de 35 dólares sin condiciones a adultos mayores y discapacitados. Ese mismo monto lo reciben los hogares con hijos menores de 18 años que cumplan con algunas condicionalidades vinculadas a la educación y la salud. No obstante, dadas las deficiencias en su control, ambas variantes del programa operan de manera análoga. De este modo, aun cuando el Bono de Desarrollo Humano se define a sí mismo como un PTC, en la práctica es estrictamente un programa de transferencias de ingresos dado que no verifica el cumplimiento de condicionalidades por parte de los beneficiarios.

En otros casos, estos programas han tendido a asimilarse al concepto de un ingreso ciudadano mínimo, focalizado en los más pobres.

5 Centros de Referencia de Asistencia Social (CRAS) o Centros de Referencia Especializados de Asistencia Social (CREAS), a través del Programa de Atención Integral a las Familias (PAIF).

El caso del Brasil es un ejemplo de ello (véase el anexo II.2), ya que el país cuenta con una ley de ingreso básico que establece el derecho a un beneficio que permita cubrir gastos básicos de alimentación, salud y educación para todos los brasileños y que ha sido utilizada como base para plantear la idea de una renta de ciudadanía a partir de los beneficios de *Bolsa Família* (Medeiros, Britto y Veras Soares, 2008)[6]. Esto también explica que en *Bolsa Família* se focalizara más en la minimización de los errores de exclusión que en el ajuste de los mecanismos de manera de dejar fuera a quienes no entraban en la categoría de beneficiarios, como era el caso del programa Oportunidades (Veras Soares, Ribas y Osorio, 2007).

Con lo expuesto quiere mostrarse que deben existir objetivos claros en la introducción de condicionalidades. En este sentido, la justificación de estas resulta central para comprender la razón de su incorporación frente a la mantención de beneficios no contributivos sin condicionalidades. La experiencia de los programas de la región muestra que estos pueden establecerse en virtud de consideraciones políticas (facilitar la obtención de financiamiento o el cumplimiento con las exigencias de los donantes, convencer a las clases medias y altas acerca de la conveniencia de los programas), consideraciones éticas y morales (ayudar solo a quienes se lo merecen), o instrumentales (aprovechar la oportunidad para incrementar indicadores sociales básicos)[7].

Tanto en este como en los otros dos tipos de PTC es importante informar oportunamente a los beneficiarios del sentido y el papel que juegan las condicionalidades en los programas. Schady y Araujo (2006) han mostrado la importancia de las campañas comunicacionales y la información transmitida a los beneficiarios. En el Ecuador se descubrió que un grupo de familias no se había dado cuenta de que los beneficios del Bono de Desarrollo Humano tenían condicionalidades, mientras que otras sí lo sabían, con lo que se daba una respuesta distinta que derivaba en efectos diferenciados: quienes creían que las transferencias tenían condicionalidades mandaron a sus hijos e hijas a la escuela, elevando sus tasas de matriculación escolar, lo que no ocurrió entre quienes entendieron que los beneficios no necesitaban contraprestaciones.

---

6 En la ley 10.835 de 2004 se establece este derecho para todos los brasileños y los extranjeros que vivan más de cinco años seguidos en el país, independiente de su ingreso. No obstante, dadas las restricciones presupuestarias del país, la ley establece que la entrega de ese beneficio debe atender las posibilidades financieras y propone una ampliación en etapas de la cobertura del beneficio con prioridad en la población más necesitada (Medeiros, Britto y Vera Soares, 2008).

7 En 2007, a la pregunta "¿Cree usted que quienes reciben [beneficios de los] planes deberían hacer algo a cambio?" de la Encuesta de Percepción de Planes Sociales (EPPS) realizada a una muestra representativa de la población de la Argentina, el 93% de los encuestados respondió que sí (Cruces y Rovner, 2008).

Esto último puede apoyar la introducción de condicionalidades, aun cuando su verificación sea débil. Algunas evaluaciones han mostrado externalidades positivas asociadas a la mera existencia del programa en una comunidad, que hacen que aun quienes no son beneficiarios (es decir, quienes no reciben transferencias ni están expuestos a las condiciones) aumenten la utilización de los servicios sociales (Veras Soares, Ribas e Hirata, 2008; Lehmann, 2009). Esto implica que muchas veces las percepciones de los beneficiarios sobre el cumplimiento de las condicionalidades pueden ser lo suficientemente poderosas como para que no sea necesario implementar estrictos sistemas de control y sanciones al incumplimiento a fin de que se produzca un efecto en el comportamiento, pero sí es determinante la existencia de una oferta suficiente para cubrir el incremento de demanda que los programas generan en los servicios sociales relacionados.

Una función adicional que podrían cumplir los programas de transferencias con condicionalidades débiles es la de un seguro ante emergencias o catástrofes, ya sea que se trate de crisis económicas, catástrofes naturales u otras (Veras Soares, 2009a)[8]. Estos eventos se caracterizan por producir súbitas pérdidas de ingresos a las que los hogares pobres tienden a responder con estrategias que amenazan el desarrollo humano de sus integrantes, sobre todo de los menores de edad. En el contexto de la reciente crisis de precios de los alimentos, Lustig (2008) ha destacado la importancia de contar con redes de protección social que permitan contener el nivel de consumo de los hogares enfrentados a un choque de este tipo, además de proteger la pérdida de activos. Tras estudiar esta relación en el caso de Nicaragua en el contexto de la crisis que azotó al sector cafetalero de ese país y que provocó una aguda crisis económica, Maluccio (2005) muestra los efectos positivos del programa de transferencias con corresponsabilidad Red de Protección Social (RPS) en las estrategias de los hogares para sortear la crisis. Este programa habría permitido a los hogares beneficiarios mitigar el descenso de los gastos de consumo (y en algunos casos incluso aumentarlos), mantener a sus miembros trabajando la misma cantidad de horas que antes de la crisis —a diferencia de los hogares no beneficiarios, cuyos miembros tuvieron que aumentar significativamente sus horas de trabajo—, incrementar los niveles de matrícula escolar y disminuir el trabajo infantil.

---

8 Algunos programas de transferencias con corresponsabilidad, como el Sistema de Atención a Crisis (SAC) de Nicaragua o el Bono de Emergencia del Ecuador, se diseñaron específicamente para eventos de emergencia. Otros —como el Programa de Asignación Familiar (PRAF) de Honduras, Familias en Acción de Colombia y el Programa Solidaridad de la República Dominicana— surgieron a raíz de situaciones de crisis económica, pero han tendido a extenderse e institucionalizarse con la justificación de atacar la pobreza en el largo plazo.

Los PTC de tipo 1 podrían operar en dos modalidades: una continua, de acceso constante a los beneficios para familias en situación de pobreza y vulnerabilidad por ingresos, y otra temporal, asociada a emergencias derivadas de catástrofes naturales, crisis económicas u otros eventos que afecten su vulnerabilidad económica. Un ejemplo de la segunda modalidad es el Bono de Emergencia del Ecuador, que se activa cuando se declara estado de emergencia en alguna zona del país. Aunque este bono no contempla condicionalidades, forma parte del Programa de Protección Social, que también integra el Bono de Desarrollo Humano. Otros casos emblemáticos de este tipo de programas son el Sistema de Atención en Crisis (SAC) de Nicaragua (para catástrofes naturales) y el Plan de Atención Nacional a la Emergencia Social (PANES) del Uruguay (para crisis económicas). En estos casos, la idea subyacente es que un esquema de condicionalidades permite prevenir las pérdidas de capital humano por estrategias de contención del consumo por parte de las familias.

Al respecto, Veras Soares (2009a; 2009b) subraya que los PTC pueden convertirse efectivamente en seguros contra crisis cuando ya existen como parte de la política pública, pero es poco aconsejable implementarlos en el curso de una crisis dados los importantes requerimientos que suponen en términos de capacidades instaladas y compromiso de recursos financieros. Para que estos programas sean instrumentos útiles en estas circunstancias, se requiere que sus estructuras de información, selección de beneficiarios y pago de beneficios sean especialmente adecuadas y estén lo suficientemente articuladas para funcionar con la agilidad que una emergencia requiere. No obstante, este no es el caso de muchos de los programas vigentes en la región[9].

b) Resultados esperados

Los resultados de las transferencias monetarias de los PTC en términos de reducción de la pobreza y la desigualdad del ingreso difieren según se mida el impacto en los indicadores a nivel nacional o en los beneficiarios de los programas (CEPAL, 2010a; Cecchini y Madariaga, 2010). En el caso de *Bolsa Família* se han encontrado disminuciones de la brecha de pobreza, la pobreza extrema y el coeficiente de Gini (Veras Soares y otros, 2006; Veras Soares, Ribas y Osorio, 2007). Sin embargo, los efectos sobre los

---

[9] Veras Soares (2009b) da el ejemplo de la selección de beneficiarios por medio de métodos de comprobación indirectos (*proxy means test*), que no son sensibles a las variaciones del ingreso de las personas en el corto plazo y que, por tanto, no ofrecerían la agilidad necesaria para incorporar nuevos beneficiarios en contextos de crisis. El autor apela a lo anterior para mostrar que muchos programas de transferencias con corresponsabilidad se han diseñado con otros fines y que, por tanto, sus instrumentos no necesariamente se adecuan a los requerimientos de los eventos de crisis.

niveles de pobreza a nivel nacional en muchas ocasiones son moderados o incluso pueden revertirse por la existencia de otras dinámicas[10].

Respecto de lo expuesto, y en concordancia con otros estudios (Maluccio, 2005; Fiszbein y Schady, 2009), la CEPAL (2010a) muestra que si bien la incidencia de las transferencias condicionadas y otras transferencias públicas no contributivas puede ser poco relevante cuando se considera el conjunto de los hogares, esta sí es importante para los hogares que las reciben. El monto per cápita de las transferencias representa en promedio un 37% del monto equivalente a la línea de extrema pobreza, un 21% de la línea de pobreza a nivel rural y un 31% y un 15% de estas líneas a nivel urbano[11]. En el caso del Brasil (de Oliveira y otros, 2007) se ha encontrado que los beneficiarios de *Bolsa Família* tienen aumentos significativos de los gastos familiares totales comparados con quienes no reciben ningún tipo de beneficio, sobre todo en vestuario y educación infantil, aunque no se aprecian variaciones significativas en el consumo de alimentos, siendo mayores las diferencias en el tramo de beneficiarios de menores ingresos, lo que parecería repetirse en distintos programas (Fiszbein y Schady, 2009).

A pesar de ello, es necesario hacer algunas consideraciones respecto de los elementos de sostenibilidad de las transferencias monetarias en el tiempo (Bastagli, 2009). El objetivo de disminución de la pobreza resulta todo un desafío desde el punto de vista de una política social que pretende tener efectos de largo plazo y no únicamente de mitigación en un momento dado. El caso de la Red de Protección Social nicaragüense es citado por diversos autores (Maluccio, 2005; Fiszbein y Schady, 2009; Moore, 2009b) debido a sus efectos positivos en los indicadores de pobreza y desigualdad, dados los montos de las transferencias y su efectiva focalización. Este programa habría permitido, además, aumentar los niveles de consumo de los hogares beneficiarios, tanto en términos cuantitativos como cualitativos (mayor ingesta de alimentos con alto contenido nutricional). Sin embargo, solo duró el tiempo en que se desembolsó el préstamo del Banco Interamericano de Desarrollo (BID) que lo financió (entre 2000 y 2006), tras lo cual se extinguió junto con sus beneficios y, como era de esperar, los efectos terminaron siendo solo momentáneos. De este modo, de no ser concebidos *ex ante* como programas de largo plazo, difícilmente

---

[10] En el caso de México, si bien las evaluaciones del programa Oportunidades han encontrado efectos positivos sobre los índices de brecha y severidad de la pobreza (Fiszbein y Schady, 2009), no se han establecido con claridad sus aportes a la incidencia de la pobreza o la desigualdad totales. A pesar de la plena vigencia de este programa, entre 2006 y 2008 la pobreza alimentaria aumentó un 5,4% a nivel nacional (Rangel, 2009), al tiempo que el ingreso por habitante del país se incrementó alrededor de un 7% (CEPAL, 2010a).

[11] Esto es considerando el monto máximo de las transferencias.

el impacto de los PTC en los ingresos tendrá consecuencias más allá de su horizonte de operación.

Estas consideraciones acerca de la sostenibilidad de los resultados son relevantes para el debate sobre el carácter permanente o temporal de los apoyos y el diseño de estrategias de salida efectivas cuando la opción es esta última (Medeiros, Britto y Veras Soares, 2008). Para evaluar el impacto de los PTC de tipo 1 no basta con medir el peso que tienen las transferencias en el total del ingreso familiar y analizar la medida en que ello permite superar las líneas de extrema pobreza o pobreza, o bien, la medida en que la transferencia permite sostener niveles de ingreso en períodos de crisis. También es necesario evaluar la efectividad de las estrategias de egreso a la hora de generar capacidades y permitir la autonomía de los hogares.

Asimismo, cabe mencionar la relación entre el costo y la efectividad de las intervenciones. Varios autores postulan que si el único objetivo es la transferencia de ingresos, la mejor alternativa es una transferencia sin condiciones, dados los costos asociados a las medidas de control y otros elementos de infraestructura institucional necesarios en un PTC (de Janvry y Sadoulet, 2006a; Samson, 2006; Freeland, 2009). La evidencia muestra que no existe claridad respecto de los costos de estos procedimientos, sobre todo en la etapa de verificación de condicionalidades. En un estudio realizado para Honduras, México y Nicaragua (Caldés, Coady y Maluccio, 2006) se muestra que los costos globales de focalización más control pueden llegar al 60% del presupuesto anual en un programa como Progresa. Fiszbein y Schady (2009), sin embargo, advierten que esos costos dependen de la etapa de implementación del programa y citan el estudio de Grosh y otros (2008), donde se establece que para 10 países, los costos de implementación del pago y la verificación de condicionalidades, además de los servicios adicionales de apoyo, no superan el 12% del presupuesto en promedio[12].

2. Programas de incentivo a la demanda con condicionalidad fuerte

Un segundo tipo de PTC son los que tienen como principal objetivo promover el desarrollo humano de la población pobre, lo que en la práctica significa aumentar sus niveles de utilización de los servicios sociales

12 Cabe destacar que a estos análisis subyacen importantes problemas metodológicos relativos a la comparación entre países, que tienen que ver con las dificultades de considerar los costos administrativos por función debido a los diversos arreglos que tiene cada país en la materia, además de las diferencias en los propios sistemas de registro de datos administrativos. Ambos factores dificultan la comparación de costos administrativos desagregados entre programas (Lindert, Skoufias y Shapiro, 2006).

eliminando las barreras de acceso (véase el diagrama III.3). Programas similares a los de este tipo son el programa Oportunidades de México y el programa Avancemos de Costa Rica.

Diagrama III.3
PROGRAMAS DE TRANSFERENCIAS CON CORRESPONSABILIDAD TIPO 2: PROGRAMAS DE INCENTIVO A LA DEMANDA CON CONDICIONALIDAD FUERTE

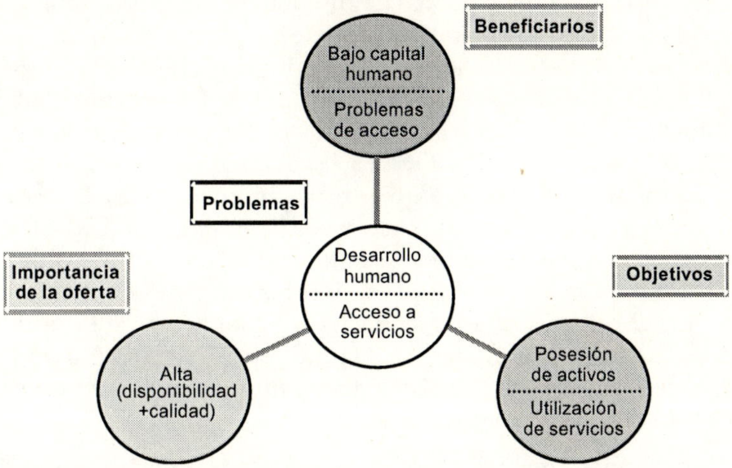

Fuente: Elaboración propia.

En este tipo de programas la interpretación de los problemas que enfrentan las familias pobres se centra en la carencia de activos de capital humano, que se ve agravada por la falta de acceso a servicios básicos, ya sea debido a problemas de demanda (falta de visión de los hogares respecto de los retornos de la inversión en capital humano) o de oferta (falta de acceso a servicios sociales). Aunque en la práctica ha habido una tendencia a enfocarse en los problemas de demanda, esto es, a incentivar el uso de servicios de salud y educación por parte de la población beneficiaria (Villatoro, 2008; Parra Côrrea y Perez Ribas, 2008), la preocupación por aumentar de manera conjunta la oferta de servicios y su calidad es fundamental, al observarse que entre las mayores barreras de acceso que enfrentan las familias pobres se encuentran las disposiciones o conductas que estas han desarrollado hacia los servicios y programas sociales producto de una persistente insuficiencia de la oferta. De hecho, en el caso de Oportunidades, la calidad de los servicios a los que acceden los beneficiarios ha sido repetidamente puesta en tela de juicio y en la actualidad constituye una de las principales preocupaciones de sus gestores[13].

a) Lógica de funcionamiento

La solución planteada por los PTC tipo 2 es utilizar la transferencia monetaria como instrumento para eliminar las barreras de acceso e incentivar el uso de servicios de educación y salud que permiten mejorar la salud y el desarrollo personal, individual y colectivo, acumulando y mejorando los activos de capital humano de los pobres. Dado que el objetivo central no es el aumento de los niveles de ingreso de la población, sino su desarrollo humano, la transferencia monetaria solo constituye un insumo para financiar el costo que tiene para la población pobre el acceso a la educación o a los servicios de salud. El condicionamiento de la transferencia permitiría, en este sentido, incentivar un cambio de conducta por parte de los beneficiarios que pudiera actuar a favor de una nueva disposición hacia la inversión en capital humano en los hogares. La importancia del cambio de conducta explica también que en programas como Oportunidades, la información y orientación que se da en las charlas sobre la sanidad y la salud a los distintos integrantes de la familia se consideran tan importantes que forman parte de las condicionalidades que los beneficiarios deben cumplir (véase el diagrama III.4)[14].

Esto explica que los montos de las transferencias se establezcan sobre la base de los costos de oportunidad en que incurren las familias para usar los servicios que se quiere incentivar. En el caso del Programa de Asignación Familiar II (PRAF II) de Honduras, la transferencia para el componente salud consideraba el valor medio del salario percibido en 12 jornadas anuales de trabajo femenino en las actividades agrícolas más comunes (BID, 2000), lo que compensaría a las madres por el tiempo que dedican al cumplimiento de las condicionalidades en materia de salud (asistencia a controles para niños y embarazadas). En otros casos, los montos se calculan de manera diferenciada para los distintos grupos de población

---

[13] En relación con este programa, Rangel (2009) advierte que el 12,3% de las clínicas rurales presentan una estructura de baja calidad, un 35,5% tiene una estructura de calidad media baja y apenas alrededor de un 7% puede considerarse de alta calidad. Lo mismo sucede con la calidad de la atención prenatal, de síndrome metabólico y a niños por parte del personal de salud. En relación con los servicios educativos, la autora observa que tanto evaluaciones nacionales (Enlace) como internacionales (Programa Internacional de Evaluación de Estudiantes (PISA)) de la calidad de la educación pública muestran una baja calidad del proceso educativo y un escaso rendimiento escolar en escuelas rurales, indígenas y telesecundarias, establecimientos donde está matriculada la mayor parte de los beneficiarios de Oportunidades (véase también Bertozzi y otros, 2008).

[14] En otros programas de transferencias con corresponsabilidad, como la Red de Oportunidades de Panamá, se promueve la asistencia a charlas educativas, pero eso no constituye una condición para recibir los apoyos monetarios (Rodríguez, 2010).

y servicios. En Familias en Acción de Colombia, se establecieron cuatro grupos de ciudades de distinto tamaño y para el subsidio de educación se generó un esquema de montos escalonados según los distintos niveles escolares (mayor transferencia a más alto nivel). Esta última forma se adoptó de manera temprana en el caso de los programas Oportunidades de México y Avancemos de Costa Rica y, más recientemente, el Programa de Avance Mediante la Salud y la Educación (PATH) de Jamaica[15].

Diagrama III.4
PROGRAMAS DE TRANSFERENCIAS CON CORRESPONSABILIDAD TIPO 2: LÓGICA DE FUNCIONAMIENTO

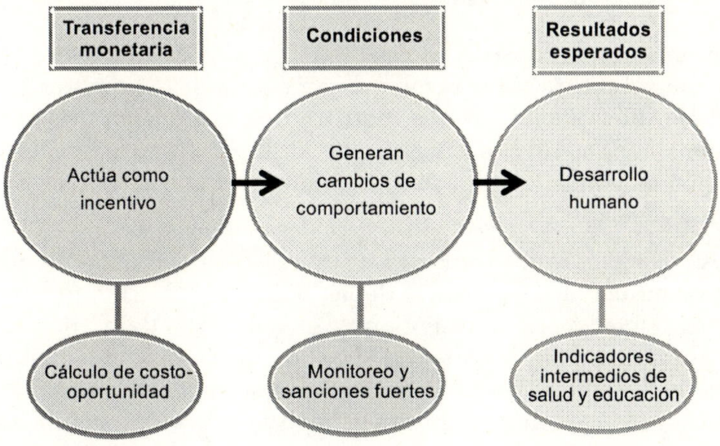

Fuente: Elaboración propia.

Tanto el programa Oportunidades como el PATH incorporan una diferenciación adicional en los montos que se entregan según el sexo de los hijos, aunque en sentido inverso: mientras que Oportunidades otorga transferencias mayores a las mujeres, el PATH entrega transferencias más elevadas a los hombres. En ambos casos, se intenta abordar el problema de la desigualdad de género que desde edades tempranas tienen hombres y mujeres respecto de las oportunidades de ir a la escuela o continuar estudios superiores.

Sin embargo, no parece haber evidencias concluyentes respecto de a quién conviene privilegiar, ya que existen criterios que podrían servir para justificar transferencias mayores tanto para los hombres como para las mujeres (Villatoro, 2007). En el caso de los hombres, un monto más elevado

[15] El caso del PATH en Jamaica es interesante porque comenzó con una transferencia plana, que se otorgaba por cada miembro elegible y recién en 2008 cambió a un esquema escalonado al estilo del programa Oportunidades.

se justificaría por la necesidad de cubrir el mayor costo de oportunidad que tienen al momento de cumplir las condicionalidades, dado que sus retornos por actividades alternativas son mayores. Las transferencias más altas para las mujeres se justificarían porque tienen mayores tasas de deserción y sus retornos esperados por años adicionales de educación son mayores, además de que se ha comprobado que a igualdad de condiciones, los padres tienden a privilegiar la educación de los hijos varones. La percepción de los propios beneficiarios sobre quién debería recibir más apoyo se encuentra dividida (Villatoro, 2007), lo que hace más difícil aún discernir acerca de la efectividad de los incentivos.

Un criterio práctico para calcular los montos de las transferencias monetarias en sintonía con los objetivos de desarrollo humano de este tipo de programa puede consistir en establecer montos diferenciados según las brechas de cobertura y los niveles de escolaridad de hombres y mujeres antes de la intervención, lo que requiere una evaluación previa de estos indicadores tanto a nivel nacional como local. A esto se le ha denominado calibración de condicionalidades (De Brauw y Hoddinott, 2008; De Janvry y Sadoulet, 2006b).

Al respecto, en el estudio de De Janvry y Sadoulet (2006b) se proponen formas de aumentar la eficiencia de las condicionalidades, focalizándolas solo en la población que presenta niveles más bajos del indicador que se quiere aumentar. Para el sector de la educación se propone definir dónde y en quién concentrar las condicionalidades a través de una combinación de indicadores que muestren quién tiene la mayor probabilidad de no matricularse en una escuela sin la transferencia condicionada y quién tiene una mayor respuesta al monto ofrecido. En el caso de Progresa estos elementos estarían determinados por variables como la edad, la etnicidad y la existencia o no de una escuela en la comunidad (De Janvry y Sadoulet, 2006b).

Sobre la base del criterio de entender a la transferencia como un incentivo, muchas veces los montos se limitan con la intención de evitar la inhibición del esfuerzo de las propias familias para conseguir ingresos de otras fuentes (Levy y Rodríguez, 2005). Si bien buena parte de la literatura comparte esta idea, algunos estudios muestran que existen razones más fuertes de tipo simbólico por las que las familias pueden desear salir lo antes posible de su condición de beneficiarias de programas de reducción de la pobreza debido, por ejemplo, al estigma que estos generan (Mattos y Ponczek, 2009)[16].

---

16 Véase una teoría económica sobre la distribución del tiempo de las personas en el influyente artículo de Becker (1965, págs. 493-517).

Por otra parte, en este tipo de PTC el vínculo entre transferencias y condicionalidades es estrecho. De ahí que se caracterice por requerir de sus beneficiarios contraprestaciones que se han denominado condicionalidades fuertes (Fiszbein y Schady, 2009). Con esto se quiere enfatizar el papel central que cumplen las condicionalidades en el funcionamiento de estos programas en cuanto a cambiar la conducta de los beneficiarios hacia una mayor disposición a invertir en desarrollo humano. Dada esta importancia, existe un conjunto de mecanismos específicos diseñados para llevar a cabo el proceso de monitoreo de condicionalidades y su vinculación con los procedimientos de pago y de sanciones, tendiendo a prevalecer el esquema "una transferencia-una condición". Los casos más emblemáticos son los programas Oportunidades y Familias en Acción, que han montado complejos mecanismos de verificación de condicionalidades que suponen, a la vez, la existencia de sistemas que permitan actualizar de manera ágil la información sobre cumplimientos para efectos de los pagos y las sanciones. Entre los programas con control fuerte y sanciones importantes se encuentran también el PATH de Jamaica, los Subsidios a la Asistencia Escolar de Bogotá y los dos programas de transferencias con corresponsabilidad nicaragüenses discontinuados (Red de Protección Social (RPS) y Sistema de Atención en Crisis (SAC)) (Fiszbein y Schady, 2009).

Otros programas, si bien no cuentan con mecanismos de control, comparten la importancia de las condicionalidades y se encuentran en proceso de implementación de dichos mecanismos. Un ejemplo es el Bono 10.000 de Honduras, que pone el énfasis en el capital humano y un diseño más en línea con los PTC de incentivos a la demanda. Sin embargo, hasta hace poco tiempo (previo al lanzamiento del PRAF-BID III en 2007), en ese país no se verificaban condicionalidades por problemas logísticos y de falta de infraestructura (Cecchini y otros, 2009). Finalmente, en otros programas, como Avancemos en Costa Rica, se observan serios desafíos en el ámbito de la verificación de las condicionalidades por problemas de coordinación institucional (Román, 2010).

b) Resultados esperados

El impacto de un PTC orientado por el incentivo a la demanda debería analizarse en términos de la variación de los indicadores de utilización de los servicios que se incentivan[17].

En general, los programas de transferencias con corresponsabilidad logran promover un mayor acceso a la escuela y a los servicios de salud, y mejoran indicadores indirectos como la matrícula y asistencia escolar (Schady, 2006; de Brauw y Hoddinott, 2008), la cobertura en controles

---

[17] Bastagli (2008) los denomina "indicadores intermedios de capital humano".

de crecimiento para niños y niñas y los controles médicos preventivos[18]. Sin embargo, no hay información concluyente sobre su impacto en el aprendizaje (Reimers, DeShano da Silva y Trevino, 2006), el estado nutricional de los niños y niñas (Castiñeira, Nunes y Rungo, 2009) entre otros aspectos. Algunos programas que incluyen prestaciones en el ámbito nutricional, como Oportunidades y Red de Protección Social, parecen mostrar mejoras en indicadores de nutrición (Basset, 2008), pero con resultados que merecen cierta cautela respecto de su validez y la posibilidad de ser extrapolados a otros contextos[19].

Las evaluaciones de los programas Progresa y Oportunidades muestran avances importantes en indicadores educativos como la disminución de la deserción escolar, el aumento de la matrícula escolar y el mejoramiento de las calificaciones (SEDESOL, 2008). En el área de la salud se han constatado aumentos en las consultas preventivas, una reducción de la mortalidad materna e infantil, una mejora de los indicadores nutricionales como la talla y la prevalencia de anemia, y una reducción en los días de enfermedad[20].

3. Sistemas o redes de coordinación programática con condicionalidades

El tercer tipo de PTC, si bien podría entenderse como una extensión de los dos anteriores —una especie de "tercera generación de programas de transferencias con corresponsabilidad"—, se diferencia por la adopción de un enfoque cualitativamente distinto de las necesidades de la población pobre y vulnerable y las prestaciones con que cabe apoyarla, además de constituir una forma de aglutinar y canalizar un conjunto de beneficios y prestaciones ya existentes. Más que un PTC propiamente dicho, es una estructura de articulación que

---

18 Los incrementos en la matrícula tienden a ser mayores en países donde los niveles de referencia eran más bajos, en los grados escolares de transición que presentaban altas tasas de deserción (como el paso de primaria a secundaria) y en los hogares más pobres.

19 En estos casos, es plausible pensar que los efectos se deben a la existencia de prestaciones concretas que actúan sobre el componente nutricional como los suplementos alimenticios. Otro elemento importante a considerar son los efectos de otros programas que influyen directamente en los resultados de capital humano (por ejemplo, planes nutricionales), y que son de difícil control en estudios experimentales y semiexperimentales como los que usualmente se llevan a cabo.

20 Younger, Ponce e Hidalgo (2008) compararon las distintas evaluaciones realizadas a Progresa y Oportunidades en términos de efectos en el ámbito nutricional y encontraron que si se cambiaban las fuentes de información y el año en que se efectuaban las mediciones, así como los métodos y las técnicas empleadas, los resultados podían cambiar diametralmente. Veras Soares, Perez Ribas e Issamu Hirata (2008) también abordan los aspectos conflictivos de las evaluaciones de impacto en el sentido de que, dada la diversidad de los resultados y los métodos empleados, no es posible hacer afirmaciones concluyentes.

pretende asegurar o garantizar el acceso a prestaciones ofrecidas por distintos programas específicos y así generar un piso de inclusión. Esta clasificación se inspira en el programa Chile Solidario, aunque existe una experiencia similar en la Red Juntos para la Superación de la Pobreza Extrema (Red Juntos) de Colombia.

La lógica detrás de estos sistemas es que las vulnerabilidades sociales resultan no solo de la falta de ingresos o del acceso a servicios sociales específicos, sino de múltiples factores de carácter psicosocial, cultural, económico y geográfico, entre otros[21]. Cuando estos factores se combinan y acumulan, generan situaciones de exclusión social y vulneración de derechos de difícil administración para una política pública acostumbrada a operar con un "esquema de espera", donde las familias que cuentan con mayor información sobre beneficios y prestaciones públicas terminan recibiéndolos en primera instancia. En los PTC tipo 3 se entiende que es la propia oferta pública la que debe acercarse a las familias y no al revés, surgiendo la lógica de un sistema de oferta articulado y activo. Además, esto permite plantear una forma de superar la fragmentación programática e institucional y sentar las bases de una intervención intersectorial a través de un acceso único para el conjunto de programas y servicios sociales con la implementación de la "ventanilla única" de atención, que en el caso de Chile Solidario se materializa en la figura de los "apoyos familiares" (Raczynsky, 2008), es decir profesionales que trabajan en aspectos psicosociales orientados a promover y facilitar la conexión de la demanda con la oferta de servicios sociales, así como mejorar la dinámica familiar. En Chile Solidario, a través de la estrategia de atención a las familias y su acceso a un conjunto de prestaciones sociales, se pretende promover el mejoramiento de las dimensiones consideradas clave para salir de la marginalidad y así establecer un nivel mínimo de inclusión social (véase el anexo II.3).

Estos programas descansan en la existencia de una red de servicios y programas sociales relativamente extendidos, que deben contar con niveles de calidad y eficacia comprobados y en constante evaluación para poder cumplir los objetivos propuestos. Ello explica que las exigencias en términos de la oferta de servicios quizás sean las más estrictas de los tres tipos de programas, en la medida en que se necesita no solo disponibilidad y calidad, sino también una amplia variedad de oferta programática (véase el diagrama III.5).

---

21 Por ejemplo, la combinación de vivir en un barrio marginal o una zona rural, estar en condiciones de desnutrición, tener bajos niveles de salud y escolaridad, dificultades de acceso al trabajo formal, escasez de ingresos y bajos niveles de autoestima, entre otros, genera una situación de exclusión con altas probabilidades de mantenerse en la extrema pobreza.

Diagrama III.5
PROGRAMAS DE TRANSFERENCIAS CON CORRESPONSABILIDAD TIPO 3: SISTEMAS O REDES DE COORDINACIÓN PROGRAMÁTICA CON CONDICIONALIDADES

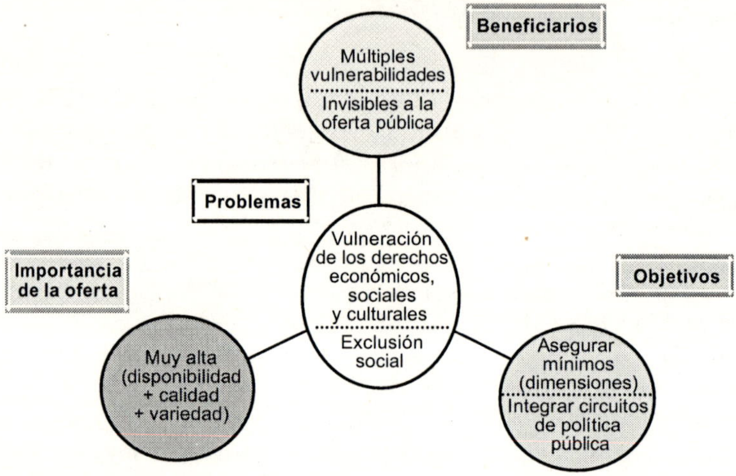

Fuente: Elaboración propia.

En la experiencia de Chile Solidario se ha observado que las redes de servicios locales no siempre logran cumplir las expectativas comunicadas a los usuarios por los apoyos familiares, ni tampoco los estándares de calidad del sistema (MIDEPLAN, 2009a; 2009b). Los problemas de adecuación de la oferta a los requerimientos específicos de los usuarios y las expectativas que ellos se crearon durante el período de acompañamiento, pueden conducir a situaciones de frustración y regresión del trabajo psicosocial realizado por los apoyos familiares (Nun y Trucco, 2008). Por ejemplo, se ha observado que los puestos ofrecidos a través de las Oficinas Municipales de Información Laboral (OMIL) tenían requisitos muy superiores a la experiencia y el nivel educativo que poseían los miembros de las familias beneficiarias del programa Puente (Rangel, 2005). El incumplimiento de las expectativas generadas y la desilusión que ello acarrea entre los beneficiarios pueden generar problemas emocionales adicionales para quienes participen del programa y provoca el abandono laboral (MIDEPLAN, 2009b).

a) Lógica de funcionamiento

Si bien resulta difícil denominar a primera vista a estos planes como programas de transferencias con corresponsabilidad, se acercan de distintas maneras a la estructura básica común de estos programas. En primer lugar, incorporan transferencias monetarias, aunque a veces de montos bajos, más bien residuales, destinadas a reducir los costos de transacción de acceder a los demás programas sociales a los que el sistema facilita el acceso. Este es el caso de las transferencias "bono de protección" y "bono de egreso" de Chile Solidario. Una segunda modalidad consiste en vincular a los beneficiarios con otros programas de protección social no contributiva que cumplen la función específica de transferir ingresos, como subsidios o pensiones sociales. En Colombia, el programa Familias en Acción, por ejemplo, representa el componente de transferencias de ingreso de un sistema de intervenciones mayor, la Red Juntos. El programa de Subsidio Único Familiar (SUF) ocupa una posición similar en Chile Solidario en cuanto a la transferencia de ingresos. Ambos incorporan condicionalidades asociadas a la utilización de servicios de salud y educación.

Es así como estos programas recogen, en alguna medida, el sentido de las condicionalidades, aunque débilmente, en la consecución de determinados mínimos sociales básicos por parte de la familia. En estos casos, las contraprestaciones a realizar por cada familia son variables y relativamente flexibles, estableciéndose en el marco del trabajo específico que estas llevan a cabo en conjunto con los profesionales de acompañamiento[22]. En Chile Solidario, por ejemplo, el "bono de protección" que se entrega durante el período de acompañamiento exige que la familia haya trabajado, durante el mes en curso, en al menos una de las siete dimensiones consideradas relevantes para el mejoramiento de sus condiciones de vida. Sin embargo, dadas las características del programa y la dinámica de la intervención, parece razonable aceptar que, en la práctica, su entrega no guarda relación directa con el cumplimiento o no de los mínimos, sino más bien con el esfuerzo que pone cada familia en lograrlos según cómo lo perciba el profesional que acompaña el proceso ("apoyo familiar"). Por otra parte, el "bono de egreso" se otorga a las familias que logran cumplir los mínimos establecidos al momento de finalizar el acompañamiento. Este aporte monetario y los demás subsidios a los que tienen derecho las familias beneficiarias se mantienen de manera mensual durante los tres años que siguen a la finalización del período de asistencia psicosocial, sin otras condicionalidades.

Como puede observarse, en este tipo de programas las transferencias monetarias y las condicionalidades quedan en un segundo plano ante la importancia otorgada al acompañamiento y apoyo psicosocial a las familias (véase el diagrama III.6). En el programa Puente de Chile

22 La flexibilidad está dada por la jerarquía que las familias establecen en lo que respecta a sus necesidades y los contratos de cumplimiento de los mínimos, pero no por la definición de las dimensiones en que se debe trabajar. Los elementos de flexibilidad incorporan, además, la posibilidad de adaptación de la oferta de servicios y programas a las realidades particulares de estas familias (véase Nun y Trucco (2008) para el caso de Chile).

Solidario, los apoyos familiares tienen como objetivo básico el trabajo psicosocial y acompañamiento a los hogares beneficiarios por un espacio de 24 meses. Durante este tiempo, se invita a las familias a comprometerse en el mejoramiento de ciertos aspectos de su calidad de vida considerados mínimos sociales en términos de derechos de ciudadanía[23]. Para estos efectos, el apoyo familiar debe facilitar la vinculación de los hogares con las redes de servicios y programas sociales del sector público y asegurar que estos tengan acceso a los distintos beneficios disponibles. Las actividades de acompañamiento sirven, a su vez, para plantear un esquema de egreso gradual del programa. En la medida en que la familia va cumpliendo los objetivos en cada dimensión trabajada, las visitas de los apoyos familiares van siendo menos frecuentes, a la vez que el monto de la transferencia que se otorga (el bono de protección) se reducen. En su calidad de unidad coordinadora, el sistema Chile Solidario se encarga de velar por que la oferta cubra la demanda incremental gestionando convenios interinstitucionales y administrando el traspaso de los fondos correspondientes.

En el caso de la Red Juntos, la función de los denominados "gestores sociales" es similar en cuanto a la articulación de la oferta pública de servicios y programas sociales en torno a las familias y el trabajo para alcanzar determinados logros básicos[24]. En su papel articulador, la Red Juntos establece dos acciones: por una parte, plantear una línea de base que permite identificar la demanda de servicios y programas que requieren las familias para cumplir con los mínimos sociales y, por la otra, gestionar la oferta necesaria y la articulación de los distintos sectores, con el objeto de garantizar el acceso de los beneficiarios a los distintos servicios y programas, a la vez de fortalecer la institucionalidad y la oferta a nivel municipal.

---

23 Se trata de 53 aspectos agrupados en 7 dimensiones que constituyen la base para la superación de la pobreza según el programa. Estos aspectos se abordan en conjunto por el apoyo familiar y los hogares según las prioridades, habilidades y necesidades de los hogares (véase el anexo III.3).

24 Las dimensiones consideradas tienden a coincidir con las de Chile Solidario, a excepción de las dimensiones añadidas de "aseguramiento y bancarización" y la de "apoyo legal". Si bien estos dos elementos no figuran entre las dimensiones trabajadas bajo los mínimos previstos en el programa Puente, Chile Solidario permite la vinculación con programas públicos que atienden estas consideraciones, como el acceso a los programas de Apoyo al Microemprendimiento del Fondo de Solidaridad e Inversión Social (FOSIS) y las corporaciones de asistencia judicial del Ministerio de Justicia.

Diagrama III.6
PROGRAMAS DE TRANSFERENCIAS CON CORRESPONSABILIDAD TIPO 3: LÓGICA DE FUNCIONAMIENTO

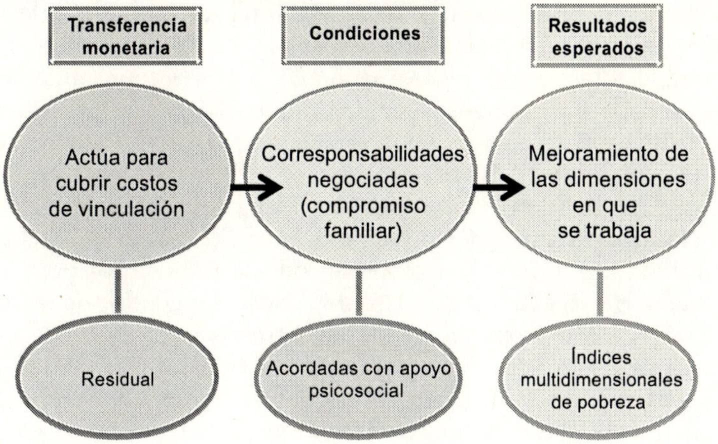

Fuente: Elaboración propia.

El componente de apoyo y acompañamiento familiar ha sido incorporado por varios PTC de la región, aunque con objetivos diversos. En la Red de Oportunidades de Panamá sirve para transmitir información a los beneficiarios sobre las características del programa y las transferencias y servicios a los que se puede acceder, así como también para facilitar el cumplimiento de las condicionalidades. En la práctica, los denominados "enlaces familiares" han servido como instrumento de auditoría social, además de proveer retroalimentación al programa sobre las condiciones y demandas insatisfechas de los beneficiarios (MIDES, 2008; Rodríguez, 2010).

En el caso de *Tekoporâ* del Paraguay, los apoyos familiares deben cumplir diversos objetivos que van desde un trabajo educativo y de capacitación a las familias en distintos temas de capital humano (educativos, nutricionales y de saneamiento, entre otros) y de dinámica familiar (violencia doméstica, alcoholismo) hasta la evaluación del cumplimiento de las condicionalidades en salud y educación, además de dedicar gran parte de su actividad a discutir con las familias estrategias para potenciar el capital productivo tanto a nivel familiar como comunitario (Veras Soares y Britto, 2008). Las evaluaciones sugieren que, si bien el componente de apoyo familiar se considera un elemento central en el funcionamiento del programa, encuentra varios obstáculos por las carencias de infraestructura y recursos que limitan la capacidad de respuesta (Veras Soares y Britto, 2008). Por otra parte, se enfatiza la dificultad de incorporar y coordinar en un solo programa actividades de protección social, de promoción social y de inclusión económica (Veras Soares y Britto, 2008). También en el Paraguay, el Programa Abrazo constituye un caso especial de PTC que incluye el componente de apoyo familiar. En el contexto de este programa enfocado en la disminución del trabajo infantil, se prevé una intervención enfocada en la dinámica familiar, especialmente en el restablecimiento de los vínculos familiares y la asunción de mayor responsabilidad en los papeles de padres y madres, así como en la participación del proceso que inicia el niño en su reincorporación al sistema educativo. Esta intervención se realiza mediante visitas periódicas a las familias, seguimiento de casos y realización de talleres de formación (SAS/OIT, 2007a). En Comunidades Solidarias de El Salvador, por último, existe la figura de las organizaciones no gubernamentales de seguimiento y apoyo familiar que, al estar encargadas del control de condicionalidades de las familias beneficiarias, se convierten en el vínculo entre estas y la oferta de servicios. Estas organizaciones cumplen la misión de trabajar con las familias en la identificación de las causas de incumplimiento. Del mismo modo, desarrollan actividades de promoción de la participación y organización comunitaria mediante jornadas de capacitación.

b) Resultados esperados

El impacto de este tipo de PTC debería analizarse sobre la base de las variaciones de los indicadores específicos de cada dimensión que se aborda a través del concepto de "mínimos sociales" (por ejemplo, identificación, nutrición, salud, educación y vivienda), así como a través de índices que integren distintos aspectos de la pobreza.

Los resultados que pueden esperarse de estos programas pueden verse claramente en la experiencia de Chile Solidario. Una evaluación de las primeras cohortes que ingresaron al programa en el período 2002-2005 muestra que, al momento de su egreso, la mitad de las familias cumplía todas las condiciones mínimas, mientras que un 85% lograba completar por lo menos 50 de las 53 condiciones (Larrañaga y Contreras, 2010). Otras evaluaciones cuantitativas del programa han indicado que las mejoras observadas en las distintas áreas —especialmente empleo, ingresos y pobreza— demoraron algunos años en manifestarse, lo que coincide con la idea de trabajo de largo plazo del programa (Galasso, Carneiro y Ginja, 2007). Sin embargo, se ha encontrado que estas mejorías tienden a disminuir o a desaparecer cuando se comparan con un grupo de control (Larrañaga, Contreras y Ruiz-Tagle, 2009), lo que plantea dudas respecto de la efectividad del programa. Para explicar esto se han planteado argumentos que apuntan a elementos diversos como el contexto general de crecimiento económico que caracterizó al país durante el período de instalación del programa, que habría permitido a familias no participantes tener mejoras equivalentes en sus estándares de vida (Galasso, Carneiro y Ginja, 2007), o el efecto positivo de "rebalse" que genera en las familias no beneficiarias el mejoramiento del conjunto de la oferta de servicios públicos producto de la operación del programa (Larrañaga, Contreras y Ruiz Tagle, 2009; Lehmann, 2009).

Desde otra óptica, las evaluaciones cualitativas han provisto importantes pistas sobre el desarrollo del proceso de intervención que propone Chile Solidario. Estas evaluaciones han revelado que el componente considerado de mayor éxito es el apoyo familiar del programa Puente, sobre todo por el mejoramiento de la calidad de vida de los beneficiarios a través del cumplimiento de los mínimos sociales (Nun y Trucco, 2008; MIDEPLAN, 2009b). A ello se suman los beneficios del trabajo psicosocial manifestados en el espacio de reflexión que se abre en las familias y el efecto que esto tiene como catalizador de las iniciativas propias de autopromoción (Nun y Trucco, 2008; MIDEPLAN, 2009b). No obstante, en el caso de Chile persisten algunas dificultades del modelo de intervención, como la necesidad de que los mínimos sociales se consideren desde una perspectiva que tenga en cuenta explícitamente la interdependencia de los logros en cada dimensión y la flexibilidad y adaptabilidad de las condiciones mínimas. A pesar de que el carácter multidimensional es uno de los pilares de la intervención de Chile Solidario, se ha verificado que la forma de abordar el cumplimiento de los mínimos sociales por parte de los apoyos muestra una tendencia a privilegiar el trabajo individual en las diferentes dimensiones, lo que afecta su mejoramiento conjunto (Nun y Trucco, 2008). Asimismo, la rigidez de los mínimos sociales que deben cumplirse, en ciertas ocasiones tiende a chocar con la realidad de familias para las que esos mínimos se encuentran muy alejados y que requerirían una mayor flexibilidad.

Por otra parte, es importante resaltar el papel del apoyo familiar en la sostenibilidad de las mejoras alcanzadas en la calidad de vida de los hogares, como también en la correcta traducción de los objetivos promocionales del programa, de modo que las familias no lo interpreten de manera asistencialista o paternalista (MIDEPLAN, 2009a). Se ha constatado que las mejoras observadas en dimensiones como el empleo y la vivienda se concentran en el período de acompañamiento familiar y disminuyen en los años posteriores (Larrañaga, Contreras y Ruiz-Tagle, 2009; MIDEPLAN, 2009b). También se han revelado problemas en la sostenibilidad del vínculo de los beneficiarios con la oferta de programas y servicios públicos una vez concluida la intervención con el apoyo familiar (MIDEPLAN, 2009a). En este contexto, la manera en que los apoyos familiares se apropian de los principios que guían al programa resulta determinante en la sostenibilidad de los efectos (MIDEPLAN, 2009a; 2009b; Nun y Trucco, 2008), problema que se hace extensivo al resto de los actores que participan en la provisión de servicios a las familias beneficiarias del programa (Arriagada y Mathivet, 2007; MIDEPLAN, 2009a; 2009b).

Los resultados del seguimiento realizado a las familias egresadas del programa Puente muestran que los efectos positivos en términos del cumplimiento exitoso del período de acompañamiento coinciden con los de las familias que se encontraban en una mejor situación al comienzo de la intervención, tanto en términos de vulnerabilidad socioeconómica como de dinámica familiar (MIDEPLAN, 2009b). Esto contrasta con la situación de las familias que se encontraban en una peor situación, que tienden a tener dificultades para cumplir dichos mínimos o sencillamente abandonan el programa antes de que finalice el período de acompañamiento (Nun y Trucco, 2008). Entre estas últimas están altamente representados los hogares monoparentales con jefaturas femeninas y los jóvenes con bajo nivel educacional (MIDEPLAN, 2009b) y tienden a ser más frecuentes las familias con situaciones de violencia intrafamiliar, alcoholismo y drogadicción (MIDEPLAN, 2009b).

Por último, se ha informado de efectos adversos en términos de capital social debido a la falta de intervenciones a nivel comunitario (Nun y Trucco, 2008). Para sobrellevar lo anterior y contribuir a la promoción de la asociatividad y la toma de decisiones colectivas, la Red Juntos de Colombia ha incorporado a su componente de apoyo psicosocial una fase de "acompañamiento comunitario" que consiste en la organización de instancias de encuentro entre las familias beneficiarias con el fin de intercambiar experiencias y aprendizajes relacionados con sus planes de trabajo familiares.

Capítulo IV

Hacia un sistema integral de protección social

En los capítulos anteriores se han discutido una serie de aspectos vinculados al desarrollo de la protección social en América Latina, incluidos los diversos enfoques y marcos conceptuales que han guiado sus formulaciones a lo largo de las últimas décadas, las propuestas existentes para consolidar un acceso más amplio a sus instrumentos y algunas de las principales experiencias y políticas que los países han diseñado y puesto en marcha en materia de protección social. En este capítulo, se profundiza en los componentes, alcances y posibilidades existentes para construir esquemas integrales de protección social en la región, identificando su rol en el conjunto de las políticas sociales. Una vez presentados los componentes de una protección social guiada por este enfoque, se revisarán algunos ejes fundamentales en torno a su gestión e implementación, a partir de los cuales es posible identificar diversos desafíos y aspectos pendientes.

A. Política social: protección, promoción y políticas sectoriales

La política social comprende el diseño, financiamiento, implementación, monitoreo y evaluación de estrategias y actividades orientadas a mejorar la calidad de vida de la población de un país, región o localidad. Considera así todas aquellas intervenciones —principalmente estatales pero también de otros actores como las organizaciones sociales y comunitarias o el mercado— que afectan directamente el bienestar de la población, las instituciones y sus relaciones: los servicios de salud y educación, los subsidios y beneficios monetarios y en especie, la seguridad social y las pensiones, las medidas en torno al mercado de trabajo, la recaudación fiscal progresiva y las políticas redistributivas (Franco, 2010; Mkandawire, 2006).

Los componentes de la política social son la protección social, la promoción social y las políticas sectoriales, como educación y salud. Así, la protección social —cuyo objetivo primordial es procurar un nivel mínimo de bienestar socioeconómico para todos los miembros de una sociedad— es parte central de la política, pero presenta características distintivas en cuanto a los problemas sociales que atiende. La promoción social considera todas las políticas relacionadas con el desarrollo de capacidades, ya sea a través del fortalecimiento del capital humano (educación y capacitación) o del mejoramiento de las condiciones del contexto en que dicho capital ha de desenvolverse (intermediación laboral, fomento productivo, financiamiento y asistencia técnica para microempresas y pequeñas empresas, identificación y promoción de nuevos emprendimientos, entre otros). En síntesis, comprende todas aquellas políticas y programas que tienden a mejorar la calidad de vida en base a una mayor productividad e ingresos generados de manera autónoma. Finalmente, las políticas sectoriales —de educación, salud, vivienda y otras— contribuyen de manera directa a potenciar el desarrollo humano, fortalecer el capital humano e, indirectamente, a fomentar la cohesión social. Es claro, en este marco, que cada componente debe articularse con los otros para alcanzar los objetivos de la política social (véase el diagrama IV.1).

Diagrama IV.1
LA PROTECCIÓN SOCIAL EN EL CONJUNTO DE LA POLÍTICA SOCIAL

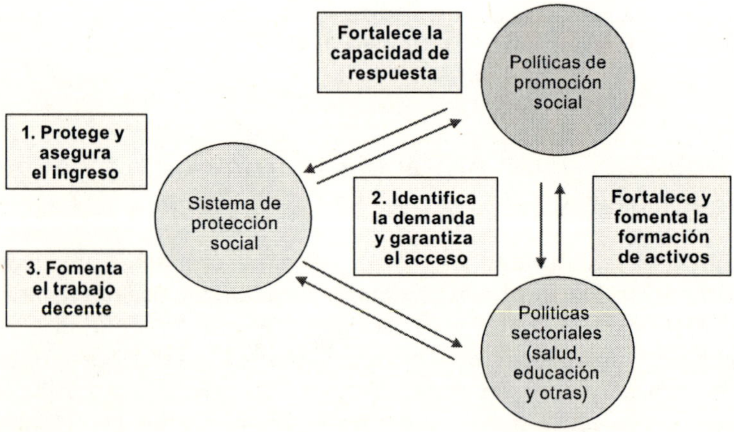

Fuente: Elaboración propia.

Los sistemas de protección social, en particular, permiten articular políticas de protección y promoción social, reservando a estas últimas —y a las políticas sectoriales— el rol de gestionar y proveer los servicios. La protección social, en este sentido, se encarga de proteger y asegurar el ingreso, y fomentar el trabajo decente, así como de identificar la demanda no cubierta (y los nudos críticos en la oferta pública existente) y garantizar el acceso a los servicios sociales para toda la población, velando por su cobertura y calidad adecuada, pero sin hacerse cargo de su provisión, que requiere de una gestión especializada.

Cabe destacar asimismo que los sistemas de protección social no deben concebirse como meros receptores de población vulnerable ante los déficits sociales del desarrollo económico, las crisis y/o las fallas del mercado, sino como agentes activos para facilitar a la población el acceso a mejores condiciones económicas y sociales. Así, estos sistemas cumplen un rol central en la identificación de nuevas necesidades y en la evaluación del tamaño y las características de la demanda, convirtiéndose en facilitadores de la gestión de calidad de otras políticas.

Para el buen funcionamiento de la política social y, por lo tanto, de la protección social, también es fundamental considerar su articulación con las políticas económicas (micro y macro) y sus efectos en la promoción del desarrollo productivo, rural y de infraestructura, y en el mejoramiento de la cantidad y la calidad del empleo. Todos estos elementos gravitan fuertemente en las capacidades existentes para sacar a la población de su condición crítica asociada a la pobreza y para responder a los riesgos que enfrentan las familias.

B. Funciones de un sistema integral de protección social

Los roles de protección y aseguramiento del ingreso, del acceso a políticas de promoción y a otros servicios sociales, y de fomento del trabajo decente que debe asumir la protección social en el conjunto de la política social encuentran una base sustantiva en los derechos económicos, sociales y culturales (DESC) (véase el anexo I). En concordancia con ello, a continuación se detallan las funciones que corresponden a la protección social y los derechos específicos que dichos roles buscan asegurar:

i) Garantizar un ingreso que posibilite sostener niveles de calidad de vida considerados básicos para el desarrollo de las personas. Esta función incluye dos componentes:

   - facilitar las condiciones socioeconómicas mínimas que hagan posible garantizar derechos básicos de los individuos, en cuanto a ingresos, alimentación, salud, educación, vivienda y servicios básicos, entre otros. Esto significa resguardar determinados mínimos sociales y necesidades básicas, relacionados con la Declaración Universal de Derechos Humanos (Naciones Unidas, 1948) en sus artículos 22, 25 y 26 y con el Pacto Internacional de Derechos Económicos, Sociales y Culturales (PIDESC) (Naciones Unidas, 1966) en sus artículos 10 y 11, para hacer posible erradicar las condiciones críticas de la pobreza extrema y otorgar protección y cuidado a las personas económicamente inactivas;

- compensar frente a la caída de ingresos por debajo de los estándares consensuados como esenciales. Esto implica garantizar el acceso a mecanismos de aseguramiento permanente ante eventos críticos de diferente naturaleza para frenar caídas bruscas de los ingresos, que ponen en riesgo la capacidad de solventar los costos de un nivel mínimo de bienestar. Entre estos eventos se incluyen las pérdidas de ingreso autónomo y las limitaciones laborales generadas por problemas de salud (del empleado o de alguno de sus dependientes), las etapas de gestación y puerperio, desastres naturales y conflictos armados, entre otros. Es decir, esta función se orienta a garantizar un nivel mínimo de ingresos a través de diversos mecanismos, como indican los artículos 22 y 25 de la Declaración Universal de Derechos Humanos (Naciones Unidas, 1948) y los artículos 9 y 10 del Pacto Internacional de Derechos Económicos, Sociales y Culturales (Naciones Unidas, 1966).

ii) Identificar la demanda insatisfecha y garantizar el acceso a servicios sociales (salud, educación y vivienda, entre otros) y de promoción, para fortalecer el capital humano y la capacidad de respuesta autónoma de la población. Promover el acceso a servicios sociales básicos que mejoren la calidad de vida y la capacidad de acumulación de activos es coherente con los contenidos del artículo 25 de la Declaración Universal de Derechos Humanos y de los artículos 11, 12, 13 y 14 del PIDESC. Se incluye en este ámbito la provisión de cuidado a niños, adultos mayores, enfermos y discapacitados[1].

iii) Fomentar el trabajo decente, promoviendo mejores políticas laborales para contribuir a la superación del riesgo asociado al mundo laboral, velando por la realización de los derechos laborales e integrando progresivamente al mercado formal de trabajo al grueso de la

---

[1] La provisión de cuidado no es exclusiva de la protección social. Políticas sectoriales como la educación contribuyen también a ello de manera muy importante. La jornada escolar completa, por ejemplo, no solo beneficia el aprendizaje de los alumnos, sino que también alivia la carga de cuidado de sus padres, permitiéndoles participar más facilmente en el mercado de trabajo.

población económicamente activa de un país[2]. En esta función se incluyen temas relacionados con: a) la formalización del empleo a través de contratos claros e informados con condiciones justas y favorables (remuneraciones acordes al trabajo desarrollado, igualdad de condiciones entre hombres y mujeres, regulaciones de seguridad y sanidad en el trabajo, acceso a oportunidades de promoción en el empleo, jornadas de trabajo y períodos de descanso); b) acceso a orientación vocacional, capacitación técnica y programas de entrenamiento para la promoción del desarrollo económico, social y cultural y del empleo productivo; c) derecho a sindicalización, a la huelga, a la conformación de confederaciones sindicales y a la unión a organizaciones sindicales internacionales, y d) la erradicación del trabajo infantil y la explotación laboral. Todos estos elementos se destacan en los artículos 23 y 24 de la Declaración Universal de Derechos Humanos y en los artículos 6, 7, 8, 9 y 10 del PIDESC.

La protección social debiera ser universal en su orientación, incluyendo tanto a quienes se encuentran insertos en el mercado formal de trabajo, como a quienes se encuentran fuera de él. Esto no impide aplicar mecanismos de focalización en su implementación, para hacer frente a la escasez de recursos y dar prioridad a quienes se encuentran en situación de mayor pobreza y vulnerabilidad.

Así, la protección social puede contribuir significativamente a aliviar los síntomas más urgentes de la pobreza, construir rutas permanentes para superarla (aunque, por sí sola, no eliminarla) y potenciar la capacidad de respuesta frente a los riesgos de caídas abruptas del ingreso, favoreciendo el desarrollo de una sociedad más inclusiva e igualitaria en el acceso a las oportunidades.

Un elemento central que es preciso tener presente en la implementación de sistemas integrales de protección social es su sustentabilidad financiera y sostenibilidad temporal. Una de las mayores críticas que se han formulado a la concepción de la protección como garantía ciudadana, es que ella puede atentar contra la capacidad fiscal de solventar su costo. Por ello, cada país debe definir la cantidad y el nivel de calidad de los componentes de la protección social que estima pertinente garantizar, considerando su propia capacidad financiera. Se conforma así un sistema de garantías incrementales, que no por ello deben dejar de ser universales en el acceso. En conformidad con el PIDESC, se prefiere

---

2 El concepto de trabajo decente, introducido en 1999 por la Organización Internacional del Trabajo (OIT), expresa el amplio objetivo de que mujeres y hombres tengan "oportunidades de empleo productivo en condiciones de libertad, equidad, seguridad y dignidad". Este incluye por lo tanto la necesidad de proteger la salud de los trabajadores, así como proveerles pensiones adecuadas (CEPAL, 2009a).

asegurar en lo inmediato un mínimo para todos (ya sea con acceso a través del mercado y/o del Estado), antes que altos niveles para unos pocos y ausencia de protección para otros.

A partir de las funciones antes descritas —fundadas, a su vez, en derechos— es posible definir estándares y garantías explícitas de aseguramiento en cada uno de los ámbitos, los cuales pueden ser traducidos en instrumentos concretos. Estos instrumentos, si bien pueden estar orientados a atender necesidades particulares de determinados grupos de población —personas que viven en situación de pobreza y pobreza extrema, o grupos en mayor vulnerabilidad, como los pueblos indígenas, entre otros—, están en principio disponibles para el conjunto de la ciudadanía.

C. Ejes de integración de la protección social

En términos conceptuales, la integralidad de un sistema de protección social puede ser pensada a nivel de las políticas, sus planes y programas (la oferta) así como desde los individuos, las familias y las comunidades (la demanda). En el caso de la oferta de políticas y programas, existen dos ejes de integración que deben ser considerados con especial atención durante las etapas de diseño, implementación y operación de los sistemas de protección social: el horizontal (o sectorial) y el vertical (según los niveles administrativos en los cuales se ejecutan las políticas y programas) (véase el diagrama IV.2).

Diagrama IV.2
EJES DE INTEGRACIÓN DE LA PROTECCIÓN SOCIAL

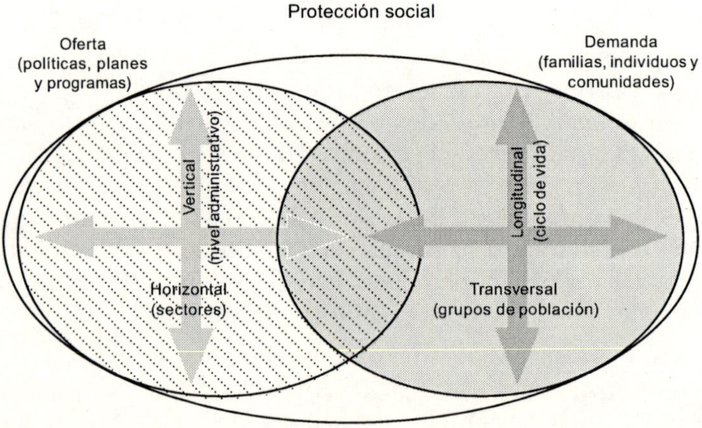

Fuente: Elaboración propia.

El eje horizontal representa la coordinación entre los distintos sectores de acción de la política social (desarrollo social, trabajo, salud, educación u otros), que se hace necesaria considerando el rol de articulación y coordinación que cumplen las políticas de protección social como enlace a las políticas sectoriales y de promoción social (por ejemplo, a servicios de educación y salud, o de intermediación laboral y políticas activas de empleo). En el eje vertical, la coordinación se produce entre los distintos niveles administrativos (desde el nivel central hasta los municipios, pasando por estados, provincias o departamentos, según los países) y puede o no incorporar componentes de coordinación con otros actores (sector privado y sociedad civil). En lo relativo a este segundo eje, cabe destacar que en la región, la participación de diferentes jurisdicciones en la conformación e implementación de políticas ha aumentado como consecuencia de reformas institucionales que han conducido a una mayor descentralización y regionalización (Franco, 2010; Martínez Nogueira, 2010; Ramírez y Peñaloza, 2007) (véase el caso de Colombia en el recuadro IV.1). Sin embargo, la relevancia de los distintos niveles de jurisdicción varía mucho según el tamaño de los países y el grado de descentralización efectivamente alcanzado.

Los sistemas de protección social deben procurar asimismo que las políticas y programas sociales —coordinados entre sí en las dos dimensiones descritas— atiendan de manera integral los requerimientos que surgen al analizar la demanda generada por las personas, las familias y las comunidades. Para ello, hay que tomar en cuenta tanto las necesidades de integración transversal como las de integración longitudinal (véase el diagrama IV.2). La primera tiene relación con el requerimiento de ofrecer y articular prestaciones diferenciadas para satisfacer las distintas necesidades de protección y promoción social de grupos de población que se caracterizan por presentar altos niveles de heterogeneidad. Estos pueden ser definidos de distintas maneras, según su área de residencia, nivel de ingreso, actividad, tipo de inserción laboral, etnia, entre otros factores. La integración transversal se refiere, por lo tanto, a la incorporación de las familias al sistema de protección social mediante su participación en distintos programas específicos, y a los aspectos de gestión asociados a la generación de las capacidades institucionales para articular dichas intervenciones de manera intersectorial. En el caso de las familias pobres, este tipo de integración ha sido promovido de manera bastante exitosa por varios programas de transferencias con corresponsabilidad (PTC).

Recuadro IV.1
LOS DESAFÍOS DE LA INTEGRACIÓN DE LA POLÍTICA SOCIAL EN COLOMBIA

La experiencia colombiana es un buen ejemplo de los desafíos que plantea la integración de la política social entre distintos niveles administrativos (Zapata, 2009). En este país, cada departamento —y dentro de ellos, cada municipio—, de manera complementaria a las políticas de alcance nacional, tiene la autonomía para definir sus propios programas sociales, asignando recursos propios y priorizando la inversión social de acuerdo con sus intereses y necesidades particulares. Así, las fuertes disparidades de capacidades entre los distintos departamentos y municipios, por una parte, y las visiones de las autoridades en ambos niveles, por otra, pueden producir situaciones completamente distintas de una localidad a otra. El departamento de Antioquia, por ejemplo, ha logrado llevar adelante sus propios planes y programas sociales con énfasis en la vivienda y la seguridad alimentaria, desplegando una estrategia de política basada en una concepción de universalidad y en el desarrollo de una institucionalidad para la política social que incluso ha trascendido a los cambios de gobierno a nivel nacional (Zapata, 2009). Situaciones opuestas muestran departamentos como los de Santander y Cundinamarca, más dependientes de los recursos nacionales y con fuertes disparidades entre los municipios que los componen, por lo que han debido focalizar la inversión y priorizar a las localidades más pobres.

La flexibilidad con la que operan estos departamentos en Colombia es auspiciosa desde la perspectiva del ajuste de la política social a los requerimientos de la ciudadanía en el espacio local. Sin embargo, los desafíos que surgen en los ámbitos de coordinación vertical y horizontal son evidentes. De acuerdo con Zapata (2009), la articulación entre instituciones pares (municipios) es escasa. Al mismo tiempo, no existe una fluida coordinación entre las políticas definidas desde el nivel central (sectorial) y las de origen territorial. Algo similar ha constatado Cunill (2008) en cuanto al déficit existente en la conexión entre programas y servicios sociales. Si bien programas tales como los programas de transferencias con corresponsabilidad (PTC) incorporan progresivamente un enfoque de derechos que brinda garantías de acceso a los servicios sociales, en la práctica estos no están siempre disponibles debido a la insuficiencia o a la inexistencia de recursos en estos servicios en el nivel local.

Fuente: N. Cunill, "Contraloría y derechos sociales: el desafío de la igualdad", *Gestión y política pública*, vol. XVIII, N° 1, 2008; J. Zapata, "Coordinación y gestión territorial de la política social en Colombia", *serie Políticas sociales*, N° 148 (LC/L.3101-P), Santiago de Chile, Comisión Económica para América Latina y el Caribe (CEPAL), 2009. Publicación de las Naciones Unidas, N° de venta: S.09.II.G.83.

La integración longitudinal, por otra parte, toma en cuenta los requerimientos que se producen a lo largo del ciclo de vida individual y familiar —desde la primera infancia hasta la vejez— y llama la atención sobre la necesidad de dar continuidad a las intervenciones de protección social a través de los distintos programas. En este caso adquieren particular relevancia las vías a través de las cuales las familias y las personas refuerzan sus derechos y su capacidad de acceder a ámbitos de protección social contributiva y, en aquellos casos en que esto no sea posible, a mecanismos de protección social no contributiva que cubran estas necesidades con acciones diferenciadas según su perfil.

Así, un sistema de protección verdaderamente integral supone la existencia de una articulación sustentable en el tiempo entre demanda y oferta, así como entre los ejes en que ellas se integran.

D. Protección social: derechos universales adaptados a las distintas necesidades de la población

Los puntos hasta aquí analizados llevan a la conclusión de que es necesario contar con una política de protección social inclusiva que se ocupe simultáneamente de quienes se encuentran en una situación de pobreza y requieren de garantías de ingreso y de acceso a mecanismos promocionales; de quienes, sin ser pobres, son vulnerables y demandan políticas de aseguramiento continuo; y de quienes evidencian una mayor capacidad autónoma pero, junto con contar con mecanismos de aseguramiento —tanto públicos como privados—, reconocen en la garantía de un piso mínimo de protección una base común para la ciudadanía social. Al estar garantizados para toda la ciudadanía, estos mínimos son universales y establecen un marco en que el ciudadano no es solo un consumidor y demandante de servicios, sino un agente titular y sujeto de sus derechos, con capacidad para exigir su realización.

Es así como, desde un enfoque de derechos, una protección social inclusiva supone una adecuada combinación entre la política social de corte universal, que incluye la provisión de protección de carácter compensatorio, y una política económica en que se contemplen explícitamente los objetivos sociales (CEPAL, 2008a, pág. 35; Mesa-Lago, 2000; Barrientos y Santibáñez, 2009), además de contar con intervenciones que permitan incorporar a distintos grupos de la población y generen las capacidades para superar las situaciones de riesgo a las que son vulnerables (Serrano, 2005). En una protección social de este tipo, no se definen techos máximos de protección o aseguramiento, sino mínimos incrementales, que puedan ser extendidos de acuerdo con los pactos sociales y fiscales que se fije cada sociedad.

Desde la perspectiva de la integralidad transversal (véase el diagrama IV.2), puesto que los distintos grupos de la población enfrentan requerimientos de protección social cualitativa y cuantitativamente diferentes, para hacer efectivos sus DESC se requiere adaptar la protección a dicha diversidad[3]. Un desafío fundamental está por lo tanto en atender a la especificidad de cada grupo para disminuir su vulnerabilidad —particularmente cuando su capacidad de respuesta autónoma es baja—, pero protegiendo a su vez la sustentabilidad financiera del sistema en el marco de la restricción presupuestaria de cada país (véase VI.B).

En el recuadro IV.2 se presenta un caso interesante de análisis (aunque no exento de fuertes críticas) por sus implicancias para la diferenciación de las respuestas frente a las necesidades de protección de distintos grupos de población pobre y vulnerable: la modificación del Programa Jefes de Hogar en la Argentina, que siguió a la recuperación de la situación de crisis que había motivado su implementación (Pautassi y Zibecchi, 2010).

Recuadro IV.2
PROGRAMA JEFES DE HOGAR EN LA ARGENTINA: DIFERENCIACIÓN DE GRUPOS DE POBLACIÓN SEGÚN SU EMPLEABILIDAD

El Programa Jefes de Hogar había sido implementado a partir de la unificación de varios programas de empleo de emergencia en el contexto de la crisis económica, política y social que se generó en el país a fines de 2001. Hacia 2004 se comenzaron a observar signos de recuperación, con lo que se abrió la necesidad de buscar soluciones de política social diferenciadas para el heterogéneo grupo de población que recibía beneficios de este programa (Golbert, 2004).

Observando el perfil de los beneficiarios del programa, se concluyó que podían ordenarse en cuatro grupos según sus probabilidades de encontrar empleo (de acuerdo con sus historias laborales, características actuales en cuanto a su capital educativo y tramo de edad, entre otros factores) y se establecieron para ellos tres paquetes de soluciones de política diferenciadas. Para quienes se encontraban en una mejor situación (personas jóvenes, con nivel educativo medio-alto y alguna calificación laboral), se diseñó el Seguro de Capacitación y Empleo, que respondía a los lineamientos tradicionales de un seguro de desempleo de carácter temporal (Golbert, 2004). Este fue complementado con actividades de reinserción laboral formales a través de agencias de empleo y convenios sectoriales.

(continúa)

[3] Así, por ejemplo, los requerimientos de protección que enfrenta un niño que se encuentra en situación de calle son de naturaleza distinta a los de un adulto que sufre un accidente laboral, ya estando inserto en mecanismos formales de aseguramiento. Mientras en el primer caso se requiere potenciar el acceso a los sistemas de formación de capital humano, junto con brindar garantías de cuidado e ingreso que permitan elevar las condiciones de vida a un mínimo consensuado y acumular activos de largo plazo, en el segundo caso el Estado asumirá un rol regulador del funcionamiento de los instrumentos de seguro social comprometidos, complementando ingresos y otros activos —de ser necesario— para garantizar los mínimos de protección social.

Recuadro IV.2 (conclusión)

A quienes se estimó que tenían mayores dificultades pero que contaban igualmente con alguna posibilidad de reinserción (personas adultas jóvenes y de edades más avanzadas con bajo capital educativo y sin calificación), se les consideró para acceder eventualmente al Seguro de Capacitación y Empleo, pero con énfasis en las acciones de reinserción laboral y especialmente de capacitación para el trabajo. Por último, para el grupo de personas catalogadas como "inempleables" y "vulnerables sociales" (en su mayoría mujeres con responsabilidades de cuidado en el hogar), se diseñó el programa Familias por la Inclusión Social. Las acciones para los primeros dos grupos se mantuvieron en el marco del Ministerio de Trabajo, Empleo y Seguridad Social, mientras que las del último grupo pasaron a manos del Ministerio de Desarrollo Social.

Esta experiencia, aunque acotada a un momento determinado, rescata la intención de diseñar estrategias diferenciadas según las necesidades específicas de distintos grupos; sin embargo, ha sido cuestionada desde el punto de vista de la adecuación de las soluciones concretas ofrecidas y las oportunidades abiertas a cada grupo. En primer lugar, se ha criticado la nomenclatura utilizada por el Ministerio de Trabajo, Empleo y Seguridad Social para calificar a los beneficiarios del programa como "empleables" o "inempleables" puesto que dicha denominación contribuiría a naturalizar un conjunto de diferencias socioeconómicas producidas y reproducidas históricamente por estructuras sociales inequitativas y poco incluyentes (Campos, Faur y Pautassi, 2007). En segundo lugar, se cuestiona el hecho de que bajo la categoría de "inempleables" se agrupara básicamente a mujeres en edad reproductiva y con hijos a cargo, lo que tendió a segmentar la salida del programa por género. Además, el hecho de que la solución para este último grupo contemplara la exigencia de satisfacer ciertas condiciones, lo que no ocurría con las soluciones ofrecidas a los otros grupos, resulta preocupante desde el punto de vista del cumplimiento de derechos. Campos, Faur y Pautassi (2007) enfatizan que ello constituye una discriminación contra las mujeres pobres en cuanto no se les aseguran las mismas oportunidades de inclusión a través de programas de empleo y capacitación laboral.

En este escenario, a fines de 2009 el gobierno anunció la creación de un nuevo PTC, la Asignación Universal por Hijo para Protección Social (AUH), destinada a cubrir a las familias vulnerables —especialmente con jefes de hogar desocupados o empleados en ocupaciones informales— con hijos menores de 18 años que no contaran con otra fuente de protección social.

Fuente: L. Campos, E. Faur y L. Pautassi, *Programa familias por la inclusión social. Entre el discurso de derechos y la práctica asistencial*, Buenos Aires, Centro de Estudios Legales y Sociales (CELS), 2007; L. Golbert, "¿Derecho a la inclusión o paz social? Plan Jefas y Jefes de Hogar Desocupados", *serie Políticas sociales*, N° 84 (LC/L.2092-P/E), Santiago de Chile, Comisión Económica para América Latina y el Caribe (CEPAL), 2004. Publicación de las Naciones Unidas, N° de venta: S.04.II.G.30; Organización de los Estados Americanos/Comisión Económica para América Latina y el Caribe/Organización Internacional del Trabajo (OEA/CEPAL/OIT), *Protección social y generación de empleo: análisis de experiencias derivadas de programas de transferencias monetarias con corresponsabilidad*, Washington, D.C., en prensa, 2010; L. Pautassi y C. Zibecchi, "Límites y desafíos en la superación de la pobreza infantil en el marco de los programas de transferencias condicionadas en Argentina. Una aproximación desde los protagonistas", *serie Políticas sociales*, N° 159 (LC/L.3198-P/E), Santiago de Chile, Comisión Económica para América Latina y el Caribe (CEPAL), 2010. Publicación de las Naciones Unidas, N° de venta: S.10.II.G.10.

A continuación se analizan algunas dimensiones que se consideran centrales para la orientación de un sistema de protección social inclusivo a la luz de la heterogeneidad de la población.

1. Pobreza y vulnerabilidad

La diversidad de las necesidades de protección social se hace evidente en la capacidad de respuesta que distintos grupos de la población tienen frente a riesgos, menor en el caso de quienes viven en la condición de pobreza y mayor, aunque precaria, entre quienes son vulnerables. A su vez, es posible diferenciar entre quienes viven en situación de pobreza o de pobreza extrema, de acuerdo con sus ingresos y su capacidad de consumo, identificando niveles de ingreso mínimos para cada uno de estos casos. Por otra parte, hay diferencias entre pobres crónicos y transicionales, dependiendo del tiempo en que un individuo ha experimentado una "deprivación significativa en sus capacidades" y su movilidad en torno a la línea de pobreza (Hulme y Shepherd, 2003, pág. 405). Sin embargo, una dificultad concreta para poder estimar e identificar a quienes viven en situación de pobreza crónica o transicional en la región, y sobre esa base elaborar estrategias apropiadas para cada uno de estos contextos, es la ausencia de encuestas de tipo panel que permitan conocer mejor los cambios socioeconómicos que experimentan las familias a lo largo del tiempo (véase el recuadro IV.3).

En todos estos grupos, el riesgo puede incidir en un decaimiento adicional de sus condiciones de vida, empujando hacia la extrema pobreza a quienes se encuentran bajo la línea de pobreza, o bien hacia la pobreza crónica a quienes se encuentran en situación de pobreza transicional (véase el diagrama IV.3)[4]. Del mismo modo, en el caso de los hogares que han salido hace poco tiempo de una situación de pobreza o cuyos ingresos los ubican solo levemente por sobre la línea de pobreza, un evento crítico puede determinar su recaída bajo esta línea. Se dice en este último caso que estos hogares son vulnerables (CEPAL, 2010a). Finalmente, es también posible identificar a quienes son menos vulnerables, tanto por contar con mayores activos y/o flujos, como por tener un mejor acceso a esquemas de aseguramiento de tipo contributivo; a ellos se los denomina "no pobres autónomos".

---

4 México ha venido desarrollando una metodología de trabajo para caracterizar la pobreza multidimensional que toma un marco de análisis similar (véase Cortés, 2010). En esta metodología, interesa caracterizar a la población en función de dos grupos de dimensiones: sus niveles de ingresos (o bienestar) y la realización de sus derechos sociales (niveles de carencias en función de seis dimensiones: educación, salud, seguridad social, vivienda, servicios básicos y alimentación). A partir del cruce entre ambos grupos de dimensiones, se definen una serie de grupos de población de acuerdo con su grado de vulnerabilidad: vulnerables por ingreso, dentro de los cuales se distingue entre pobres moderados y pobres extremos; y vulnerables por carencia social. Estas dimensiones se aplican a distintos grupos de la población (de acuerdo con su etnicidad, edad y zona de residencia), a partir de lo cual se construyen mapas de pobreza multidimensional.

Recuadro IV.3
ENCUESTAS DE TIPO PANEL EN AMÉRICA LATINA

Las encuestas de tipo panel permiten realizar un seguimiento a lo largo del tiempo a un determinado número de familias, haciendo posible profundizar en las causas y consecuencias de los diversos tránsitos en torno a la pobreza que ellas realizan en un período dado. Pese a la utilidad de este tipo de encuestas, gran parte de los países de América Latina carecen todavía de ellas.

Chile comenzó a realizar encuestas de tipo panel en 2001, lo que permitió identificar una alta movilidad en torno a la línea de pobreza en el país durante dos períodos (1996-2001 y 2001-2006), que permanecía oculta hasta entonces en los datos transversales. Así se pudo constatar que cerca de la mitad de quienes vivían en situación de pobreza en 1996 habían salido de ella en 2001. Por otra parte, un 9,7% de quienes no eran pobres en 1996 sí se encontraban en esta situación en 2001. Al mismo tiempo, siete de cada diez personas que estaban en situación de pobreza en 2001 eran no pobres en 2006. En el período 2001-2006, un 23,5% de la población vivió en situación de pobreza. De este modo, si bien de acuerdo con la Encuesta de Caracterización Socioeconómica Nacional (CASEN) la pobreza disminuyó en casi 10 puntos porcentuales entre 1996 y 2006, tres de cada diez personas transitaron por la pobreza alguna vez en ese período, lo que revela una alta vulnerabilidad de la población. A nivel cualitativo, es posible también identificar que quienes fueron pobres en las tres olas del panel (pobreza crónica) son fundamentalmente mujeres y niños y niñas menores de 15 años en 1996. Pese a estos hallazgos, la encuesta solo se ha aplicado, hasta el momento, en cuatro regiones del país.

En el caso de la Argentina, la Encuesta Permanente de Hogares (EPH), que realiza el Instituto Nacional de Estadística y Censos (INDEC), se aplica tres veces al año y cubre 28 centros urbanos del país. Tiene una estructura de panel rotativo corto, en que cada hogar permanece en la encuesta por cuatro olas, en un plazo total de un año y medio. En el caso de México y la Encuesta Nacional sobre Niveles de Vida de los Hogares (ENNVIH), se ha desarrollado una encuesta de tipo panel desde 2002.

El Perú es el único país de la región que incorpora este tipo de muestras de manera permanente en la Encuesta Nacional de Hogares (ENAHO), desarrollada por el Instituto Nacional de Estadística e Informática (INEI). Las muestras se han incluido en la Encuesta Permanente de Empleo en Lima Metropolitana que se realiza desde 2001. Se han incluido paneles fijos con rotación parcial en el tiempo en la ENAHO desde 1996.

Fuente: Elaboración propia sobre la base de información de la Encuesta Nacional sobre Niveles de Vida de los Hogares (ENNVIH), 2010; Instituto Nacional de Estadística e Informática (INEI), 2010; Ministerio de Planificación de Chile (MIDEPLAN), *Gestión de calidad en las redes locales de servicios*, Santiago de Chile, Secretaría Ejecutiva del Sistema Intersectorial de Protección Social, 2009; Observatorio Social Universidad Alberto Hurtado (OSUAH), "Minuta. La Encuesta Panel CASEN 1996, 2001, 2006: primera fase de análisis", Fundación para la Superación de la Pobreza, Ministerio de Planificación [en línea] http://www.mideplan.cl/index.php?option=com_content&view=article&id=235&Itemid=9, 2007 y L. Gasparini, M. Marchionni y W. Sosa, "Characterization of inequality changes through microeconometric decompositions: the case of greater Buenos Aires", La Plata, Universidad Nacional de La Plata, inédito, 2002.

Diagrama IV.3
GRUPOS DE POBLACIÓN EN RELACIÓN AL RIESGO

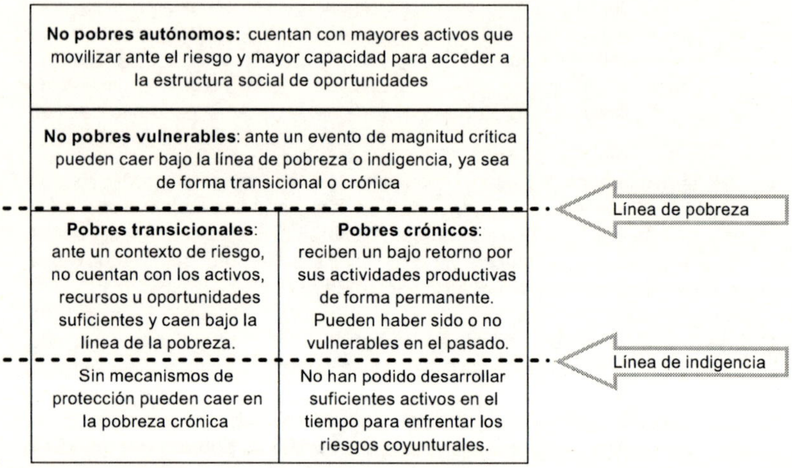

Fuente: Elaboración propia sobre la base de Comisión Económica para América Latina y el Caribe (CEPAL) (2010a), *Panorama social de América Latina, 2009* (LC/G.2423-P), Santiago de Chile, 2010. Publicación de las Naciones Unidas, N° de venta: S.09.II.G.135.

Más allá de los criterios expuestos, pueden identificarse también grupos de población que se encuentran en una situación particular de menoscabo estructural como resultado de dinámicas de segregación territorial, discriminación u otras formas de exclusión social que pueden implicar una menor disposición de activos en un determinado momento o a lo largo de toda la vida (Banco Mundial, 2005; Filgueira, 2007). La etnicidad, la discapacidad o el vivir en zonas rurales o urbanas marginales pueden incidir en la capacidad de respuesta de las personas y las familias, lo que hace necesario generar estrategias adecuadas dentro de los esquemas de protección social. Para esto se requiere identificar la desigual intensidad que tendrán los riesgos en distintos grupos y analizarlos en función de los instrumentos con que se cuenta. Otros grupos particularmente vulnerables son los migrantes y los desplazados por episodios de violencia y conflictos armados.

El atender de manera diferenciada no contraviene el principio de universalidad de los derechos; al contrario, puede potenciar su ejercicio y disminuir la desigualdad. Por ello, la focalización (o discriminación positiva) de los servicios de protección social hacia los más vulnerables puede ser un camino adecuado para avanzar de manera incremental hacia la universalización de los DESC, en un proceso de realización progresiva de acuerdo con los niveles de desarrollo y la disponibilidad presupuestaria de cada país (Naciones Unidas, 2009a). De esta manera, la focalización se entiende como un instrumento para avanzar hacia la universalidad del acceso, en cuya aplicación se hace central la minimización de los errores de exclusión —dejar sin beneficios a familias o personas que son parte de la población objetivo— por sobre los errores de inclusión —otorgar beneficios a quienes no forman parte de la población objetivo (Naciones Unidas, 2009a).

2. Formalidad e informalidad laboral

Otra dimensión que cabe tener presente cuando se analiza la diversidad de necesidades de la población y sus requerimientos de protección social, es la relativa al trabajo y el empleo. En particular, es preciso considerar tanto la dualidad de un mercado de trabajo que separa entre sector formal e informal (véase II.A) como la dinámica demográfica y los cambios tecnológicos y sociales que la están modificando, situación que genera nuevas demandas hacia la protección social.

Superando el viejo enfoque de la protección basada exclusivamente en el empleo formal (véase I.B), aparece como necesario ampliar la mirada hacia quienes se encuentran fuera de él de manera transitoria o permanente, ya sea porque se ubican en el sector informal de la economía, trabajan en el sector formal pero no tienen contrato o desempeñan distintos roles dentro de la estructura de la economía del cuidado[5]. Por lo tanto, a partir de los requerimientos que surgen de necesidades diferentes, es necesario adecuar los instrumentos disponibles y la oferta pública para universalizar el acceso a la protección.

Aun cuando existen grandes diferencias entre países, la mitad de los ocupados en la región no están afiliados a la seguridad social (véanse el diagrama II.1 y el cuadro 4 del anexo estadístico). Asimismo, en los sectores urbanos las pensiones y jubilaciones cubren a un tercio de los trabajadores de la región, proporción que llega al doble o se reduce a la mitad según el país de que se trate (véase el cuadro II.1). Se observa así que la cobertura de la protección social contributiva es variada y ello supone desafíos diferenciales según los países y sectores económicos.

Al respecto, es necesario tener presente que la cobertura de protección social contributiva no se vincula únicamente a la existencia

---

5 Según la OIT (2006 y 2007b), las actividades informales pueden coexistir tanto en sectores de baja como de alta productividad y el empleo informal comprende a los trabajadores cuya relación de trabajo no está sujeta a la legislación laboral nacional, el impuesto sobre la renta, la protección social o determinadas prestaciones relacionadas con el empleo, ya sea que estén ocupados en empresas del sector formal, empresas del sector informal, o en hogares.

de contractos laborales, sino también al tipo de cobertura de dichos contratos. La ausencia de un contrato se asocia estrechamente con la mala calidad del empleo y el trabajo informal, que agrupa a la mayor parte de los trabajadores sin protección social y se concentra en la población más pobre, que normalmente constituye la población objetivo de los programas de protección social no contributiva. Los trabajadores familiares no remunerados son un caso asociado con el trabajo en el sector informal, ya que se trata de personas que, al alero de la actividad productiva del jefe de hogar, trabajan sin protección alguna. La realidad de estos trabajadores requiere tanto el apoyo tendiente a la formalización de las unidades productivas como el contar con un sistema no contributivo.

En el caso de la ausencia de cobertura de protección social en los contratos, en cambio, es más probable encontrar a población de sectores medios que, en períodos de crecimiento económico, tiene suficiente autonomía para cubrir sus necesidades, pero que presenta alta vulnerabilidad ante crisis y pérdida del empleo y no cuenta con sistemas previsionales que le aseguren un ingreso suficiente al momento de jubilar. Así, aunque sus requerimientos de protección pueden ser algo menos urgentes que aquellos de los trabajadores informales, considerando que su única capacidad autónoma de protección son los ahorros individuales voluntarios, igualmente requieren del apoyo de sistemas de protección que les ayuden a disminuir el impacto de las crisis y la inactividad de la tercera edad.

3. Familias, ciclo de vida y cambio demográfico

La unidad de intervención a través de la cual se implementa la protección social debe definirse sobre la base de la heterogeneidad de la población. La unidad más básica ha de seguir siendo la persona, pero a ella se puede acceder de manera directa como individuo o como miembro de una familia. Esta última alternativa, aun cuando no siempre asegura que los servicios de protección se entreguen equitativamente entre sus miembros, permite maximizar las sinergias y economías de escala que se dan en su interior. Así, la protección social inclusiva tiene una mirada centrada en la familia, pues ella ofrece un espacio privilegiado para fortalecer el capital social (Barrientos y Santibáñez, 2009, pág. 11; CEPAL, 2010a) y tiene la capacidad de quebrar la transmisión intergeneracional de la pobreza. No se excluye, sin embargo, utilizar espacios mayores de intervención como son asentamientos territoriales determinados (por ejemplo, el barrio), la comunidad (indígena u otra) o bien otro tipo de agrupaciones que permitan la distribución de bienes y servicios. En ellos, las sinergias y la cohesión pueden ser aún mayores, pero los riesgos de dispersión y mala focalización también aumentan.

Como ya se ha indicado, otro elemento que es preciso considerar para implementar el enfoque integral propuesto es contar con un sistema que entregue respuestas diferenciadas a lo largo del ciclo de vida (Barrientos y Santibáñez, 2009; Serrano, 2005), de manera de hacer frente a las necesidades diferenciales que se producen en las distintas etapas del desarrollo de las personas y las familias. Este eje de integración es el que se denomina "integración longitudinal" (véase el diagrama IV.2).

Pensar en las necesidades propias que cada miembro de un grupo familiar enfrenta en su etapa de la vida implica reconocer que tales necesidades existen y son distintas. Mientras los niños, niñas y adolescentes requieren cuidado y acceso a servicios de educación y salud, los adultos requieren protección y promoción del empleo y el ingreso, y los adultos mayores requieren protección del ingreso, a través de jubilaciones o pensiones, y servicios de cuidado y salud. Así, dependiendo de la forma en que está integrado cada hogar y cada familia, es distinta la batería de servicios de protección que requiere. Pero, además, estas necesidades no son estáticas, sino que están en constante transformación, tanto porque las personas transitan a lo largo del ciclo de vida, como porque la estructura familiar y los roles de sus miembros están en proceso de cambio. En este sentido, la velocidad que presentan actualmente las dinámicas demográficas impone nuevos desafíos.

Asimismo, hay que tener presente que la pobreza no se distribuye de manera homogénea entre los distintos grupos etarios. De acuerdo con estudios recientes de la CEPAL (2010a, 2010b), hay una marcada tendencia a una mayor incidencia de la extrema pobreza, la pobreza y la vulnerabilidad en la población compuesta por niños y adolescentes. En tanto, las personas de la tercera edad tienen una mayor probabilidad de formar parte de los "no pobres autónomos" en la mayoría de los países de la región, particularmente en aquellos que en forma más temprana constituyeron regímenes de seguridad social (la Argentina, el Brasil y el Uruguay) y donde esta población se encuentra mejor cubierta por los regímenes de pensiones, jubilaciones y seguros de salud (CEPAL, 2010b).

No obstante, muchas personas enfrentan un incremento de vulnerabilidad cuando se convierten en adultos mayores, particularmente quienes en su vida laboral han formado parte de la clase media y no han tenido acceso a sistemas de protección social sustentables que les permitan acceder a una jubilación adecuada. Esta situación se potencia con los cambios en la estructura familiar: por una parte, hay un progresivo incremento del número de hogares nucleares, que se desprenden de los ancianos y, por otra parte, se prolonga el período de dependencia de los adultos jóvenes que no dejan el hogar familiar, lo que extiende el período en que los adultos mayores tienen dependientes a su cargo, en circunstancias que sus ingresos directos y las jubilaciones y pensiones no les alcanzan siquiera para mantenerse a sí mismos en condiciones económicas adecuadas[6].

Los cambios en la estructura de la familia y la diversidad de familias que hoy conforman nuestras sociedades nacionales, y cuyas características modifican las demandas de protección social, incluyen a las familias nucleares tradicionales, las extendidas (con tres y cuatro generaciones), las monoparentales, las unipersonales de adultos económicamente activos, las unipersonales y bipersonales de adultos mayores inactivos y los hogares institucionales, entre otras (Arriagada, 2007)[7]. Cada uno de estos tipos de familias supone desafíos propios que van mucho más allá del modelo clásico del sostenedor económico (*breadwinner*), tradicionalmente asociado a la inserción laboral de uno de los miembros del grupo familiar (generalmente, el hombre), y la extensión de la protección social a través de los beneficios contemplados por el seguro social y los regímenes de pensiones.

Por otra parte, el fenómeno del bono demográfico, en que las tasas de natalidad reducen la proporción de dependientes menores en el total de la población, representa una ventana de oportunidad en tanto modifica y momentáneamente disminuye la demanda de protección social. Sin embargo, el proceso tiene una duración limitada, como resultado de la creciente disminución de las tasas de mortalidad, que aumenta la esperanza de vida e incrementa el número de adultos mayores dependientes. Aun cuando varios países de la región han avanzado en políticas de protección social que buscan atender a esta demanda, el escenario futuro es complejo, debido al costo más alto que supone la protección social del anciano, la cual constantemente requiere una mayor cantidad de años, por el aumento de la esperanza de vida, y una mayor diversidad, particularmente en aspectos de salud, cuidado y recreación. Por ello, es fundamental aprovechar el espacio que otorga el bono demográfico para asentar una oferta de protección adecuada a los próximos decenios (ver el recuadro IV.4).

---

6 La postergación de la "salida del nido" puede ser generada tanto por una mayor vulnerabilidad (real o percibida) de algunos jóvenes como por un cambio en su necesidad de independencia.

7 La familia nuclear remite a la estructura familiar más clásica, con la presencia de ambos padres y sus hijos. Las familias monoparentales son aquellas donde solo uno de los padres está presente. En el caso de las mujeres jefas de hogar que trabajan fuera del hogar, se trata de familias unipersonales de adultos económicamente activos (Arriagada, 2007).

Recuadro IV.4
CICLO DE VIDA, PATRONES DEMOGRÁFICOS Y VULNERABILIDAD: DESAFÍOS PARA LA PROTECCIÓN SOCIAL

La gran mayoría de los países de América Latina está aprovechando la existencia de lo que se ha llamado "bono demográfico". Se trata de un resultado de las transformaciones en la estructura por edades que ha mostrado la población de la región, expresadas en una reducción del peso de la población entre 0 y 14 años y un aumento de la población adulta que aún es superior al incremento de la población de mayor edad (CEPAL, 2009a, pág. 143). Así, la tasa global de fecundidad se ha reducido de 5,9 hijos por mujer en el período 1950-1955 a 2,4 hijos por mujer en el período 2005-2010, y se proyecta que llegará a 1,9 hijos por mujer en el período 2045-2050, por debajo de la tasa de reemplazo (CEPAL, 2009a, pág. 146). Al mismo tiempo, se proyecta que en este último período la esperanza de vida se elevará a casi 80 años y la tasa de mortalidad infantil descenderá a 7,9 por cada 1.000 nacimientos.

El bono demográfico representa una situación favorable al desarrollo y a la reducción de la pobreza, debido al crecimiento sostenido de la población en edad de trabajar (PET), que potencialmente es económicamente activa (PEA), la caída en las tasas de natalidad, que ha generado una disminución de las relaciones de dependencia a mínimos históricos, y un aumento del ingreso per cápita (CEPAL 2010a, cap. 3, pág. 6). Se estima que entre 2001 y 2040, la relación de dependencia se mantendrá por debajo de dos dependientes por cada tres personas en edad activa (CEPAL 2009a, pág. 148).

Así, el bono demográfico trae asociadas oportunidades que, de ser aprovechadas virtuosamente, permiten aumentar la capacidad de ahorro e inversión en crecimiento económico y desarrollo social. Así, por ejemplo, la disminución de la población regional de menor edad —que según Wolf y Gurría (2005 en CEPAL, 2009a) descenderá de 67,8 millones en 2000 a 63,2 millones en 2015— hará posible mejorar las inversiones en el acceso a la educación primaria, lo que ya se ha verificado en la región.

Ahora bien, este bono no es de duración indefinida. Se espera que en 2015 la tasa de dependencia comience a aumentar progresivamente, como consecuencia del envejecimiento de la población (CEPAL, 2010a, cap. 3, pág. 6). A ello se suman los riesgos derivados de la pobreza que afecta a la población menor de 15 años y la ausencia de mecanismos permanentes e integrales de protección social para la población mayor de 65 años.

De acuerdo con datos de la CEPAL (2010a, 2010b), la incidencia de la pobreza en la población entre 0 y 14 años es muy superior a la incidencia en la población adulta, tendencia que se ha profundizado durante las últimas dos décadas. Así, por ejemplo, en 2008 la incidencia de la pobreza en el primer segmento era el doble que en el segundo, en países como la Argentina, el Brasil, Panamá y el Uruguay (CEPAL, 2010b, pág. 211). Lo anterior crea un complejo escenario desde la perspectiva de la transmisión entre generaciones de la pobreza y un cuestionamiento a los pactos actuales que sustentan el apoyo que el Estado y la sociedad otorgan a las familias para el cuidado, desarrollo de capacidades y protección de los niños y las niñas (CEPAL, 2010b).

(continúa)

Recuadro IV.4 (conclusión)

De esta forma, se ha planteado que implementar políticas de transferencias monetarias, así como realizar una mayor inversión en aspectos relativos a la nutrición y educación, son fundamentales tanto para aprovechar las oportunidades que ofrece el bono demográfico, como para disminuir los costos futuros en salud y productividad asociados a la pobreza en la niñez, la desnutrición, la mortalidad infantil y el analfabetismo.

Asimismo, el envejecimiento de la población genera una presión ineludible sobre la inversión en seguridad social. El desafío se vuelve aun más complejo al considerar que entre la población pobre extrema y altamente vulnerable a la extrema pobreza, el acceso a jubilaciones o pensiones es muy bajo y solo llega a cifras cercanas al 5% o menos en gran parte de los países de la región[a]. Al mismo tiempo, la cobertura de la seguridad social (porcentaje de los trabajadores ocupados que cotizan) es inferior al 40% (CEPAL, 2006, pág. 45). Frente a esta tendencia, la CEPAL (2010b, págs. 217-218) realizó una estimación del impacto en reducción de pobreza que tendría una transferencia equivalente a una línea de pobreza para las personas de 65 años y más. En caso de que esta transferencia se destinara a quienes viven en hogares vulnerables, su costo fluctuaría entre el 0,3% del PIB en el Brasil y el 4,2% en el Estado Plurinacional de Bolivia y permitiría reducir la pobreza en cinco puntos porcentuales en el Ecuador y el Paraguay y, como mínimo, en un 0,6% en el caso del Brasil. Si esta transferencia se destinara al total de las personas de 65 años y más, el costo de la medida podría representar hasta un 3% adicional del PIB (CEPAL, 2010b, págs. 217-18).

Fuente: Comisión Económica para América Latina y el Caribe (CEPAL), *Panorama social de América Latina, 2009* (LC/G.2423-P), Santiago de Chile. Publicación de las Naciones Unidas, N° de venta: S.09.II.G.135, 2010; *La hora de la igualdad: brechas por cerrar, caminos por abrir* (LC/G.2432(SES.33/3)), Santiago de Chile, mayo de 2010; *Panorama social de América Latina, 2008* (LC/G.2402-P), Santiago de Chile, 2009. Publicación de las Naciones Unidas, N° de venta: S.08.II.G.89.

[a] Este dato se refiere al porcentaje de hogares con algún miembro de 65 años o más que recibe jubilación o pensión según niveles de ingresos, alrededor de 2007 (CEPAL, 2010b, pág. 216). En 10 de 18 países de la región, este porcentaje bordea el 5% o es inferior a él en los hogares que viven en situación de indigencia y alta vulnerabilidad a la indigencia.

4. La provisión de cuidado

Un tema de particular relevancia en cuanto a la protección social del menor, el adulto mayor, las personas enfermas y las discapacitadas, que solo recientemente ha comenzado a recibir mayor atención dentro de los esquemas integrales de protección social, es la estructura social del cuidado, que muestra una distribución desigual de las responsabilidades dentro de la familia y es transversal a todas las dimensiones y componentes de la política social.

La CEPAL (2010a) ha destacado la necesidad de considerar los efectos de la llamada "crisis del cuidado", entendida como un momento histórico particular en que se reorganiza, de manera simultánea, el trabajo remunerado y no remunerado. Mientras se mantiene una expresión rígida de la división sexual del trabajo y de la segmentación del mercado laboral, aumenta la demanda por cuidado —en función de la transición demográfica que experimenta América Latina—, al mismo tiempo que disminuye la proporción de personas (hasta ahora, en forma mayoritaria mujeres) disponibles para ejercer esa función. Son las mujeres de menores ingresos quienes más sufren los impactos de la sobrecarga de trabajo, ya que enfrentan una mayor demanda de cuidado, al mismo tiempo que se integran de manera más precaria al mercado laboral (CEPAL, 2010a).

Estas dinámicas plantean a los sistemas de protección social en construcción en la región demandas específicas en materia de acceso a servicios sociales y políticas de cuidado. Para la protección social, atender a las transformaciones derivadas de la "crisis del cuidado" involucra considerar las necesidades de asistencia a las personas y familias en el cuidado de la población dependiente (menores de edad y adultos mayores) o en cuidados esporádicos, a través de la ampliación de la cobertura pública y las transferencias en efectivo (CEPAL, 2010a).

E. Componentes e instrumentos de la protección social

Tras revisar los objetivos y características de un sistema de protección social fundado en derechos, se analizan en esta sección las líneas de intervención político-programáticas que permiten materializar un sistema de ese tipo. Tal como se señaló antes, las funciones de la protección social son garantizar un ingreso suficiente para sustentar condiciones dignas de vida, posibilitar el acceso a servicios sociales y de promoción, y fomentar el trabajo decente (véase IV.B). Al respecto, es posible identificar tres componentes centrales de la protección social que permiten cubrir esas funciones: la protección social no contributiva (frecuentemente conocida como asistencia social), la protección social contributiva (conocida como seguridad social) (CEPAL, 2006 y 2010b; Cetrángolo y Goldschmit, 2009) y la regulación de los mercados laborales. Estos componentes apuntan, en distintos grados, a cubrir la heterogeneidad de los requerimientos de protección social de los grupos de población antes indicados (véase el diagrama IV.4)[8].

---

[8] Estos tres componentes de la protección social han sido identificados también en Barrientos y Hulme (2008) y Barrientos y Santibáñez (2009).

Diagrama IV.4
COMPONENTES E INSTRUMENTOS DE LA PROTECCIÓN SOCIAL

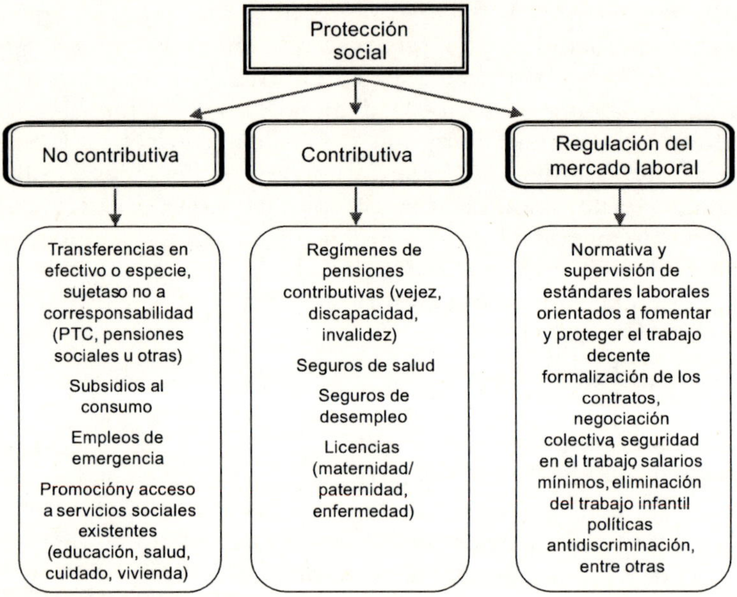

Fuente: Elaboración propia.

Como muestra el diagrama IV.4, en cada uno de los componentes de la protección social es posible distinguir variados instrumentos, que a su vez presentan distintas alternativas de combinación. Es precisamente en su interacción —y no en forma individual— como estos instrumentos contribuyen a la realización de los derechos que están en la base de una noción de protección social inclusiva.

Puesto que históricamente la noción de protección se ha vinculado a la seguridad social, este ha sido el componente más estudiado y se lo ha incluido en diversas tipologías de regímenes de pensiones y sistemas de salud y de bienestar en América Latina (Bertranou, 2008; J. Martínez, 2008a, 2008b; Mesa-Lago, 2004a, 2008, 2009). En tanto, la protección social no contributiva, más asociada al objetivo de mitigación de riesgos de la pobreza, ha recibido menor atención y en el último tiempo se la identifica frecuentemente con los PTC (León, 2008; Mesa-Lago, 2009). Por su parte, la regulación de los mercados laborales solo recientemente ha comenzado a incluirse dentro de los debates de protección social en torno a líneas concretas de acción para los gobiernos (Espinoza, 2003; OCDE, 2009; OIT, 2008d).

1. Protección social no contributiva

La protección social no contributiva puede ser definida como el conjunto de programas de transferencias y subsidios públicos, normalmente financiados mediante impuestos a los ingresos generales (Betranou, Solorio y van Ginneken, 2002) bajo el principio de solidaridad. Sus beneficios no se relacionan con la existencia de contribuciones previas (CEPAL, 2006; Cetrángolo y Goldschmit, 2010).

Estos programas frecuentemente son dirigidos a quienes viven en situación de pobreza extrema, pobreza y vulnerabilidad, para cubrir las necesidades más esenciales de los individuos y hogares, proveyendo ingresos mínimos a quienes viven en situación de pobreza o deteniendo la caída de los ingresos y de la capacidad de consumo de quienes están en situación de vulnerabilidad (Grosh y otros, 2008). Al mismo tiempo, cumplen un rol fundamental de enlace y de facilitación del acceso a las políticas y servicios sociales y de promoción social para la formación de capital humano. Sus intervenciones principales se orientan a transferir recursos o crear activos, así como a evitar su pérdida y promover su fortalecimiento. Sin embargo, la protección social no contributiva puede también ser de corte universal, tal como ocurre en el caso de los subsidios generalizados al consumo de alimentos o energía y algunas pensiones sociales, o como se ha propuesto en el caso de la "renta básica de ciudadanía" (véase el recuadro IV.5).

Recuadro IV.5
LA RENTA BÁSICA DE CIUDADANÍA

En América Latina, la discusión en torno a la posibilidad de instalar las transferencias de ingresos como un derecho de renta mínima ligado a la ciudadanía comenzó en los años setenta en el Brasil. Este debate adquirió mayor protagonismo en la década de 1990, a partir de argumentos que relevaban su potencial para contribuir a la realización de derechos sociales y superar la escasa eficiencia de algunos programas sociales (Godoy, 2004). Fue así como en 1991 el senador Suplicy presentó el proyecto del Programa de Garantía de Renta Mínima (PGRM), con el cual se proponía entregar una renta a todas las personas cuyos ingresos fueran menores a un determinado monto (45.000 cruzeiros). Desde entonces, las propuestas de renta básica de ciudadanía —o "ingreso ciudadano" (Isuani, 2006)— se han mantenido y fortalecido en el tiempo, extendiéndose a otros países de la región.

Varios autores (Standing, 2007; Suplicy, 2009 y s/f) han insistido en la viabilidad de una transferencia monetaria universal no sujeta a condicionalidad, como la renta básica, y en la contribución que puede hacer al fortalecimiento de la ciudadanía, la dignidad y la libertad de las personas. La renta básica supera una aproximación paternalista que condiciona la ayuda a determinados patrones de consumo y permitiría también superar la segmentación y estigmatización asociada a mecanismos específicamente diseñados para quienes viven en situación de pobreza extrema, eliminando al mismo tiempo los costos y las

(continúa)

Recuadro IV.5 (conclusión)

dificultades burocráticas asociadas a la focalización y a la verificación del cumplimiento de las condicionalidades. Un ingreso permanente de este tipo, asimismo, permitiría a una persona iniciar un emprendimiento productivo sin temer la pérdida del beneficio por el relativo incremento en su renta. De esta forma, esta renta "hace valer el esfuerzo del trabajo" (Suplicy, 2009, pág. 30) y se puede transformar en un estímulo a la economía con un impacto relevante en la expansión de la estructura de oportunidades.

De acuerdo con esta propuesta, el monto de la renta básica debería estimarse a partir del conjunto de necesidades básicas que una persona tiene que satisfacer para vivir dignamente (Isuani, 2006). Esto por sí solo conlleva dificultades importantes, pues la forma de definir este conjunto de necesidades es un asunto controversial. Suponiendo que exista consenso en una sociedad sobre este punto, lo siguiente es determinar cómo financiar un ingreso regular de este tipo. Una de las fuentes de financiamiento que propone Suplicy (2009) en el caso del Brasil es un impuesto a la extracción de recursos naturales, de manera similar a la experiencia de Alaska, donde desde 1982 se entrega un dividendo igual para todos sus habitantes financiado con cargo al 50% del royalty asociado a la explotación petrolera.

Las principales objeciones que enfrenta la propuesta de renta básica se relacionan con su costo, la dificultad de lograr los consensos políticos necesarios y la posibilidad de generar dependencia en los beneficiarios (Bertranou, Solorio y van Ginneken, 2002). Además, un aspecto poco explorado en la literatura es el potencial efecto que una inyección transversal de recursos como la planteada puede tener en los ciclos inflacionarios de la economía, que podría reducir o incluso neutralizar su potencial impacto positivo, particularmente en sectores rurales o pequeñas localidades urbanas donde la capacidad de expansión y competencia de la oferta de bienes y servicios es limitada.

Fuente: F. Bertranou, C. Solorio y W. van Ginneken (eds.), *Pensiones no contributivas y asistenciales. Argentina, Brasil, Chile, Costa Rica y Uruguay*, Santiago de Chile, Organización Internacional del Trabajo (OIT), 2002; L. Godoy, "Programas de renta mínima vinculada a la educación: las becas escolares en Brasil", *serie Políticas sociales*, N° 99 (LC/L.2217-P), Santiago de Chile, Comisión Económica para América Latina y el Caribe (CEPAL), 2004. Publicación de Naciones Unidas, N° de venta: S.04.II.G.137. E. Isuani, "Importancia y posibilidades de un ingreso ciudadano", *Universalismo básico. Una nueva política social para América Latina*, C. Molina (ed.), Washington, D.C., Banco Interamericano del Desarrollo (BID), 2006; G. Standing, "Conditional cash transfers: why targeting and conditionalities could fail", *One Pager*, N° 47, Brasilia, Centro Internacional de Políticas para el Crecimiento Inclusivo, diciembre, 2007; E. Suplicy, *Renta básica de ciudadanía: la respuesta dada por el viento*, Brasilia, Senado Federal, 2009; "De la renta mínima a la renta básica en Brasil: la reciente evolución de un instrumento de combate a la pobreza y a la desigualdad" [en línea] http://www.ingresociudadano.org/Publicaciones/RB.Brasil.pdf.

Entre los principales instrumentos de la protección social no contributiva es posible identificar: i) transferencias en efectivo, como aquellas de los PTC y las pensiones sociales; ii) transferencias en especie; iii) subsidios al consumo (por ejemplo, de energía o agua), los cuales frecuentemente son implementados para hacer frente a emergencias derivadas de altas tasas de inflación o precios de bienes específicos; iv) programas de empleo de emergencia, los cuales si bien pueden ser también vistos como una política activa del mercado de trabajo, cumplen una función primaria de protección del ingreso en momentos de alto desempleo, y v) mecanismos de promoción de los servicios sociales existentes, como son los distintos tipos de becas educacionales y bonos especializados dirigidos a proteger a los más pobres y vulnerables y garantizar su acceso a los sistemas de formación de capital humano (véase el cuadro IV.1).

Cuadro IV.1
INSTRUMENTOS DE LA PROTECCIÓN SOCIAL NO CONTRIBUTIVA

Instrumentos	Criterios	Ámbitos cubiertos	Ejemplos
Transferencias en efectivo	Focalizadas por aproximación de medios / nivel de ingreso o beneficio universal	Ingresos Acceso al conjunto de servicios, prestaciones y políticas sectoriales sociales; formación de capital humano	PTC: Asignación Universal por Hijo para Protección Social (AUH) creada en la Argentina en octubre de 2009, que entrega una prestación no contributiva a familias con hijos cuyos miembros se encuentren desocupados o en la economía informal Pensiones sociales: Programa de pensiones 70 y más implementado en México por el Gobierno Federal desde 2007, que entrega apoyo económico y promocional a adultos mayores que vivan en localidades de menos de 30.000 habitantes
Transferencias en especie	Focalizadas por nivel de ingresos o de forma categórica: unidad territorial, etapas del ciclo de vida (niños, ancianos u otros), causas específicas de vulnerabilidad (Ej.: mujeres, pueblos indígenas)	Alimentación	Programas de asistencia alimentaria de emergencia (Nicaragua): entrega de alimentación diaria por seis meses a afectados por el huracán Mitch
Subsidios al consumo	Otorgados principalmente a hogares en situación de pobreza y vulnerabilidad, aunque en algunos casos son de corte universal	Alimentación Electricidad Combustibles Transporte	Subsidio de energía eléctrica y gas combustible para los usuarios de menor ingreso de los servicios distribuidos por red física (Colombia), financiado a través del Fondo de Solidaridad para Subsidios y Redistribución de Ingresos (FSSRI)

(continúa)

Cuadro IV.1 (conclusión)

Instrumentos	Criterios	Ámbitos cubiertos	Ejemplos
Empleos de emergencia	Jefes y jefas de hogar desocupados Fuerza de trabajo no calificada	Ingresos	Empleo en Acción (Colombia): complementa los ingresos de la población que pertenece al 20% más pobre a través de esquemas de contratación temporal para la construcción de infraestructura comunitaria
Promoción de servicios sociales existentes	Orientada principalmente a hogares pobres, aunque en algunos casos se extiende a hogares de clase media	Educación Salud Vivienda Cuidado	Becas escolares, subsidios a la compra de la vivienda, entre otros

Fuente: Elaboración propia.

Ante la debilidad del acceso a la protección social contributiva por medio del mercado formal de trabajo, un instrumento de protección social no contributiva crecientemente incorporado a los esquemas de protección social de América Latina —además de los ya mencionados PTC (véase el capítulo III)— es el de las pensiones sociales[9]. Si bien las pensiones han sido tradicionalmente ubicadas dentro del conjunto de políticas de seguridad social, por cuanto están fuertemente vinculadas a los aportes realizados durante la vida laboral de los trabajadores, se ha hecho necesario introducir pensiones de índole no contributiva (llamadas también solidarias) debido a la dualidad de la estructura productiva y del empleo y a la debilidad de la protección social de tipo contributivo (cf. Betranou, 2008; CEPAL, 2006, 2008a; Filgueira, 2007; Ribe, Robalino y Walker, 2010; Sojo, 2009, 2003). Estas pensiones son transferencias (beneficios definidos) asociadas a la vejez o a la discapacidad, que el Estado provee a quienes no han estado insertos en el mercado formal de trabajo o no han realizado aportes contributivos durante su vida laboral. Se trata de aportes solidarios que comprometen a la sociedad en su conjunto, pues son generalmente financiados con cargo a los impuestos generales, al consumo o a la renta (CEPAL 2010a, pág. 108; Uthoff, 2006, pág. 29). Asimismo, se trata de pensiones de reparto, es decir, se pagan con los impuestos de la generación actual.

[9] De acuerdo con Kidd (2008), las pensiones sociales debieran considerarse como contributivas, en el entendido de que toda la ciudadanía ha contribuido en diversos niveles a su financiamiento. Según este autor, una de las principales ventajas de estas pensiones es su impacto en lograr que las familias destinen mayores esfuerzos a la atención y educación de los niños y niñas, ante la perspectiva de los padres de contar con pensiones aseguradas para la vejez.

En algunos países, estas pensiones cubren también los riesgos de enfermedad y pueden transformarse en un vehículo para otras prestaciones (por ejemplo, las asignaciones familiares) (Bertranou, 2008). Países que cuentan con pensiones sociales son la Argentina, el Brasil, Chile, Colombia, Costa Rica, Cuba, el Estado Plurinacional de Bolivia, México, Panamá, la República Bolivariana de Venezuela y el Uruguay (Barrientos e Hinojosa-Valencia, 2009; Bertranou, Solorio y van Ginneken, 2002; CEPAL, 2010a, pág. 165). Las pensiones sociales pueden ser universales (como en el caso de la Renta Dignidad del Estado Plurinacional de Bolivia) o focalizadas según criterios de ingreso, categóricos u otros (por ejemplo, las destinadas a veteranos de guerra o a víctimas de violaciones de derechos humanos, como en la Argentina y Chile).

La implementación de pensiones no contributivas requiere del análisis sobre su complementariedad con los sistemas de pensiones contributivas que se analizarán en el siguiente punto. Existen aprehensiones respecto de su funcionamiento conjunto, en el sentido de que prestaciones generosas de corte no contributivo pudieran desincentivar el cumplimiento del pago de cotizaciones, situación que también puede afectar el financiamiento en el largo plazo de las pensiones mínimas (Filgueira, 2007)[10]. Otra preocupación es que estas pensiones puedan representar un mecanismo que en el largo plazo evita la discusión sobre reformas en el ámbito laboral para lograr una mejor estructura contributiva desde el sector privado (Levy, 2009). Es posible identificar también modelos mixtos (semicontributivos), que están asociados a una historia de cotizaciones, pero en los cuales una parte importante de las prestaciones son de tipo no contributivo (Bertranou, Solorio y van Ginneken, 2002). Sin embargo, puesto que la estructura del empleo en la región está marcada por la informalidad y la precariedad, es claro que instrumentos de tipo no contributivo son fundamentales para reducir la desigualdad y la exclusión de vastos sectores de la población.

2. Protección social contributiva

Tradicionalmente, en la protección social contributiva (seguridad social) se incluyen todos los programas orientados al aseguramiento presente y futuro de los trabajadores y sus dependientes, procurando así mantener un nivel mínimo de calidad de vida durante su etapa activa e inactiva, por ejemplo para momentos de cesantía, jubilación, enfermedad o invalidez. Se incluyen también en este componente los seguros de salud, el conjunto de beneficios y resguardos asociados a la maternidad y, en

[10] De acuerdo con Uthoff (2006, pág. 29), en el diseño de un pilar solidario de pensiones hay que involucrar de una manera central al sector privado, planeando un sistema de ahorro voluntario y complementario para quienes quieran mayores beneficios a los garantizados de forma estatal.

algunos casos, otros beneficios, tales como las asignaciones familiares[11]. Se trata, fundamentalmente, de beneficios de naturaleza contributiva, aun cuando el monto de los aportes pueda variar significativamente —y ser o no compensado por aportes públicos no contributivos— de acuerdo con el estrato socioeconómico de los trabajadores y su permanencia en el mercado formal de trabajo.

En torno a este componente existe una gran variedad de instrumentos (tales como seguros, planes de seguridad, modalidades de aporte y otros), actores involucrados (privados, públicos y mixtos) y ámbitos cubiertos (acceso a sistemas de salud, regímenes de pensiones, seguros de desempleo, discapacidad y sobrevivencia). De acuerdo con Mesa-Lago (2008), los dos programas más importantes de seguridad social —en función del número de asegurados y beneficiarios y el porcentaje de inversión involucrado— son las pensiones para adultos mayores, de discapacidad y sobrevivencia, y los beneficios por maternidad y paternidad, enfermedad o cuidado de salud[12].

Diversos organismos y autores han resaltado la debilidad de los sistemas de seguridad social de tipo contributivo en América Latina (Betranou, 2008; CEPAL, 2006, 2008a; Filgueira, 2007; Sojo, 2009, 2003), frente a la cual han alcanzado creciente atención las modalidades de protección social de tipo no contributivo. Debe considerarse asimismo que la extensión del acceso a mecanismos de protección frente al desempleo, al igual que a la salud, es un aspecto urgente de atender y poco considerado en el análisis de la protección social.

---

11 En los últimos años algunos países han comenzado a proveer asignaciones familiares no contributivas. Es el caso del Uruguay, donde las asignaciones familiares han sido incorporadas al Plan de Equidad (véase II.F).

12 Una confusión frecuente es la generada entre los conceptos de pensión y jubilación. La jubilación se refiere a la acción de reclamar un beneficio asociado a la cesación de la actividad laboral por parte de una persona. También se la define como el conjunto de retribuciones asociadas al trabajo pasado, las que se basan en sistemas de contribución a fondos de seguridad social, administrados por actores estatales o privados (CEPAL, 2010a, pág. 108). Las pensiones, por su parte, incluyen una serie de beneficios que pueden o no redituar directamente en el empleado y que pueden ser de naturaleza contributiva o no contributiva (las que en este documento se denominan "pensiones sociales"). El uso de ambos términos varía en los países de la región. Las pensiones pueden incluir mecanismos contributivos (en el caso de los montepíos y pensiones de viudez asociadas a las contribuciones de la pareja), compensaciones entre privados (en el caso de las pensiones de divorcio y alimentos), o bien ser de carácter solidario, asistencial o ambos (CEPAL, 2010a). Chile, por ejemplo, ha creado un "sistema de pensiones de vejez, de invalidez y sobrevivencia" derivado de la capitalización individual (artículo 1, D.L. N° 3500), que es administrado por entidades llamadas "administradoras de fondos de pensiones" (AFP). El sistema define pensiones de vejez e invalidez y pensión de sobrevivencia para los hijos y cónyuge del afiliado al sistema. En México, por otra parte, se habla de Régimen de Pensiones y Jubilaciones (Instituto Mexicano de Seguridad Social, 2009).

En años recientes, se han implementado una serie de reformas a los seguros de desempleo en países como la Argentina, el Brasil, Chile, la República Bolivariana de Venezuela y el Uruguay, que se orientan a apoyar en la búsqueda de trabajo a quienes han sido despedidos, al mismo tiempo que a proteger niveles de ingreso en tal eventualidad. Mediante estas reformas se ha buscado mejorar la eficiencia y la cobertura de estos seguros, fortaleciendo además el acceso de quienes se acogen al beneficio a una serie de políticas activas de empleo (capacitación, intermediación laboral y otras). Junto con los seguros de desempleo, son también mecanismos relevantes para proteger a los trabajadores ante estos eventos otros instrumentos asociados, como las indemnizaciones por despido (que operan como desincentivos a esta medida), las cuentas de ahorro individual (que permiten a los trabajadores acumular recursos monetarios durante su permanencia en el empleo) y el preaviso de despido (notificación previa a su ocurrencia, de manera de prevenir caídas bruscas en el ingreso), al igual que la definición de prestaciones por jubilación anticipada (Bertranou y Paz, 2007; Velásquez, 2010).

De esta forma, es preciso generar estrategias para extender la cobertura en todas las dimensiones de la seguridad social a grupos particularmente difíciles de alcanzar. Entre ellos, Mesa-Lago (2009) identifica a quienes trabajan en el sector informal o por cuenta propia en áreas urbanas y, particularmente, rurales. Por su parte, las desigualdades generadas por la estructura del cuidado, que afectan de manera desproporcionada a las mujeres, son un aspecto especialmente urgente de atender[13]. Asimismo, cabe destacar que en algunos países de América Latina quienes pertenecen a pueblos indígenas están casi virtualmente excluidos de regímenes de seguridad social (Patrinos y Skoufias, 2007; León, 2008; Mesa-Lago, 2009, págs. 238-239). Conocer más acerca de la incorporación de estos grupos a los esquemas de protección social en marcha es un desafío persistente.

---

13 De acuerdo con Mesa-Lago (2009, pág. 229), alrededor del período 2000-2003, en 8 de 14 países la cobertura de los seguros sociales era menor para mujeres que para hombres, y solo era superior en Costa Rica y el Uruguay. En el caso de la salud, las mujeres están frecuentemente en desventaja frente a los hombres en cuanto a su permanencia en esquemas de seguro de salud, debido a las pérdidas de cobertura durante los tiempos de egreso del mercado laboral para asumir labores de cuidado, mientras que su cobertura como dependientes de un hombre es frecuentemente indirecta y, en algunos países, imparcial y sujeta a la pérdida ante el divorcio o el abandono (Mesa-Lago, 2009). Los costos de los servicios de salud privados son más elevados para las mujeres y en el sistema público son ellas y sus hijos quienes utilizan los servicios con mayor frecuencia, por lo que también se ven afectadas por un mayor pago de las tarifas de uso.

3. Regulación de los mercados laborales

El tercer componente de la protección social es la regulación de los mercados laborales. Este es un ámbito particularmente sensible —y poco explorado en los debates sobre protección social— en una región donde el empleo en el sector formal es un bien escaso y las dificultades para extenderlo son múltiples y profundas.

La regulación de los mercados laborales se refiere a la protección de los derechos individuales y colectivos de los trabajadores y cumple un rol central en la reducción y mitigación de los riesgos asociados al desempleo y al déficit de trabajo decente (Barrientos y Hulme, 2008). Este componente de la protección social considera una serie de normativas y estándares orientados a fomentar y proteger el trabajo decente, es decir, aquel que se desarrolla en condiciones de libertad, equidad, seguridad y dignidad (OIT, 2008d). Entre este conjunto de normativas se encuentran aquellas tendientes a la formalización de las relaciones contractuales, la garantía a los derechos de sindicalización y seguridad en el trabajo, las regulaciones y prohibiciones asociadas al trabajo de niños y adolescentes, las normativas de empleo y salario mínimo (Banco Mundial, 2001b), así como las normativas orientadas a evitar la discriminación en el trabajo, especialmente en contra de las mujeres. La existencia de este conjunto de regulaciones es fundamental para garantizar la superación de los riesgos que las políticas de protección social contributiva y no contributiva buscan resolver. De hecho, una mayor atención sobre la incorporación de medidas antidiscriminatorias de empleo para fortalecer la inserción laboral femenina, de pueblos indígenas y otros grupos vulnerables resulta clave en una región marcada por la persistencia de estructuras de desigualdad (CEPAL, 2010a).

Así, un nudo crítico que es preciso atender se relaciona con quienes están en el mercado informal de trabajo o son trabajadores independientes. Como indica Bertranou (2009), el trabajo independiente presenta una serie de complicaciones respecto de su conceptualización y medición. Algunos sostienen que el trabajo independiente responde a una motivación individual de emprendimiento y consideran que muchos trabajadores independientes se encuentran en situación de informalidad por voluntad propia (BID, 2004). Otros, en cambio, enfatizan la idea de que este tipo de trabajo ocurre principalmente en contextos de crisis o alta vulnerabilidad al empobrecimiento y que gran parte del trabajo independiente o por cuenta propia se asocia a condiciones laborales y de protección inadecuadas (CEPAL, 2009a). Además, los beneficios que cubren a esta población han sido vistos como un elemento clave de garantía de derechos, pero también como un factor que inhibe la expansión del sector formal del trabajo al poner barreras importantes de tipo presupuestario que inhiben la formalización de las relaciones laborales, particularmente en las empresas más pequeñas.

De lo anterior se desprende, por una parte, la necesidad de generar estrategias adecuadas para proteger de riesgos y garantizar un ingreso mínimo a la población que se encuentra desempleada y en el mercado informal de empleo; y, por otra parte, la relevancia que adquieren las políticas laborales y de regulación del mercado laboral en la protección social. Ribe, Robalino y Walker (2010) se refieren a la necesidad de generar sistemas de gestión de riesgos del mercado laboral, mientras que autores como Bertranou (2009) y Uthoff (2006) insisten en el rol que cumple el fortalecimiento de la regulación de los mercados laborales para la protección social.

Bertranou y Saravia (2009), siguiendo a Tokman (2001) y Daza (2008), reconocen la necesidad de distinguir entre informalidad e ilegalidad, argumentando que la ilegalidad y el incumplimiento de las regulaciones laborales están presentes tanto en el sector formal como en el informal. Una primera cuestión es reforzar el cumplimiento de estas regulaciones, de la legislación laboral y los derechos laborales, y en ello los sistemas de protección social pueden cumplir un rol articulador entre las entidades encargadas propiamente de lo laboral (ministerios del trabajo, previsión y seguridad social, según sea el caso) y el diseño de políticas sociales, reforzando el necesario vínculo entre ambos ámbitos. Al mismo tiempo, se requiere identificar las dinámicas de exclusión laboral y de los beneficios de protección asociados al empleo formal (Bertranou y Saravia, 2009, pág. 14).

El desafío radica en definir a través de qué institucionalidad y procesos de gestión este componente puede llevarse a cabo. De acuerdo con Weller (2008, pág. 21), la institucionalidad laboral corresponde a un conjunto de "mecanismos con diferente grado de formalidad, que establecen reglas de comportamiento para los actores del mercado del trabajo". Esta tiene por fin generar empleo de buena calidad a través de la regulación del mercado laboral, la protección frente al desempleo y las políticas activas del mercado de trabajo (estas últimas, no propiamente parte de la protección social). En este sentido, se orienta a cumplir dos objetivos: "asegurar un funcionamiento eficaz del mercado de trabajo, es decir, lograr una asignación óptima de los recursos, y garantizar la protección y el fortalecimiento de los más débiles en un mercado que presenta desigualdades estructurales entre los actores" (Weller, 2008).

Lo anterior implica regular sobre la implementación de determinados estándares y supervisar el cumplimiento de las regulaciones laborales, proceso en el cual se requiere alta participación de la institucionalidad encargada de definir los instrumentos y programas de protección social.

F. Institucionalidad y protección social

Como se ha destacado en la introducción, el Estado tiene un papel central en la provisión de protección social, aunque esto no significa que sea el único proveedor. La protección es provista también por el mercado, las familias y las organizaciones sociales y comunitarias, y un sistema integral de protección tiene que tomar en cuenta las interacciones entre estos distintos actores. Al mismo tiempo, para mantener la coherencia de las políticas de protección social, es necesario que exista coordinación entre las distintas instituciones del aparato estatal y contar con sistemas de información que permitan hacer seguimiento de sus acciones, así como con mecanismos de contraloría y resolución de conflictos.

1. Coordinación institucional

Las concepciones parceladas sobre la protección social que se han tenido en la región han redundado en que las instituciones a cargo correspondan a sectores separados según el enfoque o componente que cada una desarrolla y/o implementa (véase II.C). Así, los programas de protección social no contributiva son gestionados frecuentemente por instituciones públicas de desarrollo social (ministerios de desarrollo social, fondos de inversión social, programas especializados y otros); la protección social contributiva, en lo referente a jubilaciones y pensiones, suele estar a cargo de organismos especializados (como institutos de seguridad social, administradoras de fondos de jubilaciones y pensiones y seguros), a los cuales se suman también los ministerios de salud y otros organismos en aspectos relacionados con la salud del trabajador y sus familias (fondos públicos, seguros); y la regulación del mercado laboral normalmente está a cargo de ministerios de trabajo (con organismos más o menos autónomos, especializados en su supervisión: superintendencias, fiscalías y otros) y el poder judicial (juzgados laborales). A ello hay que agregar el rol que en algunos casos tienen los ministerios de hacienda y economía y los organismos especializados en temas de fomento —en la medida en que sus orientaciones al aparato productivo potencian o tensionan el desarrollo de los derechos laborales— así como los ministerios de educación, vivienda y de otros sectores. Cabe destacar que en todos estos componentes se identifica la participación de organizaciones públicas y privadas, cuya relevancia y autoridad varía en los distintos países.

La participación de distintas instancias, como las recién indicadas, en el diseño e implementación de la protección social refleja también la multiplicidad de dimensiones en que se insertan los factores asociados a los fenómenos de pobreza y vulnerabilidad que ella busca atender. Así, la especialidad de cada una puede entenderse como un activo para garantizar calidad y afinar la sintonía con las necesidades particulares de la población. Sin embargo, para alcanzar un adecuado ejercicio de los DESC, resulta indispensable potenciar un modelo de gestión que permita maximizar la eficiencia y efectividad de los distintos componentes a través de la sinergia que supone el trabajo intersectorial. Dicho de otra manera, si el fenómeno es multidimensional y la población heterogénea, se requiere una oferta variada y articulada de intervenciones intersectoriales, en lo que se ha definido en este documento como eje de "integración horizontal" (véase el diagrama IV.2).

El desafío que se presenta es cómo avanzar desde la retórica sobre la relevancia de la articulación entre sectores hasta la articulación efectiva entre los actores. Para ello no hay una única solución, aunque un prerrequisito es compartir una visión futura de la sociedad y, por lo tanto, sobre "las prioridades y el orden temporal que enhebran un accionar estratégico de mediano-largo plazo" (Acuña, 2010, pág. 1). En cuanto al mejoramiento de las condiciones políticas para avanzar hacia una mejor protección social, Repetto (2010a) plantea que "requiere, como condición mínima, de consensos básicos sobre el rumbo estratégico que una sociedad decida darse para responder a los núcleos duros de la "cuestión social", es decir, cuáles son las problemáticas sociales que se priorizará atender, y con qué inversión de capital político y simbólico, desde un sistema de protección social". Agrega que es en ese plano de la disputa política y cultural "donde se juega el contenido real (y no meramente discursivo) de una integralidad que busque atender la multidimensionalidad de los problemas sociales, así como de un enfoque con base a derechos".

Entre las lecciones aprendidas de los casos más exitosos, avanzar en forma gradual hacia la expansión de la protección social para toda la ciudadanía es un aspecto relevante, al mismo tiempo que la instalación progresiva de consensos políticos y sociales resulta también ineludible. De manera similar, puede rescatarse el efecto acumulativo de las experiencias en materia de política social para la instalación de modelos e instrumentos universales de protección social.

Considerando lo anterior, es posible identificar ciertos elementos básicos que aparecen como claves para alcanzar el éxito en el logro de la intersectorialidad, a saber:

i) Articulación política al más alto nivel.

ii) Análisis y diseño participativo de las políticas y de sus componentes, procedimientos y desafíos. Esto debe realizarse sobre la base de una panorámica clara sobre las características tanto de la población, sus demandas y necesidades presentes y futuras, como de la oferta, sus áreas de intervención, productos, cobertura, capacidad instalada y proyecciones.

iii) Establecimiento de instancias formales de trabajo y responsabilidades, mediante convenios claros de participación, designación de interlocutores y puntos focales especializados por temas particulares, y definición de funciones para cada actor, incluyendo objetivos y roles.

iv) Canales de comunicación y formas de resolución de dudas y diferencias claramente establecidos y acordados.

v) Instancias de evaluación y análisis conjunto definidas desde el diseño.

La estructura organizacional que se requiere en cada país depende de su propia institucionalidad, sin que valga identificar un modelo único o ejemplar, dado que siempre será preciso adaptarlo a las condiciones del entorno nacional específico. Entre las alternativas que se han utilizado, cabe mencionar la conformación de frentes o consorcios de ministerios e instituciones encargadas, la instauración formal de ministerios coordinadores y la generación de fuerzas de tarea en distintos niveles de la administración (central, regional y local).

Repetto (2010b, págs. 33, 35) identifica tres niveles diferentes para la coordinación y articulación de la política con miras a la integralidad: macro, meso y micro. El primero tiene relación con la definición de la política social y sus orientaciones generales, que se expresan por ejemplo en los denominados "gabinetes sociales"; el segundo se refiere a un campo específico de dicha política (por ejemplo, la política educacional) o a una combinación de sectores orientados por un propósito común, donde cabrían los sistemas de protección social; el tercero se sitúa en los programas específicos que requieren la articulación de distintos sectores. El autor destaca el éxito que han tenido los PTC en el último de estos niveles, aunque añade que se trata del nivel donde realizar dichas acciones enfrenta menos dificultades, a diferencia de los dos primeros[14].

De manera similar, en el presente documento se propone trabajar la coordinación de acuerdo con las nociones de integración horizontal y vertical (véase la sección IV.C), en base a la ubicación de las distintas instancias en el eje político-técnico. Así, se identifican tres niveles, ninguno

---

[14] Entre las razones, Repetto (2010b) menciona el incentivo que representa entre distintos niveles de la administración el que se trate de intervenciones con alta valoración política por parte de los niveles superiores (es decir, presidencia, ministerio de economía, hacienda o finanzas). A ello se suma el hecho de que, pese a ser importantes en visibilidad y cobertura, no necesitan involucrar al conjunto de intervenciones de cada sector. Por último, influye también el hecho de que los programas cuentan en general con recursos propios y reglas de operación relativamente bien definidas para el fomento de la articulación entre diversas instancias.

de los cuales se puede sustentar por sí solo sin que existan los otros dos. El primero es el nivel político, situado en lo más alto de la estructura organizacional del Estado, es decir presidencia, ministerios y secretarías encargados de la priorización y diseño de las políticas sociales, incluidas las de protección social aquí analizadas, como son los gabinetes sociales antes mencionados y los ministerios coordinadores. El segundo es el nivel técnico, que agrupa a quienes tienen a su cargo la operacionalización de las políticas en programas y proyectos específicos, normalmente en manos de directivos y profesionales de rango superior de los ministerios, secretarios técnicos de programas, organismos subnacionales, asociaciones de gobiernos locales y otros. Se incluye aquí a los organismos a cargo de los PTC y entidades de la seguridad social. El tercer nivel es el operativo y reúne a quienes tienen el rol de implementar los programas y proyectos a nivel local e interactúan directamente con la población objetivo y, por lo tanto, están a cargo de la articulación con la demanda; a ellos se suma en muchos casos la participación de privados, ONG y otros, lo que multiplica la cantidad de actores. Cobran relevancia aquí los instrumentos de selección y registro de beneficiarios y las experiencias de atención coordinada, por ejemplo mediante una ventanilla única, que no necesariamente deben circunscribirse a los programas de protección social sino que, al contrario, pueden abarcar servicios sociales de distinta índole, cuyo tratamiento conjunto es fuente de sinergias en efectividad y/o eficiencia.

Así, un requisito para el éxito de un sistema integral es contar con instancias de coordinación a todo nivel. La articulación técnica no tiene viabilidad sin el apoyo de las autoridades políticas a cargo de los sectores e instituciones involucrados y el logro de dicho apoyo requerirá, en muchos casos, importantes procesos de negociación. Pero, a su vez, el acuerdo en materia de objetivos, responsabilidades, mecanismos de comunicación y otros elementos tampoco es suficiente si solo se verifica al más alto nivel político. Las restricciones mayores se producen muchas veces a nivel de las estructuras intermedias de las organizaciones, que son las que realmente han de coordinarse y adaptar distintas lógicas y culturas de trabajo para compartir información y conocimientos y trabajar articuladas para alcanzar las metas comunes, sin dejar de lado sus responsabilidades con su propia organización. Las experiencias de los gabinetes sociales, el rol de los PTC y los sistemas de información de beneficiarios representan una base sobre la cual la coordinación interinstitucional puede tener buenos augurios en la región, si bien no está exenta de riesgos y requerirá un trabajo específico.

Finalmente, en relación a la implementación de una política integral de protección social y sus desafíos a nivel institucional, es necesario recalcar la importancia de las reglas informales y las prácticas y vínculos históricos de los actores en juego y no solo de las reglas y procedimientos escritos y explícitos, además de la centralidad de los liderazgos y las voluntades políticas (Repetto, 2010b). En este sentido, quizás uno de los mayores desafíos que enfrenta una política integral de protección social desde el punto de vista de su institucionalización es la generación de sinergias entre los apoyos políticos, las capacidades técnicas y la disponibilidad de recursos. En ello resultan fundamentales las propuestas de generar acuerdos marco respecto del acceso, el financiamiento y la solidaridad de las políticas sociales por medio de pactos fiscales y de protección social enmarcados en una noción de titularidad de derechos, tal como lo ha venido planteando la CEPAL (2006, 2008a).

2. Información para la gestión

Nada de lo indicado en materia de protección social puede implementarse con un mínimo de efectividad, eficiencia y transparencia si no se cuenta con adecuados sistemas de información que permitan hacer seguimiento de la gestión y evaluación de impacto. Más aún, para tener un sistema de información para el análisis y evaluación integral de la gestión a nivel de la política social en general y de las políticas de protección en particular, se requiere dar un paso más, complementando la información de monitoreo de los programas involucrados con la información sobre la inversión social correspondiente y con los indicadores específicos sobre la situación social de la población, desagregados por área geográfica y nivel administrativo, a fin de hacer posible relacionar de manera confiable los distintos componentes (Martínez y Collinao, 2010).

Los indicadores sobre resultados de gestión debieran provenir de los sistemas de registro de beneficiarios y de monitoreo, evaluaciones de procesos y evaluaciones de impacto de programas y proyectos específicos, instrumentos en los que la región presenta avances importantes, pero también grandes desafíos. Por su parte, la información de censos, encuestas de hogares, encuestas especializadas y registros administrativos es el medio para conocer los avances de la protección social, y ciertamente requiere ser articulada sobre la base del marco conceptual y los componentes de política existentes en cada país. Esta información está parcialmente disponible en la mayoría de los países, pero falta aún avanzar hacia su sistematización y articulación con los indicadores de gestión.

La preocupación por contar con sistemas de monitoreo y evaluación en la gestión de políticas sociales en la región está presente desde hace más de dos décadas. Entre las experiencias de desarrollo metodológico, cabe destacar el Análisis Costo-Impacto desarrollado por la CEPAL (Cohen y Franco, 2006b, 2005; Cohen y Martínez, 2004) y los modelos de gestión por resultados adaptados a los programas sociales promovidos por el BID, el Banco Mundial y las agencias de cooperación internacional. Por su parte, en los países también se observa una creciente preocupación por el tema, con el desarrollo de sistemas de evaluación de programas gubernamentales, programación por resultados y premios al mejoramiento de la gestión[15].

En el ámbito específico de la evaluación de programas de protección social, un hito en la región, por su amplio espectro de análisis (González de la Rocha, 2010), lo constituye la experiencia de México en las evaluaciones del Programa de Educación, Salud y Alimentación (Progresa, actualmente Oportunidades), realizadas por el Instituto Internacional de Investigaciones sobre Políticas Alimentarias (IFPRI) (Adato, 2000) y por el Consejo Nacional de Evaluación de la Política de Desarrollo Social (CONEVAL) a partir de su constitución en 2005 (CONEVAL, 2010). Esta, sin embargo, no es la única experiencia, ya que —aun cuando se han utilizado variados diseños— también se han hecho evaluaciones de los siguientes PTC: Red de Protección Social (RPS) y Sistema de Atención en Crisis (SAC) en Nicaragua; Programa de Asignación Familiar (PRAF) II en Honduras; Bono de Desarrollo Humano en el Ecuador; *Bolsa Família, Bolsa Escola* y *Bolsa Alimentação* en el Brasil; Familias en Acción de Colombia; Chile Solidario; y Programa de avance mediante la salud y la educación (PATH) de Jamaica, entre otros (Schady y Milazzo, s/f; también Fiszbein y Schady, 2009).

No obstante el avance que representan estas experiencias, aún es preciso superar algunas debilidades, especialmente en lo referente a la conexión entre las evaluaciones y el diseño de los programas. Por un lado, no está clara la manera en que los resultados se incorporan como información para la toma de decisiones y la implementación de modificaciones a los programas. Por otro, la mayor parte de los resultados divulgados provienen de evaluaciones de los programas mexicanos, especialmente de la primera fase de Progresa (Schady, 2006), lo que limita la posibilidad de generalizar los hallazgos al resto de programas.

A su vez, los sistemas de selección y registro de beneficiarios están relativamente bien diseminados en la región, lo que facilita avanzar en la implementación de sistemas de información integrales. Por su parte, los datos sobre inversión social son recopilados en los países pero con importantes diferencias conceptuales y de cobertura, lo que limita la posibilidad de efectuar comparaciones. En ello el desafío es implementar

15 Algunos ejemplos de sistemas de evaluación de programas gubernamentales son: el Sistema de Evaluación y Control de Gestión de la Dirección de Presupuestos (DIPRES) de Chile, el Sistema Nacional de Evaluación de Resultados de la Gestión Pública (SINERGIA) del Departamento Nacional de Planeación (DNP) de Colombia y el Consejo Nacional de Evaluación de la Política de Desarrollo Social (CONEVAL) en México.

un sistema con explotación conjunta de las estadísticas de finanzas públicas (EFP) y del sistema de cuentas nacionales (SCN), a fin de aprovechar el enfoque de clasificación funcional de las primeras y la mayor capacidad de desagregación del segundo, incorporando no solo las inversiones del gobierno general sino también las asociadas al financiamiento proveniente de los otros agentes, particularmente los recursos de las instituciones sin fines de lucro y organismos internacionales, así como aquellos recursos públicos que no pasan por el presupuesto general del gobierno central, sino que corresponden a recursos propios de los gobiernos regionales o locales (Martínez y Collinao, 2010)[16].

3. Sistemas de control y de resolución de conflictos

La implementación de un sistema de protección social basado en el enfoque de derechos requiere un adecuado mecanismo de verificación, que haga posible garantizar efectivamente la realización de tales derechos y otorgue transparencia a la toma de decisiones. Dicho mecanismo debe estar presente primero en los propios programas, pero también en organismos externos ante los cuales la población pueda solicitar información, reclamar cuando se sienta afectada por incumplimiento de algún derecho y resolver conflictos entre distintos actores.

Los sistemas de supervisión y monitoreo de procesos, además de hacer más efectiva y eficiente la gestión, permiten transparentarla hacia la población. Su correcta utilización supone también hacer explícitos los procesos de gestión y los criterios de toma de decisiones, aplicados tanto para la identificación de la población objetivo y la selección de los beneficiarios, como para la producción y entrega de servicios, y la evaluación. Así, la implementación de estos sistemas y la difusión periódica de los resultados de la gestión son elementos que deben considerarse en este ámbito.

Por su parte, contar con una institucionalidad autónoma encargada de supervisar la correcta aplicación de la normativa y la calidad del servicio, permite que las controversias sobre los incumplimientos en materia de los derechos y estándares establecidos puedan ser resueltas de una manera eficiente y efectiva, dando garantía de trasparencia a los procesos. En varios países de la región ya existen instancias de este tipo, como son las contralorías, los servicios de protección al consumidor, las organizaciones

---

16 Además de la publicación periódica de datos oficiales en el *Panorama social de América Latina*, desde 2006 la CEPAL, con el apoyo de la Sociedad Alemana de Cooperación Internacional (GIZ) y la Agencia Española de Cooperación Internacional para el Desarrollo (AECID), ha desarrollado un trabajo metodológico y de asistencia técnica para potenciar el análisis y uso de la información sobre inversión social en el marco de la gestión de la política. Para mayor información, véase el sitio especializado en gasto social en: www.cepal.org/dds.

ciudadanas que actúan como veedores o las superintendencias, lo que facilita el considerar su aplicación en los sistemas de protección social.

Un ejemplo de lo anterior son los mecanismos utilizados en el Plan de Acceso Universal con Garantías Explícitas (Plan AUGE) en Chile, que pueden contribuir a matizar los equilibrios entre los compromisos estatales respecto de los avances progresivos en materia de derechos sociales y su viabilidad conforme a criterios técnicos y presupuestarios. En dicho plan se han considerado una serie de mecanismos administrativos, con validez legal, para la evaluación del cumplimiento de las garantías, con una Superintendencia de Salud encargada de resolver los conflictos entre usuarios y proveedores (públicos y privados) del sistema (Red Salud, 2009). No obstante, también se presentan reclamos ante el poder judicial cuando las instancias previas no logran responder a las demandas ciudadanas. Dicho mecanismo permite avanzar en la resolución de tales demandas (Drago, 2006), filtrando aquellas que, por su naturaleza, requerirán de la participación de instancias superiores de justicia.

Así, también es necesario considerar un tercer nivel en el ámbito judicial, que permita dirimir los conflictos que no hayan podido ser resueltos en otras instancias, de modo de velar por el cumplimiento de los derechos adquiridos. Abramovich (2009, pág. 42) identifica los siguientes factores como determinantes para que procesos judiciales de este tipo logren resultados: "la interpretación constitucional de las obligaciones que originan; la capacidad de actores sociales relevantes para actuar en representación de los intereses de grupos discriminados o excluidos; la accesibilidad física, material y cultural de los tribunales; el grado de organización y fortaleza de la sociedad civil y su experiencia y capacidad técnica para hacer uso de las herramientas legales; la mayor predisposición de los tribunales a enfrentar este tipo de cuestiones; los sistemas de procedimientos más abiertos o cerrados, y el tipo de remedios u órdenes que los jueces están habilitados para disponer; los mecanismos de selección de jueces y la independencia e imparcialidad de los tribunales respecto del poder político y de ciertos actores sociales relevantes en estos casos; el grado de desarrollo de los sistemas de seguridad social y las capacidades de respuesta del gobierno, del Congreso y de las burocracias del Estado a las demandas de prestaciones prometidas en los textos jurídicos; entre otros muchos asuntos".

Pese a las potencialidades que ofrece para la realización de los DESC, la judicialización conlleva también una serie de riesgos y dificultades. Por ejemplo, Uprimny (2007) establece que uno de estos riesgos es el de la sobrecarga del aparato judicial y el protagonismo político que pueden alcanzar los organismos judiciales. De manera asociada, subsiste una cuestión de roles y ámbitos de competencia, particularmente en materia de financiamiento (aunque también de diseño de la política social), ya que la responsabilidad de definir el destino de la inversión pública recae sobre los poderes ejecutivo y legislativo, y no en el judicial (Basombrío, 2009, pág. 44). A esto debe sumarse el alto costo individual y social que puede significar la judicialización basada en la universalización de prestaciones asociadas a derechos, que puede conllevar la inaplicabilidad de la normativa y/o la incapacidad para afrontar el desafío de una manera económicamente sustentable. Aún más, es previsible estimar una brecha de acceso a la solución judicial, en la cual la mayor restricción la tendría la población más pobre y vulnerable, tanto por limitaciones económicas como culturales.

Un instrumento intermedio de resolución cuasi judicial de conflictos es la participación del "defensor del pueblo" u *ombudsman*. En América Latina, existen múltiples denuncias presentadas ante los defensores del pueblo en materia de derechos directamente vinculados a la protección social, en casos en los que ha habido presunta conculcación de derechos en materia de salud, educación o seguridad social, así como informes y recomendaciones explícitas de estos organismos en materias afines a la protección social[17].

Otras instancias que desempeñan un rol clave en la supervisión del cumplimiento de derechos son los mecanismos no judiciales, tales como las instituciones de derechos humanos nacionales independientes y las internacionales, como el Comité de Derechos Humanos de las Naciones Unidas o la Comisión Interamericana de Derechos Humanos (CIDH) de la Organización de los Estados Americanos. Estas pueden contribuir a canalizar las demandas ciudadanas ante instancias judiciales (Naciones Unidas, 2009a, pág. 15).

---

17 Por ejemplo, el Defensor del Pueblo de la Nación en la Argentina, sobre la base de las solicitudes recibidas en torno a la asignación universal por hijo para la protección social, recomendó al jefe de gabinete de ministros ampliar los alcances de esta asignación de manera de beneficiar a niños y adolescentes que concurran a establecimientos de gestión privada con bajos aranceles y cuyas familias no alcancen el salario mínimo, poniendo fin a las restricciones existentes para recibir este beneficio por ser beneficiario de otros programas (Resolución 36/10: http://www.dpn.gob.ar/areas.php?id=01&ms=area5). Asimismo, en el caso de la Defensoría del Pueblo de la República de Colombia, existe un programa específico en materia de seguridad social y salud para resguardar la realización progresiva de estos derechos en este país. Por ejemplo, en 2001, este organismo dictó una resolución defensorial en torno a la problemática detectada en el seguro social del país (Resolución defensorial N° 008: http://www.defensoria.org.co/red/anexos/pdf/02/res/defensorial/defensorial8.pdf).

Como indica Artigas (2005, pág. 22), la garantía de universalidad de las prestaciones asociadas a la realización de derechos, no se obtiene necesariamente a través de la naturaleza individual de los casos en que intervienen mecanismos y fallos judiciales, sino que se requiere de pactos sociales y fiscales concretos que comprometan a la sociedad en su conjunto. Sin estos, difícilmente se puede mantener un sistema basado en garantías. Así, mientras más transparentes, eficaces y eficientes sean los dos primeros mecanismos, menos intensa será la labor asignada al poder judicial y más baratas, claras, cercanas y de fácil tramitación serán las demandas y los reclamos para la población y el Estado (cf. también De Roux y Ramírez, 2004).

Capítulo V

Los programas de transferencia con corresponsabilidad como puerta de acceso a la protección social

A. Introducción

A lo largo del presente libro se hace referencia a los programas de transferencia con corresponsabilidad (PTC), considerados como un instrumento más del conjunto de herramientas que posee la política social. Asimismo, se intenta mostrar que, aunque la protección social inclusiva no comienza ni termina con estos programas, pueden constituir instrumentos útiles y eficaces en la medida que se les asignen funciones y objetivos precisos, y se delimiten las competencias y responsabilidades pertinentes. Sin embargo, la tendencia a ampliar el alcance de los PTC, tanto en términos cuantitativos —incrementando la población cubierta o los montos de las transferencias— como cualitativos —mejorando la adecuación de las prestaciones destinadas a distintas poblaciones o incluyendo nuevas prestaciones— está generando una tensión creciente en torno a ellos.

Obviamente, los PTC no son instrumentos infalibles a los cuales pueda añadirse un número creciente de nuevas prestaciones, sino que debe buscarse la mejor forma de encontrar las sinergias requeridas para realizar acciones simultáneas en distintos ámbitos. Por consiguiente, se están estableciendo vínculos con el resto de la política de combate a la pobreza y otras políticas sectoriales enfocadas en los grupos pobres y vulnerables (Cecchini y Madariaga, 2010). Los PTC pueden ser un aporte a la protección social, pero no deben concebirse como instrumento único de esta, sino como parte de un sistema más amplio.

En particular, proponemos concebir estos programas como "puerta de acceso" de las familias y personas en situación de mayor pobreza y vulnerabilidad a sistemas integrales de protección social, en vista de las tres funciones que se les han asignado (véase el capítulo IV). La expresión "puerta de acceso" se refiere al proceso a través del cual se asegura que la vinculación de una familia o una persona a las actividades previstas en un programa le permita acceder a un nuevo nivel de protección social.

1. Proteger y asegurar el ingreso

El propósito de los PTC es garantizar condiciones socioeconómicas mínimas, a través de la provisión de un ingreso a poblaciones tradicionalmente excluidas de la política social en la región, debido a su desconexión del mercado formal de trabajo y de la protección social contributiva. Estos programas han sido efectivos a la hora de proveer un ingreso monetario no contributivo a familias en situación de pobreza y extrema pobreza, especialmente a las que cuentan entre sus miembros a niños en edad escolar (CEPAL, 2010a).

Las repercusiones de las transferencias en el ingreso de las familias beneficiarias pueden ser sustanciales a corto plazo, aunque varían de un programa a otro. En las áreas urbanas, el monto mínimo per cápita de las transferencias puede ser cercano al 1% de la línea de indigencia, mientras que las transferencias más generosas ascienden al 73% de la línea de indigencia y al 38% de la línea de pobreza urbana (Cecchini y Madariaga, 2010).

La provisión de recursos monetarios a las familias pobres mejora sus condiciones de productividad, al dotarlas de medios que refuerzan su situación nutricional y de movilidad. Asimismo, los PTC incrementan el circulante en las comunidades pobres, "lo que ha permitido la aparición de circuitos de mercado interno que favorecen la actividad comercial y de servicios en las zonas de mayor pobreza" (CEPAL, 2010b, pág. 197). Por tratarse de instrumentos de garantía del ingreso básico, los PTC pueden entenderse como una alternativa clave para cubrir las necesidades básicas de quienes no cuentan con capacidad autónoma suficiente, en la medida que en ellos se prevean procedimientos de graduación que se relacionen con el logro de la autonomía y no la hagan depender de las limitaciones de financiamiento o institucionales.

2. Identificar la demanda y garantizar el acceso

Los PTC están destinados a mejorar el acceso a servicios y programas sociales por parte de los grupos más pobres y cuentan con los instrumentos necesarios para intensificar la oferta de servicios sociales en respuesta a la necesidad de hacer frente al aumento de la demanda, lo que facilita la identificación de necesidades y dinamiza la gestión local, dado que las actividades que se promueven dependen del trabajo simultáneo de los sectores involucrados y de las instancias administrativas pertinentes. Si bien tradicionalmente se ha procurado mejorar el acceso de los niños de las familias beneficiarias a los servicios de educación y de estos y sus madres a los servicios de salud, existe una tendencia creciente a vincular a miembros de diferentas edades a distintas clases de servicios y programas, desde consejerías, charlas educativas y talleres sobre diversos temas, salud entre otros, hasta programas de mejoramiento de la infraestructura del barrio o las viviendas (Cecchini y Madariaga, 2010). Esto se observa en distintos programas, tanto en los del tipo 1 (por ejemplo, en *Bolsa Família* a través de los "programas complementarios") como en los de tipo 2 (Oportunidades) y 3 (Chile Solidario y la Red Juntos de Colombia).

Al respecto, resultan particularmente interesantes los casos de acceso gratuito a esquemas más incluyentes de servicios de salud en programas como Chile Solidario y Oportunidades, que ofrecen acceso garantizado a sus beneficiarios a un conjunto de prestaciones específicas y definidas. Chile Solidario posibilita su participación en el Fondo Nacional de Salud (FONASA) y permite la atención gratuita de 56 patologías (Plan de Acceso Universal con Garantías Explícitas (AUGE), véase el recuadro II.5), con garantías y plazos de atención definidos, además de dar acceso preferente a otros programas públicos de salud. Por su parte, a través de Oportunidades se ofrecen 13 servicios de salud dirigidos a distintos miembros del hogar[1].

3. Fomentar el trabajo decente

En algunos casos, el propósito de los PTC es contribuir de manera activa a la promoción del trabajo decente, reforzando la sustentabilidad de la superación de la pobreza tanto a corto como a mediano plazo, lo que puede reducir notablemente la vulnerabilidad de los beneficiarios (OEA/CEPAL/OIT, 2010). Con tal objeto, se incorporan en ellos diversas alternativas vinculadas al ámbito laboral, como la formación para el trabajo, la nivelación de estudios de educación primaria y secundaria, la generación directa o indirecta de empleo, el fomento del autoempleo y la microempresa, y servicios de empleo e intermediación laboral.

---

1 Se trata de los siguientes servicios: saneamiento básico, planificación familiar, atención prenatal y del parto, del puerperio y del recién nacido, vigilancia de la nutrición y el crecimiento infantil, inmunizaciones, manejo de casos de diarrea en el hogar, tratamiento parasitario, manejo de enfermedades respiratorias agudas, prevención y control de la tuberculosis pulmonar, prevención y control de la hipertensión arterial y la diabetes mellitus, prevención de accidentes y manejo inicial de lesiones.

Ejemplos de esto son el Plan sectorial de calificación profesional para los beneficiarios de *Bolsa Família* o PlanSeQ, también conocido como *Próximo passo* del Brasil, el programa Bonificación a la contratación de mano de obra de Chile Solidario y la inscripción de adultos desempleados en organismos de intermediación laboral en el Programa de transferencias monetarias condicionadas de Trinidad y Tabago (OEA/CEPAL/OIT, 2010).

Dados su carácter multidimensional, su vinculación con los distintos sectores y programas y las exigencias que ello impone a la coherencia de las intervenciones impulsadas por la política social, los PTC representan un mecanismo concreto de integración tanto de la demanda (integración transversal y longitudinal) como de la oferta (integración vertical y horizontal) de protección social.

Por lo tanto, los PTC pueden generar sinergias para el establecimiento de una base mínima desde la cual ofrecer un conjunto de intervenciones destinadas a proteger a los individuos y las familias en las distintos etapas del ciclo de vida, considerando las particularidades de sus carencias y apuntando al ejercicio de derechos y la promoción social. Junto con ello, los PTC pueden articular al resto de la oferta pública en torno a las necesidades específicas de las familias pobres y facilitar la generación de capacidades y autonomía. A su vez, esto permitiría estimular respuestas apropiadas por parte de los servicios públicos correspondientes, tanto en los aspectos relacionados con la protección como con la promoción social. Asimismo, la participación en estos programas y las estrategias de graduación que se apliquen deberían tender a establecer los vínculos necesarios entre los beneficiarios y los demás programas y políticas de protección social.

En este contexto, a continuación se analiza el importante papel que pueden desempeñar los PTC en la integración de programas y políticas sociales relacionadas con el componente de protección social no contributiva. Asimismo, se examinan algunos de los requisitos que deberían cumplir y los desafíos que persisten en estos ámbitos, sobre todo en lo que respecta a garantizar la coherencia de conjunto del modelo de intervención propuestas en los PTC, tanto en el desempeño directo de las funciones como en la articulación interinstitucional.

B. Integración en torno a una demanda heterogénea de protección social

Como se ha indicado, la población objetivo de la protección social, en particular las familias en situación de pobreza y pobreza extrema que son las destinatarias de los PTC, está lejos de constituir un grupo homogéneo y fácilmente identificable, y presentan carencias y privaciones de diversa índole[2]. Estas obedecen a múltiples y disímiles factores —culturales, etarios, espaciales, económicos y de género, entre otros—, y dan origen a respuestas de supervivencia y enfrentamiento de crisis tan distintas como sus causas, lo que puede atribuirse directamente a que dichos grupos han desarrollado variadas estrategias para hacer frente tanto a la situación estructural de limitaciones que los aqueja como a las situaciones que las agudizan debido a perturbaciones de distinto tipo.

1. Integración transversal: respuestas a las necesidades de los diferentes grupos de población

A través del eje de integración transversal, los PTC pueden permitir el acceso de grupos poblacionales pobres muy diversos a una variada oferta pública de servicios, destinada a mejorar y proteger los niveles de bienestar, la generación de activos y el vínculo con actividades concretas que posibiliten el ejercicio de sus derechos económicos, sociales y culturales, fomentando así su inclusión social. Este proceso supone, en primer lugar, una etapa de identificación de las necesidades de las familias beneficiarias, a fin de atenderlas mediante prestaciones que se adecuen a su situación específica. A su vez, esto implica estimular la generación de respuestas adecuadas de los programas y servicios públicos, y la organización de las intervenciones sobre la base de una plataforma intersectorial.

Entre los instrumentos de los PTC que contribuyen al logro de estos fines destacan los componentes de seguimiento o acompañamiento familiar, que han mejorado, en mayor o menor grado, la retroalimentación respecto de las necesidades y aspiraciones de las familias beneficiarias. Ejemplos interesantes en este ámbito son los de Chile Solidario y de la Red Juntos para la Superación de la Pobreza Extrema (Red Juntos) de Colombia, programas en los que se ha incorporado a la función de prestación de apoyo a las familias la verificación de las necesidades familiares específicas, la comprobación del estado de la oferta local y la adecuada vinculación entre ambas (véase la sección E).

Una estrategia complementaria es el establecimiento de criterios de diferenciación, ya sea de las prestaciones o de las reglas de operación de los PTC, en atención a las características particulares de los grupos poblacionales que componen el universo de beneficiarios, entre otros su lugar de residencia (urbano o rural) y su pertenencia étnica. Cabe destacar el programa Comunidades Solidarias Rurales de El Salvador, en cuya variante urbana se añade a las prestaciones ofrecidas en ámbitos rurales —bonos

---

2 Véase al respecto el estudio pionero de Kaztman (1989) sobre la estratificación de la población pobre en la región metropolitana de Montevideo (Uruguay).

de salud y de educación— el acceso al Programa de Apoyo Temporal al Ingreso (PATI), centrado en la mejora de la inserción laboral de los jóvenes y las mujeres jefas de hogar (Ávalos, 2010; FISDL, 2010). Por otra parte, en el componente de servicios básicos de Comunidades Solidarias Rurales se da prioridad a la ampliación de la infraestructura social básica —agua potable y saneamiento, electrificación y otros—, mientras que en la variante urbana se responde a problemas propios de las ciudades a través de programas de prevención de la violencia y mejoramiento de barrios (Mejoramiento integral de asentamientos urbanos precarios) (Ávalos, 2010; FISDL, 2010)). Una adecuación similar se observa en Oportunidades de México, como parte del cual en 2009 se inició una actividad piloto denominada Oportunidades Urbano, que será extendida a todas las ciudades del país. Este nuevo esquema supone la implementación de nuevas reglas de focalización, un aumento del monto de los apoyos monetarios, la incorporación de nuevas transferencias que premien el desempeño escolar, la adecuación del conjunto de servicios de salud a las necesidades urbanas y la inclusión de nuevas condicionalidades (Programa de Desarrollo Humano Oportunidades, 2009). En Oportunidades se está comenzando a considerar un modelo de gestión y atención con enfoque étnico, luego de observarse las menores repercusiones que este tiene en las comunidades indígenas en las sucesivas evaluaciones de impacto del programa (Robles, 2009). Otros ejemplos de enfoque étnico son Familias en Acción de Colombia (Robles, 2009) y la Red de Oportunidades de Panamá (SENAPAN, 2008).

Los distintos tipos de PTC descritos en el capítulo III presentan desafíos específicos en términos de integración transversal. En el caso de los PTC en que la selección de beneficiarios se realiza en función de la carencia de ingresos (PTC tipo 1) y, por considerarse que la pobreza en materia de ingresos tiende a ser dinámica y fluctúa ampliamente entre períodos de bonanza y de crisis económicas, parece importante utilizar definiciones que permitan incorporar a la población que aparece como vulnerable a dichas fluctuaciones y no solo a quienes se encuentran debajo de la línea de pobreza en un momento dado (CEPAL, 2009a, cap. III). Lo anterior impone aun más desafíos a los mecanismos de selección de beneficiarios, específicamente la consideración de puntos de corte menos restrictivos y que logren captar las variaciones que se registren. En el caso de los programas destinados a superar situaciones de alta exclusión social (PTC tipo 3), se debería realizar un esfuerzo especial por buscar y adecuar diversos métodos de focalización, por ejemplo mediante la utilización de índices y aproximaciones que incorporen una noción amplia de la vulnerabilidad y permitan identificar a grupos de población cuyas necesidades son invisibles para los mecanismos tradicionales de la política social.

2. Integración longitudinal: respuestas a las necesidades de las distintas etapas del ciclo de vida

En el eje de integración longitudinal, los PTC también pueden desempeñar un papel relevante en el mejoramiento del acceso y los servicios relacionados con la protección social, en vista de la experiencia acumulada en el desarrollo de un enfoque de ciclo de vida. A fin de otorgar efectivamente una protección social adecuada a la población objetivo de estos programas, hay que tomar medidas especiales para reconocer las necesidades propias de las distintas etapas del ciclo de vida individual y familiar.

Si bien los PTC se han centrado fundamentalmente en las familias con niños, lo que excluye a los adultos en edad de trabajar sin niños[3], en varios programas se están tomando medidas para incorporar prestaciones que se extienden a otros grupos etarios, particularmente a adultos mayores. Ejemplos de este tipo de prestaciones se encuentran en Chile, Ecuador, El Salvador, Jamaica, México, el Paraguay, el Perú y la República Dominicana, pero la protección a lo largo de todo el ciclo de vida debería ampliarse aun más, en particular la destinada a la primera infancia (Cecchini y Madariaga, 2010). Sobre todo en el caso de los esquemas en que se otorga especial prioridad al desarrollo humano y la promoción social a largo plazo (PTC tipo 2), se debería considerar a la población en edad preescolar tanto en los aspectos ligados a lo nutricional como a lo educativo, con el fin de aprovechar las oportunidades existentes en esa etapa (León, 2008; Villatoro, 2007) y establecer criterios y estrategias de graduación que permitan considerar todo el ciclo educativo (Villatoro, 2008). En cuanto al enfoque de ciclo de vida, en la región destacan en particular la red de protección social PROTEGE de Chile[4] —que abarca servicios de salud, vivienda, educación, planificación y trabajo— y el Sistema de Protección Social Universal de El Salvador.

C. Integración de la oferta de políticas y programas de protección social

Aun cuando en materia de oferta persistan serias dificultades, los PTC desempeñan un papel importante en el fomento de la coordinación intersectorial (integración horizontal) y de las actividades de articulación que ejecutan las distintas instancias del gobierno (integración vertical), por lo que ayudan a fortalecer la coherencia de las políticas de reducción

---

3 El Programa de avance mediante la salud y la educación (PATH) de Jamaica constituye una excepción en este sentido, por el hecho de incluir una transferencia (prestación de salud a adultos pobres sin empleo de 18 a 64 años).

4 En el marco de la red de protección social, Chile Solidario cumple la función de acercar a las familias en situación de extrema pobreza a los beneficios asociados a cada etapa, según las características de sus miembros.

de la pobreza. Esta contribución constituye un medio fundamental para potenciar la efectividad y eficiencia de las políticas de protección social destinadas a la población pobre y vulnerable, además de generar externalidades positivas que se trasmiten al conjunto de la política social. Dado que los PTC, y en particular los del tipo 3, no solo son puerta de acceso a la protección social, sino a toda la política social, su eficacia en este ámbito depende justamente de la capacidad de coordinación existente, sobre todo a nivel político. Es por eso que la definición clara del espacio de influencia de los PTC y de interlocución con los demás componentes del sistema de protección social y los servicios sociales básicos aparece como un elemento fundamental.

1. Integración horizontal: fortalecimiento de la coordinación intersectorial

En el eje de integración horizontal, el enfoque multidimensional de la pobreza aplicado en los PTC y la articulación de intervenciones en el ingreso y el consumo, así como en las capacidades humanas de las personas, imponen la necesidad de desarrollar una mayor articulación entre los distintos sectores de la política social. En particular, la existencia de condicionalidades que supone la articulación con los ministerios de salud y educación es un incentivo para la colaboración intersectorial no solo en los sistemas o redes de coordinación programática (PTC tipo 3), sino también en los programas de tipo 1 y 2 (véase el capítulo III).

Como se ha indicado, la colaboración intersectorial se ha de dar en los distintos niveles administrativos, desde el central (entre ministerios y secretarías) hasta el local, y entre los distintos sectores y actores que operan en el nivel territorial y que tienen contacto directo con los beneficiarios o usuarios. Ejemplos de coordinación a nivel político se encuentran en la labor desarrollada por la Secretaría Ejecutiva del sistema Chile Solidario, el Comité de Coordinación Intersectorial del programa Solidaridad de la República Dominicana, y el consejo gestor del programa *Bolsa Família* del Brasil. Por otra parte, los sistemas de información sobre selección y registro de beneficiarios, como el Catastro único para programas sociales (CadÚnico) del Brasil y el Sistema Único de Beneficiarios de la República Dominicana, son ejemplos del significativo aporte de los PTC a la articulación intersectorial a nivel operativo. Su labor es crucial para mantener el flujo de información y recursos entre los distintos actores y, además, permite agilizar los pagos y la suspensión o cancelación de los beneficios cuando corresponde.

Si bien la búsqueda de coordinación entre las intervenciones públicas orientadas a las familias pobres y extremadamente pobres ha sido uno de los elementos centrales de muchos PTC, aun no se ha logrado una articulación efectiva de estos programas con las estructuras sectoriales y sus mecanismos de intervención. En este ámbito existen problemas importantes que requieren una solución, no solo debido a la complejidad y la duplicidad de las estructuras que operan en distintas esferas de la administración pública, que podría solucionarse mediante su racionalización y la definición más clara de los procedimientos que se emplean, sino también por la dificultad de aplicar medidas que no siempre implican ganancias netas para los sectores, por incidir, por ejemplo en el control de sus asignaciones presupuestarias o la independencia de operación y decisión. El desafío estriba entonces en que el carácter multisectorial de los programas no reduzca la especificidad de la protección social, porque de lo contrario se corren riesgos de dispersión de objetivos y dilusión de las prioridades, lo que podría limitar sus efectos potenciales y su eficiencia.

Además, el mismo concepto de intersectorialidad provoca situaciones poco claras, que obligan a una mayor definición. Por ejemplo, es necesario mantener los componentes sectoriales de las intervenciones, en virtud de que es precisamente en los sectores de educación, salud, trabajo y otros donde mejor se conoce la lógica de la oferta pública y la respectiva demanda de servicios y donde se identifican más claramente las intervenciones que se requieren en cada ámbito. Pero también es necesario superar las lógicas sectoriales, debido al carácter multidimensional de las intervenciones, y actuar en ámbitos de difícil incidencia, como son las prácticas históricamente empleadas por los sectores, los distintos niveles de la administración pública y los agentes locales, cuyas culturas organizacionales no siempre coinciden con los objetivos del programa.

Otro aspecto fundamental de la integración horizontal es el que se da a nivel local. Como han mostrado diversos autores (Kaztman, 2001; Rodríguez y Arriagada, 2004), en el ámbito territorial es donde se han materializado y estructurado históricamente las desigualdades y las barreras a la integración, expresadas en fenómenos como la segregación residencial, lo que convierte a la gestión territorial en uno de los desafíos fundamentales de la integración de la protección social (CEPAL, 2008b). Lo anterior impone la necesidad de crear las condiciones institucionales básicas para que estos programas puedan operar en el nivel local en ámbitos tales como la gestión de los recursos y de la oferta integrada de servicios.

Por último, uno de los grandes desafíos que deben considerarse en relación con la integración horizontal es el referido a los aspectos organizacionales propios de cada sector y sus lógicas de funcionamiento. Además de que un PTC logre vincular a los beneficiarios con los programas y servicios públicos existentes y conseguir que estos los favorezcan, los encargados de prestar los servicios correspondientes tienen que comprender la lógica de operación de los PTC, cuyas bases conceptuales difieren de las que se han aplicado tradicionalmente en los programas de protección social no contributiva y los servicios públicos (Cohen y Franco, 2006a; Nun y Trucco, 2008). El grado y modo de apropiación de la lógica de un PTC por parte de los funcionarios de los servicios correspondientes puede influir en gran medida en la calidad de estos, junto con incidir en el cumplimiento de los objetivos específicos (véase el recuadro V.1).

Recuadro V.1

PROBLEMAS DE IDENTIFICACIÓN CON LOS PROGRAMAS DE TRANSFERENCIA CON CORRESPONSABILIDAD POR PARTE DE LOS SECTORES

Roberts (2006) demuestra que en el caso de Jamaica el acceso de los beneficiarios del programa PATH a los servicios de educación y salud estipulados como condicionalidades ha impuesto un trabajo adicional a los establecimientos, especialmente en relación con los mecanismos de vigilancia de su cumplimiento. Las instituciones que ejecutan estas actividades las consideran una carga laboral ajena a su quehacer, lo que provoca un problema de identificación con el programa y sus beneficiarios. En los casos de Chile Solidario, Nun y Trucco (2008) muestran que la lógica de intervención del programa se ve afectada por la dificultad de unificar la interpretación de sus lineamientos y objetivos entre los múltiples actores involucrados (sectores, municipios y organismos estatales, entre otros). Esto se traduce en una mala percepción de los programas por parte de los beneficiarios, que no logran incorporar la idea de que el acceso a los servicios forma parte del ejercicio de derechos, sino que los perciben como si fueran "regalos" o "beneficios que alguien (no el sistema) da" (MIDEPLAN, 2009b). Por consiguiente, la "lógica de derechos" que supuestamente debería regir los programas suele ser sustituida por una lógica asistencialista o por las orientaciones que han prevalecido históricamente en los ejecutores de la política social, lo que puede menoscabar la prioridad que se debe dar a la "promoción social".

Las dificultades de "identificación" con los programas pueden plantear un problema de grandes proporciones cuando la actitud de las personas encargadas de la provisión de servicios termina por afectar la demanda de estos y el cumplimiento de las condicionalidades. Por ejemplo, en el caso de Chile Solidario se ha determinado que, luego de egresar del programa Puente, las familias perciben que los funcionarios de los servicios utilizan un "habla hermética" que dificulta la comprensión de la información provista, y que son víctimas de "ninguneo" y desconsideración por su condición de beneficiarios, e incluso denuncian maltratos explícitos de funcionarios administrativos (MIDEPLAN, 2009b).

Fuente: Ministerio de Planificación de Chile (MIDEPLAN), Trayectorias familiares al egreso del programa Puente, Santiago de Chile, Secretaría Ejecutiva del Sistema Intersectorial de Protección Social, 2009; E. Nun y D. Trucco, "Informe de sistematización de evaluaciones cualitativas del Programa Puente y sistema de protección Chile Solidario", Revista latinoamericana de desarrollo humano [en línea] http://www.revistadesarrollohumano.org/temas125.asp, 2008; C. Roberts, "Seguimiento del desempeño: Jamaica", documento presentado en la tercera Conferencia internacional sobre transferencias en efectivo condicionadas, Estambul, 26 a 30 de junio de 2006.

2. Integración vertical: fortalecimiento de la coordinación entre niveles de gestión

En lo que respecta a la integración vertical, en los PTC se han establecido procedimientos presupuestarios y reglas para el traspaso de los recursos a los distintos niveles de gestión, y se han definido las responsabilidades compartidas y las funciones y competencias específicas, lo que los convierte en un interesante activo para el desarrollo de un sistema integral como el propuesto en este documento.

Un ejemplo digno de mención en este contexto es el de *Bolsa Família* (véase el recuadro V.2), por la importancia que se ha otorgado en este programa a la descentralización de la gestión y la creación de mecanismos voluntarios de "descentralización pactada" que respeten el principio constitucional de organización autónoma de estados y municipios (Cunha, 2009). Otro ejemplo que vale la pena destacar es el de Chile Solidario, que se ha ido expandiendo cada vez más a partir de un modelo de gestión de la oferta programática, de diseño único a nivel nacional y ejecución centralizada, hasta llegar al establecimiento de un sistema de protección social que puede reproducirse eficazmente a nivel local (Salinas, 2007). Para lograr este objetivo ha sido necesario definir estrictamente las responsabilidades y desarrollar capacidades y competencias adecuadas a los distintos niveles, a fin de que cada uno de ellos apoye al inmediatamente siguiente (Toro, 2009).

Recuadro V.2
INTEGRACIÓN VERTICAL EN *BOLSA FAMÍLIA*

El funcionamiento de *Bolsa Família* se ha basado desde un comienzo en la descentralización administrativa entre el gobierno central y los municipios (Hevia, 2009b), en virtud de la cual se han establecido diversos mecanismos orientados a fortalecer su implementación a escala nacional, federal, estadual y municipal. En el reglamento del programa (Decreto N° 5209, 17 de septiembre de 2004) se estipula que su implementación y su gestión exigen una conjugación de los esfuerzos de los diversos niveles de gobierno, así como intersectorialidad, control social y transparencia. En este marco, se firmaron convenios de trabajo con los municipios del país sin distinción política, con el fin de evitar la discrecionalidad en la asignación de beneficios. En cuanto a los mecanismos de transparencia, se dispuso que el CadÚnico fuera depurado y pasara a ser administrado por una entidad financiera autónoma (Hevia, 2009b).

En materia de descentralización, los municipios son los responsables directos de la gestión del programa y del CadÚnico en el ámbito local. Cada prefectura municipal debe elegir al responsable del programa, que se encarga del proceso de identificación y de catastro de las familias

(continúa)

Recuadro V.2 (continuación)

beneficiarias. A su vez, los gestores municipales deben velar por el correcto acompañamiento de las familias y el cumplimiento de las condicionalidades (MDS, 2010), y encargarse de articular la oferta de servicios de salud y educación y de coordinar las relaciones intersectoriales correspondientes y las medidas complementarias destinadas a ampliar la oferta de políticas y programas sociales a las familias beneficiarias. Los gestores también pueden ocuparse directamente de la gestión de los beneficios —bloqueos, desbloqueos, cancelación y devolución— a través de un sistema de gestión de beneficios, y desempeñar una función fundamental de contraloría del programa por intermedio de las instancias de control social. Por todos estos motivos, los gestores municipales son actores claves de la operacionalización de *Bolsa Família* y de la coordinación vertical de la oferta de programas de protección social.

Con respecto a la promoción del funcionamiento descentralizado y transparente del programa, existen otros dos ámbitos que son cruciales para la integración vertical de la oferta de *Bolsa Família*: el financiamiento y la gestión y evaluación.

En relación con el financiamiento y el compromiso asociado a la gestión estadual de *Bolsa Família*, se firmaron convenios individuales entre el gobierno central, los estados y prefecturas municipales. La Comisión de Intergestores Bipartita (*Comissão Intergestores Bipartite,* CIB/SC) es una instancia de representación y coordinación en la que participan estados y municipalidades, con el propósito de suscribir acuerdos respecto del Sistema único de asistencia social (SUAS). La Comisión fomenta la suscripción de acuerdos sobre implementación y operación del programa, la adopción de criterios de cofinanciamiento estatal de los servicios socioasistenciales desarrollados por estados y municipios, y la creación de centros de referencia de asistencia social (CRAS).

Por otra parte, a partir de 2006 el programa desarrolló el Índice de Gestión Descentralizada (IGD), que es un mecanismo de apoyo a la gestión de los programas sociales y de evaluación de la calidad de la gestión municipal de *Bolsa Família* (MDS, 2010). El IGD varía entre 0 y 1 y en su construcción se consideraron cuatro variables, cada una las cuales tiene una ponderación del 25%: i) calidad de la información contenida en el CadÚnico; ii) actualización periódica del CadÚnico (como mínimo, cada dos años); iii) verificación del cumplimiento de las condicionalidades relativas a la educación (asistencia escolar), y iv) asistencia a los controles de salud. El IGD permite evaluar el cumplimiento de las condicionalidades en el nivel local, las labores de acompañamiento de las familias beneficiarias del programa, el registro de nuevas familias (a partir de la actualización permanente de los datos), y la implementación e incorporación potencial de nuevos programas a los ya existentes (Guimarães, Nogueira y Magalhães, 2008).

Sobre la base de los resultados del IGD, se definen las transferencias mensuales que deberá realizar el Ministerio de Desarrollo Social a los

(continúa)

Recuadro V.2 (conclusión)

municipios que tengan un puntaje mínimo de cumplimiento de 0,4, además de haber sido habilitados para la gestión municipal de la asistencia social y haber pasado a formar parte de *Bolsa Família* (Guimarães, Nogueira y Magalhães, 2008, pág. 10). Por lo tanto, la aplicación del índice responde al enfoque de gestión basada en los resultados.

Fuente: F. Hevia, "Mecanismos de participación ciudadana y control social en los programas de transferencia condicionada de renta en México y Brasil, un análisis comparado", *Revista crítica de ciencias sociales y jurídicas*, vol. 2, Nº 22, 2009; "Relaciones directas o mediadas? Participación ciudadana y control social en el programa *Bolsa Familia*", Brasilia, Centro Internacional de Políticas para el Crecimiento Inclusivo [en ínea] http://www.ipc-undp.org/mds.do?active=3, 2009; A. Guimarães, M. Nogueira y R. Magalhães, "A intersetorialidade no programa *Bolsa Família*: reflexões a partir de uma experiência local", Escola Nacional de Saúde Pública (ENSP)/FIOCRUZ [en línea] http://www.ipc-undp.org/publications/mds/25M.pdf, 2008; Ministerio de desarrollo social y lucha contra el hambre (MDS) "Gestão municipal", http://www.mds.gov.br/bolsafamilia/gestaodescentralizada/tipos-de-gestao/gestao-municipal/gestao-municipal, 2010; Guia para acompanhamento das condicionalidades do programa *Bolsa Família*, Brasília, 2008 y C. Mesquita, "Programa *Bolsa Família*", documento presentado en el seminario internacional "Sistemas de proteção social: desafios no contexto latinoamericano", Brasilia, 8 a 11 de diciembre [en línea] http://www.mds.gov.br/sites/seminariointernacional/sites/seminariointernacional/programacao, 2009.

D. Adecuación de la disponibilidad y calidad de la oferta de servicios sociales

Uno de los aspectos de los PTC sobre los cuales pareciera existir una clara coincidencia en la literatura sobre el tema es la importancia de mejorar la oferta de servicios públicos (Cohen y Franco, 2006a; CEPAL, 2006; Fiszbein y Schady, 2008; Cecchini y otros, 2009). En efecto, aunque en los PTC se da dado especial importancia a la demanda de servicios sociales, teniendo en cuenta que para la entrega de las transferencias se exige el cumplimiento de una condición, se debe garantizar que la oferta sea adecuada.

La oferta de los PTC consiste en servicios y programas sociales, los más comunes de los cuales son los que se relacionan con los objetivos relativos al capital humano, es decir, servicios de salud y educación, aunque no se limita a ellos. Ahora bien, la ampliación de la cobertura no agota las acciones necesarias para adecuar los servicios sociales a las exigencias de los PTC, puesto que también su calidad incide en el grado de atracción que ejercen en la población, lo que contribuye a potenciar la efectividad del programa. En el programa Oportunidades de México (González de la Rocha, 2008) y la Red de Oportunidades de Panamá (Rodríguez, 2010), por ejemplo, uno de los principales factores que impiden a las familias cumplir con las condicionalidades impuestas en ciertas zonas rurales no es la falta de escuelas, sino la falta de maestros o el hecho que estos solo dan clases algunos días de la semana.

Por ello, se hace necesario consolidar la lógica de operación de los PTC en materia de verificación de las condiciones mínimas, relativas a la disponibilidad y la calidad de los servicios (Parra Côrrea y Perez Ribas, 2008). Una estrategia aplicada por algunos países ha sido la suspensión temporal del inicio de los programas en territorios sin oferta suficiente. Sin embargo, si bien esta puede ser una estrategia adecuada para la ampliación progresiva de la cobertura, en el caso de no existir procedimientos claramente definidos para llevar a cabo dicho proceso y de no estar asegurados los recursos financieros requeridos, puede convertirse en un arma de doble filo que contribuya a perpetuar las desigualdades históricas entre áreas geográficas o la exclusión de las poblaciones más pobres y vulnerables. Por este motivo, adquieren particular importancia la necesidad de identificar e implementar los mecanismos más apropiados para dinamizar la oferta, estableciendo formas explícitas de cooperación y coordinación entre los organismos públicos involucrados, y la posibilidad de incorporar al sector privado y al tercer sector[5].

La prestación de apoyo a la ampliación de la oferta puede adoptar distintas modalidades: apoyo público directo consistente en la transferencia de recursos del presupuesto de cada programa a los sectores involucrados, apoyo público indirecto consistente en la contratación mediante licitaciones de entidades privadas a las que se les exija cumplir con determinados estándares de prestación y apoyo privado propiamente tal conforme a sistemas de vales (*vouchers*), caso en el cual las transferencias de estímulo a la oferta pueden ser utilizadas por los beneficiarios en cualquier programa. En relación con la primera modalidad, cabe mencionar la aplicación en el Brasil del Índice de Gestión Descentralizada municipal y estadual como instrumento para asignar los recursos requeridos por los diversos niveles administrativos (véase el recuadro V.2). En México, las instituciones estatales son las encargadas de fortalecer la infraestructura existente en todas las regiones donde opera el programa Oportunidades y de cubrir la demanda adicional de servicios derivada de su ejecución[6]. Por otra parte,

---

5 En este contexto es importante que se cuente con un modelo de gestión que permita integrar no solo los recursos, sino también las intervenciones de distintos actores con la competencia necesaria para brindar los servicios requeridos.

6 La Coordinación Nacional de Oportunidades debe notificar a las secretarías de educación y salud sobre el número de beneficiarios previstos en la meta de atención anual. A su vez, las secretarías deben incorporar en su presupuesto anual los recursos destinados al funcionamiento de Oportunidades e incluir en este las previsiones de gastos para garantizar el adecuado cumplimiento de los objetivos y metas del programa. La estrategia de intervención se vio reforzada desde 1998 por el Fondo de Aportaciones para la Infraestructura Social (FAIS), que permite transferir recursos para mejorar la infraestructura de las comunidades más marginadas con fines de construcción de escuelas, clínicas y caminos rurales, entre otros. Estos recursos se transfieren directamente desde el gobierno federal a los gobiernos locales, donde se determina el uso que se les dará (Levy y Rodríguez, 2005).

en los casos en que los proveedores de servicios finales son privados se emplean diversos métodos para el cálculo del monto de las transferencias, en los que se considera explícitamente el aumento de la demanda que producen los PTC, por ejemplo bajo la forma de una suma determinada por beneficiario atendido o inscrito. Los ejemplos más representativos de empleo de este método son el Programa de Asignación Familiar II de Honduras y la Red de Protección Social (RPS) y el Sistema de Atención a Crisis (SAC) de Nicaragua (Moore, 2008; 2009; Cecchini y otros, 2009) (véase el recuadro V.3). Si bien esta última opción tiene la ventaja de privilegiar la libertad de elección de los beneficiarios, en muchos casos la concentración de la oferta a nivel territorial se traduce en una falta absoluta de libertad del usuario.

Recuadro V.3

TRANSFERENCIAS PARA LA AMPLIACIÓN DE LA OFERTA EN LOS PROGRAMAS DE TRANSFERENCIA CON CORRESPONSABILIDAD DE HONDURAS Y NICARAGUA

En la segunda fase del Programa de Asignación Familiar de Honduras, ejecutado con fondos del Banco Interamericano de Desarrollo (PRAF-BID II), así como en la Red de Protección Social y el Sistema de Atención a Crisis de Nicaragua, que concluyeron en 2006, se incluyó una prestación innovadora bajo la forma de transferencias a la oferta en educación y salud que complementaban los beneficios condicionados a la demanda típicos de los PTC.

En el caso del PRAF-BID II, los montos asignados a cada centro de salud o establecimiento educacional se calcularon tomando como base los requisitos sobre capacidad física e infraestructura, por una parte, y el número de beneficiarios, por otra. El sector educación recibió una transferencia de fondos por estudiante inscrito, además de recursos destinados a las asociaciones de padres (costos administrativos y de capacitación), los estudiantes (materiales escolares), la dotación de las salas de clase (materiales escolares) y los profesores (materiales de enseñanza, gastos de capacitación, bonos por desempeño). La suma promedio recibida por cada establecimiento educacional ascendía a 4.000 dólares anuales, y variaba entre 1.600 y 23.000 dólares. Los recursos asignados al sector salud estaban destinados a la dotación de infraestructura, equipos e insumos, además de incentivos monetarios a los voluntarios y personal de cada establecimiento. El monto promedio ascendía a 6.000 dólares, y variaba entre 3.000 y 15.000 dólares.

En la Red de Protección Social de Nicaragua se estableció un vínculo más estrecho entre la prestación de servicios y los pagos a los proveedores. En el sector salud, por ejemplo, el pago era proporcional al cumplimiento de determinadas metas de cobertura en las localidades que recibían transferencias vinculadas a la demanda, mientras que en las comunidades que no recibían estos beneficios se pagaba a los proveedores estrictamente

(continúa)

Recuadro V.3 (conclusión)

por persona atendida. Los recursos transferidos ascendían como máximo a 90 dólares por hogar atendido al año, en tanto que las transferencias para el sector educación eran de 8 dólares al año por niño inscrito. En el Sistema de Atención a Crisis se adoptaron disposiciones similares.

En ambos casos se imponían condicionalidades asociadas a la participación de los proveedores en programas de mejoramiento de la calidad, al cumplimiento de estándares y metas de cobertura impuestos por los ministerios pertinentes, y a la participación de los beneficiarios en asociaciones de padres y comités de usuarios, entre otras.

Las transferencias monetarias no fueron el único medio empleado en Honduras para adecuar la oferta pública a las exigencias del programa. Entre las acciones realizadas destacan las de organización comunitaria y participación, por ejemplo las dirigidas a organizar comités de usuarios de servicios de salud y asociaciones de padres y apoderados (Asociación de Padres de Familia) que pudieran decidir el destino de las transferencias y controlar su utilización a la formación de agentes comunitarios promotores de la salud y la nutrición (Estrategia de Atención Integral a la Niñez en la Comunidad (AIN-C)), y a la creación de programas de perfeccionamiento docente (Programa de Formación Continua de Docentes). Además, se vinculó activamente al sector privado sin fines de lucro a la administración de los fondos de los préstamos a nivel local y la vigilancia de las acciones de las asociaciones de padres y comités.

Fuente: C. Moore, "Nicaragua's Red de Protección Social: an exemplary but short-lived conditional cash transfer programme", *Country Study*, N° 17, Centro Internacional de Políticas para el Crecimiento Inclusivo/Programa de las Naciones Unidas para el Desarrollo (PNUD), enero de 2009; "Assessing Honduras' CCT programme PRAF, Programa de Asignación Familiar: Expected and unexpected realities", *Country Study*, N° 15, Brasilia, Centro Internacional de Políticas para el Crecimiento Inclusivo/Programa de las Naciones Unidas para el Desarrollo (PNUD), abril de 2008; Banco Interamericano de Desarrollo (BID), "PRAF. Programa de Asignación Familiar, Fase II", descripción técnica del proyecto, presentación, 2000.

Un caso interesante de cobertura del déficit de oferta es el mencionado por Pautassi y Zibecchi (2010), que describen la labor de cuidado a niños en edad preescolar realizada por algunas organizaciones sociales y comunitarias de Buenos Aires en el marco de los PTC. Ante el déficit de oferta (véase el recuadro II.3), han surgido organizaciones de este tipo especializadas en la prestación de servicios por parte de cuidadoras y educadoras comunitarias. Si bien estas organizaciones difieren en cuanto a su grado de institucionalización y profesionalización, las autoras coinciden en valorar no solo su capacidad de absorción de la demanda insatisfecha, sino también la adecuación de los servicios a la realidad de los niños que reciben asistencia. Sin embargo, las entidades no cuentan con reconocimiento oficial y su vínculo con la oferta educativa pública se circunscribe a relaciones informales (por ejemplo, recomendación o contacto a través de una profesora), y no tienen una articulación estable e institucionalizada con el sector educación.

Lo anterior permite llegar a una conclusión de fundamental importancia para el debate sobre el lugar que ocupan los PTC en la protección social: no es posible implementar un PTC en áreas donde no existe la oferta pertinente. Por lo tanto, o bien se consiguen los recursos necesarios para cubrir el déficit —considerando aspectos de disponibilidad, calidad y variedad— o se adopta una solución (por ejemplo, transferencias monetarias no condicionadas) que no imponga condicionalidades en términos del acceso a servicios no existentes (Samson, 2006; Freeland, 2009).

Sobre la base de lo anterior, se podría afirmar que si el propósito es que la oferta responda efectivamente a la demanda y los PTC desempeñen adecuadamente la función que les corresponde en el sistema de protección social, junto con analizar la oferta de servicios sociales para determinar la relevancia y factibilidad de un PTC antes de su inicio, se debe cuantificar la magnitud de las acciones y los recursos requeridos para cubrir el incremento de la demanda que genere, así como evaluar en términos de relación costo-impacto el tipo de acciones más efectivas en lo que respecta a la oferta o a la demanda.

Como sostienen Parra Côrrea y Perez Ribas, las evaluaciones deberían ofrecer pruebas empíricas sobre el acceso a los servicios sociales y las capacidades institucionales para administrar mejor los programas y cubrir sus costos. Esto no solo permitiría mejorar la planeación y el manejo de los PTC en lo que respecta al establecimiento de las prioridades y la gestión de los recursos financieros, sino también contar con información sobre los posibles beneficiarios, y saber cuál es su percepción de los niveles actuales de acceso, si estos son adecuados o existen brechas de cobertura, cuál es el perfil de la población que no tiene acceso al programa y cuáles son las barreras que estos enfrentan, entre otros (Parra Côrrea y Perez Ribas, 2008). Oportunidades y Familias en Acción son ejemplos de programas que en su proceso de focalización han incluido una etapa de verificación de la disponibilidad de servicios [7 8].

---

7 En México, recién en 2004 el programa Oportunidades se extendió a todos los municipios del país. Hasta entonces, el procedimiento de focalización incluía un proceso de validación de las comunidades seleccionadas con el fin de comprobar si los servicios locales de salud y educación tenían la capacidad necesaria para responder al incremento de la demanda que generarían los incentivos y las corresponsabilidades asociados al programa. En las localidades que no contaban con los servicios requeridos o cuyos servicios estaban saturados, el inicio del programa se postergaba hasta que se comprobara que el municipio disponía de suficiente oferta sectorial (Cohen, Franco y Villatoro, 2006).

8 En Familias en Acción se sigue excluyendo a las localidades que no tienen la infraestructura necesaria, tanto en términos de servicios básicos (educación y salud) como en todo lo relacionado con el proceso de pago (disponibilidad de una institución bancaria o equivalente). No obstante, actualmente el programa cubre 1.093 de los 1.098 municipios colombianos, lo que corresponde a una cobertura geográfica del 99,5%.

En cuanto a la relación costo-impacto de las intervenciones, varios autores (Parra Côrrea y Perez Ribas, 2008; Handa, 2001; Handa y Davis, 2006) se refieren a la posibilidad de que las medidas relacionadas con la demanda (por ejemplo, transferencia de ingresos) sean menos efectivas que las destinadas a modificar la oferta cuando se trata de aumentar los niveles de capital humano (por ejemplo, construcción de una escuela en la comunidad)[9].

E. Articulación de la demanda de protección con la oferta de servicios: el acompañamiento familiar

Como se ha dicho, en todo sistema de protección se debe contemplar la existencia de mecanismos que permitan integrar la demanda y la oferta de servicios sociales, aspecto particularmente relevante para asegurar los efectos de la protección social ofrecida en los PTC. En particular, el acompañamiento familiar brindado por los PTC de tipo 3, mediante el control del cumplimiento de las condicionalidades y la recopilación de información sobre las condiciones de vida y las necesidades de las familias, parece ser uno de los elementos que mejores resultados han dado en términos de articulación de la oferta pública y la demanda de protección social de las familias pobres, por el hecho de vincular a estas últimas a la oferta programática.

El problema más común no es la inexistencia de servicios, sino más bien que la oferta no logra llegar a grupos específicos de la población por razones que pueden ser variadas. Por ejemplo, en el caso de los programas complementarios de *Bolsa Família* y dado que la inscripción es voluntaria, solo acceden a ellos quienes cuentan con mejor y mayor información. Se ha constatado que de no mediar acciones concretas que permitan vincular a los beneficiarios con las prestaciones, los cupos de los programas no se llenan[10].

Por lo tanto, se hace necesario desarrollar actividades que atiendan las necesidades de vinculación y articulación entre distintos componentes de la oferta disponible para hacerlos llegar a sus destinatarios. Destacan en este sentido lo realizado, entre otros, en Chile Solidario y la Red Juntos de Colombia, en los que la vinculación de las familias beneficiarias y la oferta de servicios y programas públicos se realiza a través de profesionales

---

9 Handa y Davis (2006) sostienen que no hay estudios sobre la región que indiquen si una transferencia destinada a fomentar la demanda es más efectiva que una transferencia destinada a estimular la oferta en términos de la relación costo-impacto. El único estudio en el que se llega a esa conclusión (Coady y Parker, 2004) presentaría problemas metodológicos que pueden explicar los resultados favorables a las intervenciones en la demanda (Coady y Parker, 2004, págs. 440-451).

10 Véase al respecto la descripción del programa Planseq–*Bolsa Família* (OEA/CEPAL/OIT, 2010).

específicamente destinados a ello: los encargados de la prestación de apoyo familiar y los gestores sociales, respectivamente.

Sin embargo, sobre la base de lo obervado en Chile Solidario cabe aclarar que si bien el acompañamiento familiar muestra logros importantes, también enfrenta grandes desafíos. El apoyo familiar puede llegar a ser un componente tan esencial del proceso de inclusión social de las familias que puede tener serios efectos para estas, en caso de que el enfoque utilizado por el profesional a cargo trabajo tienda a generar dependencia. En publicaciones de Ministerio de Planificación de Chile (MIDEPLAN) se sostiene que entre las consecuencias negativas de la dependencia se encuentran desde la "mitificación" del acompañamiento, y especialmente de la figura y la función del apoyo familiar, hasta una tendencia regresiva en términos de confianza en el resto de la política social y las instituciones en general cuando el período de acompañamiento finaliza (MIDEPLAN, 2009a; 2009b).

F. Apoyo a la generación de capacidades institucionales: el papel de los sistemas de selección y registro de beneficiarios

Por el solo hecho de imponer condicionalidades, los PTC deben contar con sistemas de información y procedimientos que permitan verificar su observancia, la aplicación de sanciones cuando corresponda y la forma de reforzarlas, entre otros. Esto ha llevado a varios autores a destacar la oportunidad que ofrecen los PTC de impulsar el desarrollo institucional a través de la política social, especialmente en los países de menores ingresos e institucionalidad débil (Bastagli, 2009; Fiszbein y Schady, 2009). Desde esta perspectiva, los PTC tendrían una externalidad positiva asociada a la generación de mejores condiciones para el desarrollo de otros programas y políticas, aunque en la práctica esto no ha ocurrido en todos los casos[11].

Por lo tanto, para que los PTC sirvan de puerta de acceso a la protección social y a la vez permitan el paso de las familias y los individuos a otros programas, los sistemas de selección y registro de beneficiarios juegan un papel fundamental. Una virtud de estos sistemas es, precisamente, que pueden extenderse al conjunto de programas públicos y, por consiguiente, proporcionar información completa sobre la población atendida por la política social y sus programas mediante la integración en un registro único de las bases de datos que mantienen los distintos sectores e instituciones públicas.

---

11 Véanse las diferencias existentes entre los programas Red Solidaria y Tekoporâ en dos países con similares restricciones presupuestarias e institucionales como El Salvador y Paraguay (Veras Soares y Britto, 2008).

Cabe señalar que no solo hay elementos positivos, especialmente en lo que refiere a la estandarización de procedimientos y reglas sobre elegibilidad y el establecimiento de registros de beneficiarios, sino también elementos que comportan el riesgo de acentuar el carácter residual y excluyente de las intervenciones. Este riesgo se plantea cuando los PTC se basan en estructuras de carácter temporal escasamente integradas al aparato burocrático del Estado y muy dependientes de los vaivenes políticos (véase el capítulo II, sección D.1).

G. Egreso de los programas de transferencia con corresponsabilidad y protección social

Para que los PTC actúen como puerta de acceso a la protección social, la graduación de los programas por parte de las familias no debe entenderse como motivo de suspensión de las prestaciones una vez cumplidos ciertos requisitos o superados determinados umbrales y, por lo tanto, como causa de exclusión de la protección social. Por el contrario, estos programas deberían servir de nexo con las demás medidas de protección y promoción social contempladas en la política social. La noción de graduación y el establecimiento de estrategias acordes deberían evocar la idea de un tránsito por distintas etapas que constituyen un continuo de intervenciones adecuadas a distintas necesidades básicas, y vinculadas a la protección contra riesgos y al ejercicio de derechos. Desde este punto de vista, el egreso de los PTC debería reflejar la superación de la vulnerabilidad socioeconómica y el logro de un nivel superior de protección social, ya sea mediante otros instrumentos no contributivos o con protección social contributiva.

1. Reglas de salida

La implementación de estrategias sustentables de graduación de los programas ha constituido un desafío permanente para los PTC, relacionado con la capacidad de la política social de promover la autonomía de las personas y potenciar sus capacidades (Veras Soares y Britto, 2008; Yaschine y Dávila, 2008). Sin embargo, en la región se ha otorgado más importancia a la definición de las reglas de salida de los PTC que a las estrategias de graduación propiamente tales, lo que en muchos casos se ha debido en parte a limitaciones presupuestarias o consideraciones políticas (por ejemplo, el interés por disminuir el tiempo de estadía y aumentar el número bruto de beneficiarios del programa) que a los objetivos programáticos (Villatoro, 2008)[12]. También se han observado

[12] En la Red de Protección Social y el Sistema de Atención a Crisis de Nicaragua, el plazo de vencimento del préstamo utilizado para financiar los programas limitaba automáticamente la permanencia, sin que estuviera contemplada la transición a un nuevo esquema de protección.

casos en que sencillamente se dispone que los hogares beneficiarios dejen de recibir los beneficios cuando sus integrantes "pierden" las condiciones de elegibilidad, es decir, cuando las familias dejan de ser beneficiarios del programa porque los hijos superan una determinada edad, lo que las deja en una situación de vulnerabilidad similar o peor a la que presentaban antes de la intervención (Banegas, 2008; González de la Rocha, 2008). En otros casos, se establecen reglas de salida que definen arbitrariamente un número máximo de años de participación[13].

También hay programas en que los objetivos se toman en cuenta explícitamente en el diseño de estrategias de graduación, como ocurre en Oportunidades, programa en el que ha sido necesario reformular en forma sistemática los mecanismos aplicados inicialmente, en un intento por adecuarlos a sus objetivos (véase el recuadro V.4). En este programa, así como en *Bolsa Família* del Brasil, PATH de Jamaica y Solidaridad de la República Dominicana, entre otros, se establecen períodos de permanencia y existe la posibilidad de recertificación (Cecchini y Madariaga, 2010)[14].

Por último, en algunos PTC se establecen estrategias de salida que suponen diseños más elaborados. Tal es el caso de Chile Solidario, en el que la participación en el programa está regulada por un esquema de graduación en virtud del cual se prevé una disminución progresiva de los apoyos familiares y las transferencias monetarias, así como la prolongación de algunos beneficios más allá del período de acompañamiento familiar.

Recuadro V.4

PROBLEMAS DE EGRESO EN PROGRESA-OPORTUNIDADES Y ESQUEMA DIFERENCIADO DE APOYOS (EDA)

De acuerdo con el objetivo de acumulación de capital humano del programa, destinado a incrementar las capacidades de las familias, y con la intención de evitar la dependencia de los beneficiarios, en Progresa se preveía mantener los apoyos a los hogares beneficiarios mientras se mantuvieran en condiciones de elegibilidad. Para ello se aplicaba un procedimiento que consistía en verificar la situación socioeconómica de los hogares cada tres años a partir de la fecha de admisión.

Cuando el programa cambió de nombre y pasó a llamarse Oportunidades, y en virtud de diversas consideraciones, entre otras de tipo financiero, se diseñó un esquema de graduación que permitía el egreso

(continúa)

13 Por ejemplo, en el Programa de transferencias monetarias condicionadas (CCTP) de Trinidad y Tabago el límite es de dos años, en Subsidios Condicionados a la Asistencia Escolar de Bogotá (Colombia) este varía de dos a tres años dependiendo del tipo de subsidio, mientras que en el Programa de Erradicación del Trabajo Infantil del Brasil el límite llega a cuatro años.

14 En general, la recertificación se vincula al establecimiento de umbrales de ingreso para la graduación del programa que, de no ser superados por las famílias, se traduce en la actualización de su condición de beneficiarias.

Recuadro V.4 (conclusión)

definitivo de las familias del programa. A partir de 2003 se comenzó a aplicar un procedimiento similar de recertificación de las familias, al que se añadió una etapa intermedia conforme a un Esquema Diferenciado de Apoyos, que comenzó a regir para las familias que mostraban condiciones socioeconómicas y mejoras del bienestar consideradas "sostenibles".

La aplicación del Esquema varía de acuedo con la zona geográfica. En las comunidades rurales comienza a operar tres años después de la recertificación y en los centros urbanos al término de un año. Las familias transferidas al Esquema dejan de recibir los apoyos educativos para el nivel primario y el apoyo alimentario, pues se considera que se encuentran en una situación que les permite financiar por sí solas los gastos pertinentes. Las familias siguen siendo beneficiarias del EDA por otros tres años, luego de lo cual egresan del programa.

La implementación del EDA dio origen a serios cuestionamientos respecto de la adecuación de los parámetros elegidos (duración, línea de pobreza utilizada en la evaluación) y de la idoneidad del mecanismo. Diversas evaluaciones permitieron llegar a la conclusión de que, efectivamente, al cabo de seis años de permanencia en el programa, solo alrededor del 20% de las familias lograba superar la línea de elegibilidad. Se determinó asimismo que un 42% de las familias retrocedería en el futuro y volvería a quedar bajo dicha línea. Por otra parte, las familias que se retiraban del programa presentaban procesos típicos de reacción o adaptación a crisis económicas, lo que indicaba que volvían a encontrarse en una situación de alta vulnerabilidad.

De 2006 a 2008 se hicieron nuevos ajustes al EDA: entre otras cosas, se aumentó a seis el número de años requeridos para la primera evaluación, se eliminó a los hogares integrados exclusivamente por adultos mayores y se autorizó a los hogares egresados a solicitar su reincorporación al programa en caso de cumplir con determinadas condicionalidades. No obstante, el mecanismo sigue siendo muy controversial. Las críticas se basan fundamentalmente en dos argumentos: i) la contradicción existente entre los criterios de egreso del EDA sobre la base de evaluaciones de pobreza y los objetivos de largo plazo del programa en términos de desarrollo humano y ii) la inexistencia de una red de protección social en México, que permita absorber de manera adecuada a las familias egresadas mediante el acceso a programas sociales más específicos.

Fuente: I.Yaschine y L. Dávila, "Why, when and how should beneficiaries leave a CCT programme", *Cash Transfers. Lessons from Africa and Latin America"*, D. Hailu y F. Veras Soares (eds.), Poverty in Focus, N° 15, Brasilia, Centro Internacional de Políticas para el Crecimiento Inclusivo, agosto, 2008; Programa de Desarrollo Humano Oportunidades, "Prontuario institucional del Programa de Desarrollo Humano Oportunidades" [en línea] http://www.oportunidades.gob.mx/Wn_Publicaciones/Pub_anter.html; M. González de la Rocha "Programas de transferencias condicionadas. Sugerencias para mejorar su operación e impacto", *Futuro de las familias y desafíos para las políticas*, I. Arriagada (ed.), serie Seminarios y conferencias, N° 52 (LC/L.2888-P), Santiago de Chile, Comisión Económica para América Latina y el Caribe (CEPAL), 2008; Israel Banegas, "Trayectorias de bienestar y vulnerabilidad: Análisis de un panel de hogares incorporados al programa Oportunidades (1997-2006)", documento presentado en el tercer Congreso de la Asociación Latinoamericana de Población (ALAP), Córdoba, 24 a 26 de septiembre [en línea] http://www.alapop.org/2009/images/DOCSFINAIS_PDF/ALAP_2008_FINAL_180.pdf, 2008.

2. Generación de ingreso e inserción laboral

La promoción del trabajo decente es central para la superación de la pobreza y los PTC pueden cumplir una función importante como vía de conexión e inserción de la población. De hecho, ya se ha comenzado a incorporar en los programas actividades tendientes al fortalecimiento de la oferta (capacitación técnica y profesional, y nivelación de estudios de educación primaria y secundaria) y de la demanda de trabajo (programas de microcrédito, servicios de intermediación laboral y generación directa e indirecta de empleo) (OEA/CEPAL/OIT, 2010), con el objetivo de facilitar un egreso sustentable de los PTC a las familias beneficiarias (Yaschine y Dávila, 2008).

Si bien las acciones previstas son un valioso intento de inserción de las personas más pobres y vulnerables en el empleo, plantean problemas de adecuación entre la oferta de empleos y el perfil de los beneficiarios, de vinculación con el sector privado generador de empleo, de seguimiento de las personas colocadas, de restricción de los recursos financieros y humanos, y de falta de políticas complementarias que permitan a las mujeres conciliar la carga de cuidado en el hogar con la participación en el programa. La información disponible demuestra que, en general, los beneficiarios de los PTC no logran insertarse en un empleo estable, y que las mujeres y los jóvenes presentan mayores dificultades. Los déficits de formación educacional, la escasez de oportunidades laborales en el ámbito territorial, y las brechas y barreras étnicas y de género conspiran contra la posibilidad de los programas de impulsar procesos dinámicos de incorporación de la población pobre al mercado laboral (OEA/CEPAL/OIT, 2010).

Varios ejemplos de habilitación laboral y generación de ingresos a través de los PTC ponen en evidencia la complejidad de la provisión de respuestas adecuadas a la heterogeneidad de condiciones y necesidades de los beneficiarios. No todas las familias que participan en los PTC, por ejemplo, tienen la misma capacidad de inserción en el mercado laboral (CEPAL, 2009a), de aprovechar las posibilidades ofrecidas por programas de microcrédito y microemprendimiento (MIDEPLAN, 2009a; 2009b) o de internalizar adecuadamente el trabajo psicosocial que se realiza con ellas (Nun y Trucco, 2008).

Las evaluaciones de Chile Solidario muestran que la concesión de microcréditos a familias muy pobres puede ser poco efectiva desde el punto de vista de la generación de ingresos. Esto se debe, entre otras cosas, a la inexperiencia en materia de negocios, la escasa pertinencia de algunos proyectos y la imposibilidad de proyectar una inversión en medio de una emergencia económica para la obtención de ingresos en el futuro (MIDEPLAN, 2006). Lo que ocurre entonces es que muchos proyectos terminan funcionando en la informalidad o sencillamente fracasan (MIDEPLAN, 2006); de hecho, se dan situaciones en que los beneficiarios inclusan optan por vender los bienes de capital adquiridos para percibir ingresos inmediatos. En el caso del Brasil, Braga, Leandro y Lyra Júnior (2008) observan que *Bolsa Família* y Crediamigo, programa complementario de microcrédito ejecutado en las regiones del norte del país, se limitaban fundamentalmente al refuerzo de emprendimientos preexistentes. En efecto, se determinó que en el 82% de los casos el crédito se utilizó para ampliar negocios ya establecidos[15].

Estos ejemplos ilustran la limitación que pueden tener las acciones relacionadas con los microemprendimientos como estrategias efectivas de generación inmediata de ingresos de las familias pobres, que al parecer tienden a reforzar las capacidades previamente incorporadas, en lugar de desarrollar nuevas alternativas de percepción de ingresos. Por eso, y si bien muchas de las estrategias empleadas pueden ser importantes para hacer frente a situaciones de emergencia y mantener niveles de subsistencia, debieran ser consideradas como una solución de carácter transitorio que posibilita el acceso a un empleo de calidad (Rodríguez y Alvarado, 2008). Efectivamente, en el caso de Chile Solidario se ha observado que cuando los jefes de hogar acceden a un empleo que se percibe como bien remunerado y en un ambiente laboral valorado, el desarrollo de un microemprendimiento no se considera atractivo (MIDEPLAN, 2009a; 2009b).

Al respecto, algunos autores (León, 2008; Medeiros, Britto y Veras Soares, 2008) destacan la importancia de las medidas que inciden directamente en el mercado del trabajo, ya sea de protección social propiamente tal (regulación del mercado laboral, seguros de desempleo) o de fomento e incentivo de la contratación de mano de obra con amplia participación del sector privado, y de la adecuada vinculación de los beneficiarios con los esquemas de protección social contributiva. Efectivamente, lo ocurrido con Chile Solidario demuestra que uno de los aspectos del programa en los que se oberva un mayor incumplimiento (83,3%) es el egreso con al menos uno de sus miembros que trabaje regularmente y tenga una remuneración estable (MIDEPLAN, 2009a; 2009b).

---

[15] Cabe advertir que la muestra utilizada no es representativa de las familias beneficiarias de *Bolsa Família* ni de las que participan en el programa Crediamigo.

Lo anterior confirma la importancia de un enfoque integral que suponga la aplicación de procedimientos y reglamentos que vinculen distintas estructuras de la política social, que estén en consonancia con los objetivos de cada programa —por ejemplo, en términos de garantizar determinados niveles de ingreso o de la acumulación de capital humano—, y que estén debidamente articulados con el resto de la oferta pública. Lo anterior permitiría que el egreso de una familia del nivel inicial que suponen los PTC no signifique volver a convertirse en parte de la demanda insatisfecha de los mismos programas, sino ascender progresivamente a niveles más altos de protección social y bienestar.

Capítulo VI

Consolidación de la protección social en América Latina: principales desafíos

En este libro se han analizado distintos elementos que conforman los ejes del debate reciente sobre protección social en América Latina. En este marco, se han distinguido aspectos conceptuales, históricos, normativos y de política social, e identificado cuatro enfoques de protección social que dan forma a las políticas y los programas vigentes en la región.

Como se ha señalado, tanto en el plano teórico como en el que concierne al diseño de las políticas sociales se instala con creciente fuerza la idea de un enfoque de la protección social más integral y de corte ciudadano, que se funda en la complementariedad de diversos marcos normativos y conceptuales e incluye los derechos humanos, las necesidades básicas y el riesgo. De manera paulatina se transita desde un enfoque dual centrado en quienes cuentan con un empleo formal estable o los que viven en situación de extrema pobreza, hacia un modelo más inclusivo que garantiza a toda la ciudadanía el acceso a la protección social. Esto no significa desatender las acciones y el destino de los recursos a favor de quienes más los necesitan por razones de equidad, justicia o eficiencia, sino repensar las medidas de protección con una mirada más amplia y universal. Al mismo tiempo, se redefinen los modelos de gestión pública en torno a las políticas diseñadas, lo que transforma a la coordinación interinstitucional en uno de los grandes desafíos para la región en esta materia.

Este enfoque responde también a las necesidades que enfrentan los países latinoamericanos de cara a un contexto marcado por la globalización, las crisis económicas, el incumplimiento de la promesa del pleno empleo y el envejecimiento de la población. Se están elaborando diversas propuestas e iniciativas sobre protección social que apuntan a profundizar su rol en este escenario y evidencian la necesidad de lograr nuevos consensos, con pactos sociales y fiscales que garanticen el acceso universal a las prestaciones en un entorno de solidaridad y eficiencia (CEPAL, 2006).

Pese al interés alcanzado por un enfoque integral que salvaguarde las garantías ciudadanas, no hay una única alternativa para diseñar los programas de protección social, los que presentan una amplia variedad dependiendo de las prioridades políticas y de inversión social —así como del nivel de desarrollo— de cada país. Por una parte, algunos han centrado sus acciones en las políticas de protección social no contributiva, por ejemplo los programas de transferencias con corresponsabilidad (PTC), como un primer gran esfuerzo para extenderla a quienes han estado históricamente excluidos. Por otra parte, hay países que combinan las políticas de protección social no contributiva de índole selectiva con iniciativas orientadas a universalizar determinadas prestaciones —como las pensiones para los adultos mayores en México, D.F. y la Renta Dignidad en el Estado Plurinacional de Bolivia. Por último, otros países han procurado conformar sistemas articulados de protección social, en los que convergen de manera más activa las políticas contributivas y no contributivas —enfocadas sobre todo en quienes viven en situación de pobreza y vulnerabilidad—, otorgando garantías de derechos. Estas políticas definen arreglos ad hoc y variables según los requerimientos de los distintos grupos de población.

En dicho contexto, existen múltiples lecciones que pueden extraerse de las experiencias de la región en cuanto a las políticas de protección social. Lograr un avance gradual hasta extenderla a toda la ciudadanía, consolidando etapas e instrumentos, parece ser una lección de suma importancia, como muestran la Argentina, el Brasil y Chile. En segundo lugar, se constata el papel de las trayectorias y tradiciones institucionales, donde resalta el efecto acumulativo de las distintas experiencias para adoptar programas e instrumentos universales de protección social, como en los casos de Costa Rica y el Uruguay. No obstante, ello no significa mantener inalteradas las lógicas de las estructuras institucionales, sino reconocer el aporte de las culturas y tradiciones históricas a la hora de diseñar nuevos sistemas de política social.

Brindar una protección social universal por medio de sistemas contributivos y no contributivos articulados entre sí y diseñados desde un prisma ciudadano e inclusivo es un objetivo realista que se debe perseguir. En el marco de la Organización Internacional del Trabajo (OIT, 2009), se ha propuesto, por ejemplo, ampliar el piso básico de protección social de carácter no contributivo (véase el recuadro I.1), agregándole, como en una escalera, un segundo nivel de prestaciones contributivas obligatorias y, por último, en el caso de quienes necesitan o desean niveles elevados de protección, un escalón superior —seguros privados voluntarios. Sin embargo, el camino no está totalmente pavimentado y, para alcanzar el éxito esperado, se requieren acciones especiales basadas en acuerdos sociales y fiscales adaptados a la realidad de cada país, sin los cuales los riesgos de fracaso se pueden materializar y perpetuar la realidad dual vigente.

Al mismo tiempo, existen múltiples ámbitos para seguir profundizando las deliberaciones sobre la protección social, entre los que se encuentra la regulación de los mercados laborales —tercer componente de una protección social integral—, que ha sido objeto de un escaso análisis en cuanto a sus potenciales instrumentos, estrategias y posibilidades de afianzamiento en la región. Por ello, se hace necesario visibilizar su aporte e identificar políticas para su fortalecimiento.

Además de abordar de manera más explícita las políticas destinadas a regular el mercado laboral como tal, las políticas de protección social se ven también enfrentadas a la necesidad de afianzar los vínculos con las políticas laborales activas. Estas remiten a las acciones orientadas a incrementar la empleabilidad y las remuneraciones de quienes tienen mayor dificultad para insertarse en el mercado y aumentar el bienestar de los trabajadores y sus familias (Bertranou y Paz, 2007, pág. 52), sobre todo de las mujeres, los jóvenes y aquellos grupos que tradicionalmente han permanecido más alejados del empleo formal —los pueblos indígenas y personas en situación de pobreza o pobreza extrema, entre otros. Por lo tanto, estas políticas abarcan aquellas que procuran ampliar los activos de los trabajadores —por ejemplo, mediante la capacitación— y prevenir su deterioro —por medio de los seguros de desempleo.

En las secciones siguientes se presentan algunos de los desafíos de implementar un sistema integral de protección social inclusiva.

A. Enfoque de derechos: factibilidad de implementación en la región

Los desafíos más acuciantes en cuanto a la posibilidad de crear mecanismos que permitan lograr un avance sostenido en el resguardo de los derechos económicos, sociales y culturales (DESC) involucran el vínculo entre el logro de la voluntad política para identificar los compromisos con acciones concretas de política social y el otorgamiento de garantías explícitas con sustento jurídico, capacidad institucional y suficientes niveles de financiamiento para la realización progresiva de estos derechos.

Dado este escenario, se requieren más acciones para fijar estándares e indicadores que puedan dar mejor cuenta de los avances en esta materia. Esto reviste particular relevancia en un contexto donde los derechos sociales están lejos de ser realizados y donde persisten la desprotección del empleo y una pobreza que afecta a gran parte de la población.

Para alcanzar dichos estándares, se debe contar con una estructura legal y administrativa adecuada, pues su sostenibilidad depende de la existencia de leyes y reglamentos que velen por su cumplimiento y normas claras que estipulen cuáles son las instituciones encargadas de su funcionamiento, control y seguimiento. Por ello, para instrumentar este proceso, no basta con la mera voluntad política, sino que se deben tener presentes los desafíos que plantea la discusión legal en cada país. Así, junto con el diseño técnico ha de preverse la estrategia comunicacional y administrativa que posibilite su formalización normativa. Es muy posible que en algunos casos el sustrato jurídico del sistema de protección no ofrezca un proceso fácil ni rápido, por lo que el escollo resultante será ver cómo poner en marcha una implementación progresiva, basada en decretos administrativos, que permita disminuir los costos de oportunidad que su demora podría infligirle a la población, mientras se crea un espacio político que facilite su concreción mediante leyes orientadas a fortalecer su sostenibilidad.

Al mismo tiempo, para una correcta gestión que tome en cuenta los estándares establecidos, se requieren mecanismos activos de participación e instancias de control social, tanto de tipo ciudadano —por ejemplo veedurías, contralorías, organizaciones no gubernamentales y agrupaciones de beneficiarios— como relacionados con los organismos internacionales, con un compromiso más directo con el control del progreso en materia de derechos económicos, sociales y culturales —por ejemplo, por medio del Comité del Pacto Internacional de Derechos Económicos, Sociales y Culturales. Así, Artigas (2005) plantea, por ejemplo, la necesidad de fortalecer las facultades de la defensoría del pueblo (*ombudsman*) para que logre mediar entre la judicialización de las causas relativas al incumplimiento de estos derechos y la creación de mecanismos institucionales.

Un aspecto básico de un sistema sostenible desde el punto de vista fiscal es que los derechos se definan de manera operativamente incremental (Artigas, 2005; Naciones Unidas, 2009b). En efecto, en la región el principal límite del llamado nuevo constitucionalismo —caracterizado por una mayor incorporación de los derechos humanos a su estructura— es el de las condiciones materiales requeridas para que estos derechos no sean letra muerta (Gargarella y Courtis, 2009). El desafío consiste en poder conjugar ambas dimensiones —el derecho y la sostenibilidad legal, operacional y económica— para definir pisos mínimos que, por una parte, constituyan un verdadero aporte para alcanzar los objetivos y, por la otra, tengan suficiente capacidad de gestión y no afecten los equilibrios macroeconómicos. Un ejemplo de esta alternativa es el Plan de Acceso Universal con Garantías Explícitas (AUGE) llevado a cabo en Chile, donde la cobertura de patologías con atención garantizada ha ido aumentando progresivamete a medida que se incrementaban los recursos y la capacidad de administrarlos.

Cabe también tomar en cuenta la capacidad de los países de la región para hacer frente a los desafíos que implica mejorar la institucionalidad social. La ampliación de la cobertura y la puesta en marcha de complejos sistemas destinados a monitorear y controlar las condicionalidades y los mecanismos de focalización, entre otros, obligan a movilizar recursos financieros e institucionales que muchas veces implican altos costos de oportunidad, además de imponerles elevados niveles de cargas laborales adicionales a los sectores involucrados (Parra Corrêa y Perez Ribas, 2008; Villatoro, 2008). Veras Soares y Britto (2008) plantean que en los países de bajos recursos surge una disyuntiva entre mejorar la capacidad institucional y ampliar el nivel y la cobertura de los beneficios (véase Cecchini, 2009). Por ende, además de dimensionar las acciones requeridas, el desafío radica en cómo ajustar su implementación a la capacidad financiera existente o ampliar dicha capacidad de manera sostenible para beneficio de toda la política social, de manera que no signifiquen una protección presente pero una vulnerabilidad futura.

Como ha destacado la CEPAL (2000, pág. 50), "la sola declaración política de reconocimiento de los DESC no permite crear riqueza o repartir lo inexistente. Su instrumentación debe ser por lo tanto compatible con el nivel de desarrollo alcanzado" y, como se verá en la siguiente sección, "con el pacto fiscal imperante en cada sociedad, para así evitar que se traduzca en expectativas insatisfechas o en desequilibrios macroeconómicos que afecten, por otras vías, a los sectores sociales a los cuales se busca proteger".

Dar cuenta adecuadamente de estos desafíos no es una tarea fácil, pues cabe preguntarse dónde está el límite en que las restricciones institucionales y económicas no terminan atentando contra el derecho y viceversa, sobre todo en un continente que aún tiene grandes retos de crecimiento, así como importantes tareas pendientes en cuanto a la desigualdad y presupuestos sociales restringidos, asociados a bajas cargas tributarias y acotadas tasas de recaudación. Por consiguiente, se requiere un impulso más fuerte hacia un modelo de crecimiento con mejor distribución del ingreso, lo que exige entender que ambos elementos forman parte de un mismo fenómeno en lugar de tareas secuenciales. Así como en toda sociedad el crecimiento es necesario para contar con recursos que luego puedan distribuirse, los avances en equidad e igualdad producen un activo fundamental para promoverlo, aumentan el capital humano y social, disminuyen el riesgo de las inversiones e incrementan la demanda interna.

B. El financiamiento: múltiples demandas y escasos recursos

Uno de los principales desafíos de contar con un sistema integral de protección social es crear las condiciones que permitan tener suficientes recursos y fuentes estables de financiamiento. Al respecto, la CEPAL (1998, 2006) ha planteado la necesidad de un pacto fiscal que sirva de acuerdo político entre los distintos sectores sociales y que determine la estructura y nivel impositivos y la asignación de las inversiones. Este pacto fiscal es el correlato del contrato social o, dicho con otras palabras, su condición material de viabilidad. Por lo tanto, su fortaleza o debilidad se refleja en la robustez o fragilidad de las finanzas públicas.

Ahora bien, este pacto requiere de ajustes de difícil resolución en un contexto como el latinoamericano. Entre otros aspectos que se deben abordar, se pueden mencionar el déficit político-institucional, la erosión de la ciudadanía fiscal, la informalidad laboral, los cambios experimentados por los sistemas tributarios —que pasan de estar basados en impuestos directos a indirectos— y la dificultad para aprovechar coyunturas macrofiscales favorables que puedan minimizar los efectos de los frecuentes choques económicos en la región (Basombrío, 2009, págs. 36-37).

Dado el incremento de las demandas que supone avanzar hacia un modelo de protección inclusivo, los esfuerzos públicos y privados deberán ser mayores. Un punto de encuentro en los debates es que, para refundar la arquitectura de protección social de América Latina en el nuevo milenio, se requiere un exhaustivo análisis del impacto fiscal de las diversas medidas así como la adopción de instrumentos contracíclicos (CEPAL, 2009b). Esto se traduce en una mayor inversión fiscal, que resulta difícil evitar y que en el mediano y largo plazo exigirá inyectar nuevos recursos y hacer un uso más eficiente de los ya disponibles (CEPAL, 2010a; Lo Vuolo, 2009). Asimismo, cabe recordar que los costos económicos asociados a la falta de protección de la población no son irrelevantes sino al contrario, como se ha demostrado en los estudios sobre desnutrición infantil de la CEPAL y el Programa Mundial de Alimentos (Martínez y Fernández, 2007 y 2009)[1].

---

1 El costo directo de la atención sanitaria y los servicios educativos junto con la pérdida de productividad —debido a los 5,4 millones de personas que no llegaron a formar parte de la población en edad de trabajar y la brecha de dos años de escolaridad que presentarían quienes han sufrido desnutrición infantil— equivalieron al 6,4% del PIB de la República

Por su parte, el bono demográfico (véase el recuadro IV.4) representa una potencial fuente de ahorro que, para ser efectiva, requiere ampliar el trabajo decente y la formalización del empleo a fin de aumentar la capacidad de recaudar recursos por medio del sistema contributivo. De lo contrario, se puede perder la oportunidad de brindar sostenibilidad financiera a las futuras demandas que traerá aparejadas el envejecimiento de la población.

Aun cuando la necesidad de mayores recursos sea válida para toda la región, los desafíos nacionales son heterogéneos, tanto como prioridad macroeconómica como por volumen de recursos. En particular, los retos resultan más acuciantes para los países con mayores brechas de bienestar, es decir, con un PIB per cápita más bajo, mayores tasas de dependencia demográfica, mercados de trabajo más informales, una menor cobertura de la protección social, mayores niveles de pobreza y una inversión social menor no solo per cápita sino también como porcentaje del PIB —los países del grupo III: Estado Plurinacional de Bolivia, Ecuador, El Salvador, Guatemala, Honduras, Nicaragua, Paraguay, Perú y República Dominicana (véase el cuadro II.1). Estos desafíos disminuyen conforme nos acercamos a países con una menor brecha de bienestar —los países del grupo I: Argentina, Brasil, Costa Rica, Panamá y Uruguay—, donde todos estos parámetros se desplazan hacia situaciones menos críticas (CEPAL, 2010b).

Según estimaciones de la CEPAL (2010b, anexo III), el costo asociado de una potencial transferencia equivalente a media línea de pobreza en el caso de los niños de 5 a 14 años y a una línea de pobreza en el caso de los niños y niñas menores de 5 años, adultos mayores de 65 años y personas desempleadas que viven en hogares vulnerables a la pobreza —con ingresos inferiores a 1,8 veces la línea de pobreza— representaría el 2% o menos del PIB de la Argentina, Chile y el Uruguay, y entre el 15% y el 18% del PIB de Honduras, el Estado Plurinacional de Bolivia y Nicaragua. A su vez, el costo de estas transferencias a todas las personas de las categorías y no solo a aquellas que viven en hogares vulnerables a la pobreza representaría entre el 4,3% del PIB de Chile, como mínimo, y el 19,8% del PIB de Nicaragua, como máximo. Por su parte, como se indica en el recuadro I.1, la Organización Internacional del Trabajo (OIT) ha estimado que un piso de protección social para toda la población que vive en situación de pobreza en el mundo tendría un costo inferior al 2% del PIB global y que se requeriría un 6% del PIB mundial para brindar una protección mínima a todos los que carecen de acceso a estos sistemas. Como referencia, según se indica en el cuadro II.1, la inversión social en América Latina promedia el 14,2% del PIB —666 dólares per cápita—, pero con una variabilidad que oscila en promedio

Dominicana y los países de Centroamérica en 2004 y al 2,6% del PIB del Paraguay y los países andinos en 2005. Estos valores representan, en promedio, el 30% de la inversión social de los respectivos países en dichos años (Martínez y Fernández, 2007 y 2009).

entre el 10,0% del PIB —181 dólares— de los países con los menores niveles de inversión (grupo III) y el 18,5% del PIB —1.220 dólares— de los países con los mayores niveles (grupo I).

Respecto de estas transferencias no contributivas, la CEPAL (2010b, pág. 208) ha objetado el argumento según el cual la entrega de ingresos no derivados del trabajo surte un efecto negativo en la predisposición de las personas a insertarse en el mercado laboral. En primer lugar, se destaca que los montos de las transferencias vigentes en la región alcanzan apenas para satisfacer niveles mínimos de consumo y no garantizan que se podrá salir de la pobreza. En segundo lugar, la evidencia de los últimos años indica que el crecimiento de las transferencias no contributivas ha estado acompañado de un incremento de las tasas de actividad de los beneficiarios. En tercer lugar, en una región donde alrededor de un tercio de la población no accede a ingresos suficientes para superar la pobreza, no se puede plantear que la falta de medidas para hacer frente a la vulnerabilidad se justifica por cuestiones de incentivos.

La CEPAL (2006) también ha señalado falencias en las estructuras tributarias de la región y la persistencia de inversiones regresivas en gran parte de los sectores sociales. Sin lugar a dudas, para cambiar esta coyuntura se requieren medidas técnicas y políticas de gran calibre y, sobre todo, sólidos consensos sociales capaces de llevar adelante las reformas necesarias, aun cuando la universalización de algunos servicios o los aumentos de la cobertura no necesariamente involucren un marcado incremento de la inversión social (CEPAL, 2010b). La necesidad de implementar políticas fiscales activas consiste también en mejorar la calidad de su asignación y su eficacia (CEPAL, 2010b, pág. 236).

En cuanto a la recaudación, se ha enfatizado que tanto la carga impositiva como su estructura y el control de la evasión son elementos fundamentales. En 2007-2008, la carga tributaria promedio representaba el 18,3% del PIB de América Latina y el 26,3% del PIB del Caribe, lo que se considera un nivel bajo respecto del grado de desarrollo relativo de la región y las necesidades de recursos que emergen de las políticas públicas en marcha[2].

A su vez, la CEPAL ha señalado que gran parte de la recaudación proviene de impuestos sobre el consumo y otros impuestos indirectos, en tanto menos de un tercio corresponde a impuestos directos sobre los ingresos, lo que explica que la distribución del ingreso, después del pago

---

2 La carga tributaria de América Latina es la mitad de lo que recaudan los países de la Organización de Cooperación y Desarrollo Económicos (OCDE) —el 36,2% del PIB— (Gómez Sabaini, Jiménez y Podestá, 2010), lo que refleja el gran potencial de aumentar la tributación sin afectar la competitividad.

de impuestos, sea aun más desigual que la distribución primaria. A esto se suman los elevados niveles de incumplimiento con las obligaciones fiscales, situación creada por la evasión impositiva y el trato preferencial otorgado a las rentas de capital —por ejemplo, mediante exenciones— y a la reinversión de utilidades. Todos estos elementos hacen que el pacto fiscal sea necesario para financiar las políticas de protección social en la región (CEPAL 2010b, págs. 247-254).

Así, avanzar hacia pactos sociales sustentados en procesos de diálogo político es un desafío de gran envergadura. La CEPAL (1998, 2006 y 2008b; Machinea y Cruces, 2006) ya ha identificado la necesidad de consolidar un pacto para la protección social en los países de América Latina, blindando la inversión social consagrada a esta materia, elevando su productividad y consolidando su rol en las arquitecturas políticas de la región.

C. La heterogeneidad de la población y las brechas de protección

Como la pobreza y la desigualdad tienen causas diversas y se deben salvaguardar distintos derechos, para que la protección social sea realmente inclusiva, debe hacerse cargo de las múltiples demandas de los variados grupos etarios —integración longitudinal— y los distintos grupos de población —integración transversal— (véase el capítulo IV).

Por ello, si la población es heterogénea, la atención ha de ser diferencial y especializada, lo que plantea el desafío de alcanzar una universalidad basada en la especificidad, a fin de disminuir las brechas en los ámbitos requeridos por cada grupo humano. Esta mirada no ha estado exenta de debate (Lo Vuolo, 2009), pues aun cuando contribuye a orientar de una manera más eficaz la acción pública en materia de protección social, presenta el riesgo de producir fragmentación social con una estructura de servicios para los pobres y otra para los no pobres. Entonces, el desafío consiste en brindar una oferta diferenciada según las necesidades, pero que potencie la igualdad y la cohesión social en lugar de perpetuar las brechas. En particular, se necesitan estrategias eficaces y solidarias que lleguen no solo a los pobres sino también a la población no pobre pero vulnerable que no dispone de activos que le permitan enfrentar eventos críticos de manera adecuada.

El concebir la protección como un activo común a toda la sociedad y no solo como un bien individual forma parte del desafío de hacer partícipes a todos sus miembros sobre la base de los derechos, independientemente de su edad, sexo, condición laboral u otras características. Así, el reto es cómo integrar la solidaridad, la eficiencia y la equidad en una sociedad que ha caminado más hacia la capitalización individual y los seguros personales y donde la protección se ha circunscrito a la población activa del sector formal y sus familiares. Para esto se deben diseñar herramientas de solidaridad entre las diferentes generaciones, sexos, zonas geográficas, etnias y grupos socioeconómicos, de manera de proteger con recursos públicos a los más desprotegidos —los inactivos, pobres y vulnerables—, sobre la base de un nuevo pacto social que reconozca el derecho que les atinge y el beneficio económico que supone acortar las brechas y contar con una sociedad más cohesionada.

Asimismo, si bien algunos países prestan creciente atención a las necesidades diferenciadas que se generan a partir de la economía del cuidado dados los requerimientos especiales de protección de los distintos grupos de población y la coordinación vertical y horizontal necesaria para satisfacer una demanda diversa (véase el diagrama IV.2), falta avanzar en el debate acerca de la vulnerabilidad especial que afecta a las mujeres que carecen de ingresos autónomos y a las que se les atribuye la función de cuidadores principales, lo que limita su desarrollo personal y su capacidad de participar en el mercado de trabajo, y trae aparejada la consecuente pérdida de productividad potencial.

Por otra parte, en la región solo tres programas de transferencias con corresponsabilidad han incorporado de manera explícita a los pueblos indígenas —los más excluidos de la seguridad social y más vulnerables a las situaciones de riesgo debido a su histórica exclusión de las sociedades de la región (León, 2008; Mesa-Lago, 2009)—, lo que indica que aún existe un gran desafío para universalizar el goce de sus derechos[3].

Así, el desafío consiste en poner en marcha mecanismos dinámicos de entrada y salida de la amplia batería de políticas sociales implementadas por cada Estado, de manera de mitigar y superar los riesgos de corto, mediano y largo plazo de los distintos grupos de la población.

D. La coordinación intersectorial: un requisito básico

Como se ha indicado, es posible identificar una multiplicidad de instrumentos y propuestas para conformar sistemas integrales de protección social. Un desafío inicial es implementar mecanismos que hagan posible articular las políticas y sus instrumentos operacionales, de manera de brindar una respuesta adecuada a las variadas necesidades de

---

3 En Colombia y Panamá se han elaborado modelos específicos de trabajo con comarcas y familias indígenas, construidos desde un enfoque étnico, mientras que en México se ha reforzado la presencia del programa Oportunidades en las localidades indígenas (Robles, 2009; Waters, 2009).

protección de la ciudadanía y cumplir así con los requisitos de integralidad horizontal (entre sectores) y vertical (entre niveles administrativos) indicados en el capítulo IV.

La lógica que subyace al avance de los componentes de la protección social hacia sistemas integrados presenta una serie de dificultades institucionales para coordinarlos y articularlos que la gestión pública antes no tomaba en cuenta. Si bien en América Latina el tema de la intersectorialidad se instaló durante la década pasada en el marco de los debates sobre reforma y modernización del Estado (Cunill, 2005; Repetto, 2010b), su análisis estuvo anclado sobre todo en experiencias específicas que requerían tal coordinación. El diseño de sistemas integrales de protección y de promoción social impone una nueva lógica, que complica las tareas y respuestas con las que diversas instituciones y actores están comprometidos de manera continua (Acosta y Ramírez, 2004; Ramírez y Peñaloza, 2007, págs. 56-57).

La coordinación requerida por un sistema integral de protección social se puede definir como una instancia o mecanismo permanente donde los distintos actores e instituciones involucrados se sienten partícipes —socios activos con derechos y deberes— y donde todos se benefician de los resultados pero también deben asumir parte de los costos. Al tomar en cuenta los componentes que necesita este tipo de sistema para brindar una oferta horizontalmente integral, aparece como prioritaria la participación de las secretarías o ministerios responsables de los asuntos laborales —en ocasiones, separados de los encargados de los temas previsionales y de seguridad social, como en el caso del Brasil—, desarrollo social, salud, educación, cajas de previsión o seguro social y administradoras de fondos previsionales, entre otros. A ellos se debería sumar la representación, al menos a nivel consultivo, de instancias propias de los trabajadores, como asociaciones de sindicatos, organizaciones sociales, organizaciones no gubernamentales afines y la comunidad en general.

Cuando la gestión se fundamenta en la coordinación, se corre el riesgo de que las dificultades de implementarla y las diferencias entre sus miembros la conviertan en una excusa para justificar resultados insuficientes y la imposibilidad de lograr los objetivos. Para disminuir dicho riesgo y alcanzar el éxito esperado, es preciso contar con una base analítica común y acuerdos básicos sobre los objetivos, metas y prioridades, y sobre los componentes de la política, las instituciones y los programas involucrados.

Las experiencias de los países de la región indican que en la actualidad el terreno es propicio para poner en marcha y potenciar la coordinación. No obstante, esta labor debe profundizarse para alcanzar una verdadera cultura de la coordinación interinstitucional, dado que en los Estados se mantienen fuertes lógicas sectoriales. Esto hace difícil, por ejemplo, articular los múltiples instrumentos de pensiones no contributivas coexistentes en un país, como en el caso del Brasil (Levy, 2009; Mesa-Lago, 2009), y torna aun más evidente la ausencia de entidades responsables o coordinadoras de los diversos organismos intervinientes en los sistemas de protección social, como en el caso de Colombia (DNP, 2008, pág. 13). A su vez, ya sea por la yuxtaposición de instrumentos en torno a determinados componentes —como las pensiones para adultos mayores en México (Rubio y Garfias, 2010)— o por las evidentes dificultades de funcionamiento originadas en la cultura política y el marco reglamentario —como en el caso de Chile—, la intersectorialidad sigue siendo una meta más que una realidad.

Como se menciona en el capítulo IV, articular la oferta de protección social no plantea solo un desafío de integración horizontal sino también vertical: la heterogeneidad de estructuras de gobierno existentes en la región —desde países unitarios hasta federales— no permite definir un camino único, sino que profundiza la dificultad de identificar los sistemas institucionales que permitirían formular procesos de gestión sinérgicos. Mientras mayores sean los espacios de autonomía en los niveles regionales o locales, mayores serán los esfuerzos requeridos para negociar y acordar objetivos y metas comunes.

Para que los acuerdos entre los distintos sectores o niveles de gobierno no estén supeditados a coyunturas propias de la gestión, es fundamental institucionalizarlos por medio de convenios formales de colaboración interinstitucional, requisito que conlleva, a su vez, la necesidad de contar con herramientas legales que posibiliten su establecimiento y faciliten su puesta en práctica y control.

E. Información para una gestión integral: una meta por alcanzar

Como se ha indicado, la preocupación por contar con sistemas destinados a monitorear y evaluar la gestión de políticas sociales está presente desde hace más de dos décadas; sin embargo, sigue siendo una meta por alcanzar.

Hasta principios de la década de 1980, las metodologías utilizadas se basaron en el análisis costo-beneficio, a raíz de su desarrollo en el ámbito de los proyectos productivos y de inversión pública. A mediados de dicha década, se empezó a utilizar el análisis de eficiencia, dada la dificultad de estimar los beneficios económicos de los programas sociales, lo que en paralelo dio inicio al diseño de las evaluaciones de impacto *ex post* y el análisis costo-impacto o costo-efectividad. A partir de mediados de la década de 1990, este último modelo tuvo un amplio crecimiento, que vino acompañado de una profundización del seguimiento financiero, el monitoreo operacional y la evaluación de los procesos. Lo que ha faltado es avanzar en el desarrollo de sistemas integrales que permitan efectuar estimaciones *ex ante*, monitoreo y evaluaciones *ex post* de la gestión de los programas sociales, en general, y la protección social, en particular.

Las experiencias de los países de la región aún no han permitido crear una verdadera cultura de la evaluación, entendida como una herramienta de gestión, sino que en muchos casos esta solo desempeña un papel para la contraloría administrativa, el control de presupuestos o el desarrollo académico. Estas visiones no son en sí negativas, pero a todas luces resultan insuficientes para mejorar su eficacia.

El desafío es poder lograr sistemas integrales de información combinando las bondades de las distintos enfoques analíticos, para que faciliten poner la gestión de la calidad en el centro de atención, es decir, desempeñar un papel en cuanto al efectivo logro —real y percibido— de los objetivos sociales, la redistribución del ingreso y el beneficio económico, potenciando la eficiencia mediante el análisis de los procesos.

Los avances en la evaluación se circunscriben a programas y proyectos específicos, tanto respecto de las políticas sociales, en general, como de la protección social, en particular. Aunque esto sea un logro positivo, resulta insuficiente: para que la información contribuya a la toma de decisiones relativas a propuestas integrales como la descrita en este trabajo —que comportan la articulación de diversas intervenciones—, se requieren sistemas de información con indicadores sociales, financieros y operacionales que no solo contemplen su gestión específica sino que también abarquen la totalidad de la política social. En otras palabras: deben estar articulados con el sistema nacional de indicadores sociales y económicos y tener en cuenta los datos de monitoreo y evaluación de programas y proyectos, como las estadísticas sociales y económicas nacionales, procedentes de encuestas de hogares, registros oficiales, las finanzas públicas y las cuentas nacionales, entre otras fuentes.

Por último, en estrecho vínculo con la aproximación al estudio de los efectos de las políticas, los sistemas de información deben tener en cuenta no solo el costo de intentar resolver los problemas sino también, y muy particularmente, el costo de no hacerlo (Martínez y Fernández, 2007). Así, el desafío es que en las decisiones relacionadas con la protección social se incorporen las consecuencias sociales y económicas —presentes y futuras— de la desprotección: por ejemplo, la pérdida de capital humano y de oportunidades de inversión a raíz del incumplimiento de los acuerdos consagrados en el Pacto Internacional de Derechos Económicos, Sociales y Culturales.

F. Programas de transferencias con corresponsabilidad: el síndrome del árbol de Navidad

Los desafíos para el desarrollo de sistemas integrales de protección social hasta aquí enumerados son válidos para los distintos instrumentos utilizados para materializarla. Sin embargo, dada la importancia que los programas de transferencias con corresponsabilidad han adquirido en la región para proteger a quienes viven en condición de pobreza, se destacan algunos aspectos específicos que conviene tener en cuenta.

Como se menciona en el capítulo V, para ser una herramienta eficaz de protección social y no una mera intervención aislada y fugaz, los PTC deben constituirse en una puerta de acceso al sistema y ayudar a establecer una continuidad entre las prestaciones de los diferentes niveles de la política social. Esto es, deben dar a conocer de manera explícita y con procedimientos operativos definidos que los beneficiarios ingresan a un sistema que los conecta con la institucionalidad social en distintos ámbitos y que, por lo tanto, pueden dejar atrás determinados programas, pero no renuncian a su derecho a la protección. Este paso ha de suponer un avance hacia nuevas alternativas de protección, así como el afianzamiento del acceso a los servicios sociales básicos. Ello no debe entenderse como un estado permanente de dependencia de las prestaciones estatales sino, por el contrario, como una materialización de la ciudadanía social expresada en la vigilancia de los derechos sociales y el establecimiento de garantías por parte del Estado.

El grado de institucionalización de las políticas universales en el aparato estatal y la cobertura que han logrado constituyen un buen indicador de los desafíos que cada país enfrenta en este ámbito, pero como aún muchos dependen del financiamiento externo proveniente de créditos y donaciones (véase el cuadro 5 del anexo estadístico), su sostenibilidad en el tiempo seguirá siendo un reto en tanto no pasen a formar parte estable del presupuesto nacional asignado a este rubro.

En términos generales, se puede afirmar que la efectividad de los programas enfocados en la demanda, como los PTC, sobre todo depende de la capacidad, la cobertura y la calidad de los servicios sociales básicos y de las políticas contra la pobreza. Esta capacidad se relaciona con la infraestructura de los servicios necesaria para cumplir los objetivos de capital humano de los PTC, la existencia de otros programas y servicios complementarios que posibiliten la ejecución de las condicionalidades, un acervo de conocimientos y experiencias relativos al manejo de políticas y programas, y los elementos de diseño y gestión.

Para que los programas de transferencias con corresponsabilidad se constituyan en instrumentos útiles y eficaces para la protección social, deben tener objetivos y funciones precisos, con competencias y responsabilidades delimitadas. Existen programas que han ampliado su oferta de servicios y prestaciones sociales mediante la implementación de acciones específicas —desde charlas en materia de salud hasta talleres de capacitación técnica y profesional— en el marco de los mismos PTC (Cecchini y Madariaga, 2010). Sin embargo, esta modalidad tal vez no sea la más adecuada, pues puede desvirtuar o, incluso, contradecir los objetivos de los programas y amenazar los logros alcanzados. Existe así la amenaza de que los programas de transferencias con corresponsabilidad se transformen en una suerte de árbol de Navidad, al que se le añaden mecánicamente nuevas prestaciones y se le cuelgan más y más requerimientos, dando origen a una estructura omnicomprensiva, pero de escasa especificidad y eficacia, que tiende a independizarse de la gestión de la política pública sectorial y de sus objetivos particulares.

De los elementos detallados en este libro se desprende que lograr la consolidación de sistemas de protección social inclusiva en América Latina, con un enfoque de derechos y gestión integral, no es tarea sencilla sino, por el contrario, requiere importantes esfuerzos políticos, técnicos, administrativos, legales y financieros. Los países que deseen avanzar de manera decidida y con claridad hacia este objetivo tendrán así que acumular y administrar adecuadamente sus recursos y mantener una perspectiva de largo plazo, a fin de acometer los múltiples desafíos y dificultades que se presentarán en el camino.

Bibliografía

Abramovich, V. (2009), "El rol de la justicia en la articulación de políticas y derechos sociales", *La revisión judicial de las políticas sociales. Estudio de casos*, V. Abramovich y L. Pautassi (eds.), Buenos Aires, Editores del Puerto.

_____ (2006), "Una aproximación al enfoque de derechos en las estrategias y políticas de desarrollo", *Revista de la CEPAL*, N° 88 (LC/G.2289-P/E), Santiago de Chile, Comisión Económica para América Latina y el Caribe (CEPAL).

Abramovich, V. y L. Pautassi (2009), "El enfoque de derechos y la institucionalidad de las políticas sociales. Estudio de casos", *La revisión judicial de las políticas sociales. Estudio de casos*, V. Abramovich y L. Pautassi (eds.), Buenos Aires, Editores del Puerto.

Abritta, S. y otros (2010), "El modelo de agencia única y su relación con los recursos de la seguridad social", *Cuadernos del Instituto AFIP*, N° 13, Instituto de Estudios Tributarios, Aduaneros y de los Recursos de la Seguridad Social, Buenos Aires [en línea] http://www.afip.gov.ar/instituto/publicaciones/cuadernos/C13.pdf.

Acosta, O. y J.C. Ramírez (2004), "Las redes de protección social: modelo incompleto", *serie Financiamiento del desarrollo*, N° 141 (LC/L.2067-P), Santiago de Chile, Comisión Económica para América Latina y el Caribe (CEPAL). Publicación de las Naciones Unidas, N° de venta: S.04.II.G.10.

Acuña, C.H. (comp.) (2010), *Los desafíos de coordinación y la integridad de las políticas y gestión pública en América Latina*, Buenos Aires, Jefatura de Gabinete de Ministros.

Adato, M. (2000), *El impacto de Progresa sobre las relaciones sociales en la comunidad*, Washington, D.C., Instituto Internacional de Investigaciones sobre Políticas Alimentarias (IFPRI) [en línea] http://www.ifpri.org/sites/default/files/publications/adato_comunidad.pdf.

Adato, M. y otros (2000), "El impacto de Progresa en la condición de la mujer y en las relaciones al interior del hogar", *Más oportunidades para las familias pobres. Impacto en el trabajo y las relaciones familiares*, México, D.F., Secretaría de Desarrollo Social (SEDESOL).

Afonso, L. (2009), "Pesquisa: o trabalho social com familias no PAIF: observaçõs iniciais", presentación para el seminario internacional Sistemas de proteção social: desafios no contexto latinoamericano, Brasilia, diciembre [en línea] http://www.mds.gov.br/sites/seminariointernacional/sites/seminariointernacional/programacao.

Agis, E., C. Cañete y D. Panigo (2010), "El impacto de la Asignación Universal por Hijo en Argentina" [en línea] *www.ceil-piette.gov.ar/docpub/documentos/AUH_en_Argentina.pdf.*

Aguiar, M. y C. Araujo (2002), *Bolsa-Escola. Educación para enfrentar la pobreza,* Brasilia, Organización de las Naciones Unidas para la Educación, la Ciencia y la Cultura (UNESCO).

Ananias, P. (2009), "Qualificação e reflexão crítica", *Concepção e gestão da proteção social não contributiva no Brasil,* Brasilia, Ministerio de desarrollo social y lucha contra el hambre (MDS)/Organización de las Naciones Unidas para la Educación, la Ciencia y la Cultura (UNESCO).

Andrenacci, L. y F. Repetto (2006), "Universalismo, ciudadanía y Estado en la política social latinoamericana", Washington, D.C., Instituto Interamericano para el Desarrollo Social (INDES).

Aranibar Quiroga, E. (2010), "Estado Plurinacional de Bolivia: creación, desempeño y eliminación del Ministerio de Desarrollo Humano", *Institucionalidad social en América Latina,* R. Franco y M. Székely (coords.), Documentos de proyecto, N° 312 (LC/W.312) Santiago de Chile, Comisión Económica para América Latina y el Caribe (CEPAL).

Arcidiácono, P., C. Fairstein y G. Kletzel (2009), "La judicialización del programa Jefes y Jefas de Hogar Desocupados: ¿por la buena senda?", *La revisión judicial de las políticas sociales. Estudio de casos,* V. Abramovich y L. Pautassi (eds.), Buenos Aires, Editores del Puerto.

Arim, R. y otros (2009), "Nota de diálogo de políticas. Panamá: pobreza y oportunidades", Banco Interamericano de Desarrollo (BID), inédito.

Arriagada, I. (2007), "Diez propuestas para mejorar la institucionalidad pública y las políticas hacia las familias en América Latina", *Gestión y financiamiento de las políticas que afectan a las familias,* I. Arriagada (ed.), serie Seminarios y conferencias, N° 49 (LC/L.2648-P/E), Santiago de Chile, Comisión Económica para América Latina y el Caribe (CEPAL), Publicación de las Naciones Unidas, N° de venta: S.06.II.G.174.

Arriagada, I. y C. Mathivet (2007), "Los programas de alivio a la pobreza Puente y Oportunidades. Una mirada desde los actores", *serie Políticas sociales,* N° 134 (LC/L.2740-P/E), Santiago de Chile, Comisión Económica para América Latina y el Caribe (CEPAL). Publicación de las Naciones Unidas, N° de venta: S.07.II.G.86.

Artigas, C. (2005), "Una mirada a la protección social desde los derechos humanos y otros contextos internacionales", *serie Políticas sociales,* N° 110 (LC/L.2354-P), Santiago de Chile, Comisión Económica para América Latina y el Caribe (CEPAL). Publicación de las Naciones Unidas, N° de venta: S.05.II.G.98.

ASF (Auditoría Superior de la Federación) (2007), "Auditoría 501. Sistema integral de información de padrones de programas gubernamentales (SIIPP-G). Cuenta pública 2007" http://www.asf.gob.mx/Pags/AED/PG_DGADDS2007/501SIIPPG.PDF.

Ávalos, C. (2010), "El Salvador: Sistema de Protección Social Universal", documento presentado en el tercer Foro de pensamiento social estratégico. La experiencia de los programas de transferencias condicionadas: fortalezas, debilidades y lecciones, Nueva York, 22 y 23 de febrero, Programa de las Naciones Unidas para el Desarrollo (PNUD).

Badillo, D. y otros (2009), "Financiamiento de la protección social y pensiones en Honduras", *Hacia la universalidad, con solidaridad y eficiencia: el financiamiento de la protección social en países pobres y desiguales*, A. Sojo (ed.), serie Seminarios y conferencias, N° 55 (LC/L.3034-P/E), Santiago de Chile, Comisión Económica para América Latina y el Caribe (CEPAL). Publicación de las Naciones Unidas, N° de venta: S.09.II.G.39.

Banco Mundial (2009) "Evaluaciones de impacto. Transferencias monetarias condicionadas en América Latina y Ecuador" [en línea] http://web.worldbank.org/WBSITE/EXTERNAL/BANCOMUNDIAL/EXTSPPAISES/LACINSPANISHEXT/ECUADORINSPANISHEXT/0,,contentMDK:21125363~pagePK:141137~piPK:141127~theSitePK:500558,00.html.

_____(2005), "Household risk management and social protection in Chile. A World Bank country study", Washington, D.C.

_____(2001a), *Informe sobre el desarrollo mundial 2000/2001: lucha contra la pobreza*, Washington, D.C.

_____(2001b), "Social protection sector strategy: from safety net to springboard", Washington, D.C.

Banegas, I. (2008), "Trayectorias de bienestar y vulnerabilidad: Análisis de un panel de hogares incorporados al programa Oportunidades (1997-2006)", documento presentado en el tercer Congreso de la Asociación Latinoamericana de Población (ALAP), Córdoba, 24 a 26 de septiembre [en línea] http://www.alapop.org/2009/images/DOCSFINAIS_PDF/ALAP_2008_FINAL_180.pdf.

Barrientos, A. y C. Santibáñez (2009), "New forms of social assistance and the evolution of social protection in Latin America", *Journal of Latin American Studies*, N° 41.

Barrientos, A. y L. Hinojosa-Valencia. (2009), "A review of social protection in Latin America", documento preparado para Ford Foundation Social Protection Scoping Study, Centre for Social Protection, Sussex, Institute for Development Studies (IDS)

Barrientos, A. y D. Hulme (eds.) (2008), *Social Protection for the Poor and Poorest. Concepts, Policies and Politics*, Basingstoke, Palgrave Macmillan.

_____ (2005), "Chronic poverty and social protection: introduction", *The European Journal of Development Research*, vol. 17, N° 1.

Basombrío, M. (2009), "Estado e igualdad: del contrato social al pacto fiscal", *serie Macroeconomía del desarrollo*, N° 93 (LC/L.3099-P), Santiago de Chile, Comisión Económica para América Latina y el Caribe (CEPAL). Publicación de las Naciones Unidas, N° de venta: S.09.II.G.81.

Basset, L. (2008), "Can conditional cash transfer programs play a greater role in reducing child undernutrition?", *SP Discussion Paper*, N° 0835, Washington, D.C., Banco Mundial.

Bastagli, F. (2009), "From social safety net to social policy? The role of conditional cash transfers in welfare state development in Latin America", *Working Paper*, N° 60, Brasilia, Centre for Analysis of Social Exclusion (CASE), London School of Economics and Political Science, Centro Internacional de Políticas para el Crecimiento Inclusivo.

_____ (2008), "Conditionality in public policy targeted to the poor: promoting resilience?", *Social Policy and Society*, vol. 8, N° 1.

Becker, G. (1965), "A theory of allocation of time", *The Economic Journal*, vol. 75, N° 299.

Berstein, S. y otros (2009), "Chile 2008: Una reforma previsional de segunda generación", Santiago de Chile, Superintendencia de Pensiones de Chile, diciembre [en línea] www.spensiones.cl/573/article-6102.html.

Bertozzi, S. y otros (2008), "Evaluación de la calidad de los servicios de atención a la salud asignados a la población beneficiaria de Oportunidades", documento presentado en el seminario internacional Desigualdad socioeconómica y el derecho a la salud en América Latina y el Caribe, en una perspectiva internacional, Comisión Económica para América Latina y el Caribe (CEPAL), Santiago de Chile, 3 y 4 de noviembre.

Bertranou, E. (2008), "Tendencias demográficas y protección social en América Latina y el Caribe", *serie Población y desarrollo*, N° 82 (LC/L.2864-P), Santiago de Chile, Comisión Económica para América Latina y el Caribe (CEPAL). Publicación de las Naciones Unidas, N° de venta: S.08.II.G.9.

Bertranou, F. (2006), *Envejecimiento, empleo y protección social en América Latina*, Santiago de Chile, Organización Internacional del Trabajo (OIT).

Bertranou, F. y L. Saravia (2009), "Trabajadores independientes y la protección social en América Latina: desempeño laboral y cobertura de los programas de pensiones", *Trabajadores independientes y protección social en América Latina*, F. Bertranou (coord.), Santiago de Chile, Organización Internacional del Trabajo (OIT).

Bertranou, F. y J. Paz (2007), *Políticas y programas de protección social al empleo en Argentina*, Buenos Aires, Organización Internacional del Trabajo (OIT).

Bertranou, F., C. Solorio y W. van Ginneken (eds.) (2002), *Pensiones no contributivas y asistenciales. Argentina, Brasil, Chile, Costa Rica y Uruguay*, Santiago de Chile, Organización Internacional del Trabajo (OIT).

BID (Banco Interamericano de Desarrollo) (2004), *Informe sobre el progreso económico y social 2004. Se buscan buenos empleos: los mercados laborales en América Latina*, Washington, D.C.

_____ (2000), "PRAF. Programa de Asignación Familiar, Fase II", descripción técnica del proyecto, presentación. http://www.ifpri.org/themes/praf.htm.

Bonino, M., H. Kwon y A. Peyre Dutrey (2007), "Uruguay's social and economic challenges and its policy responses", *Latin America. A New Developmental Welfare State Model in the Making?*, Manuel Riesco (ed.), Nueva York, Palgrave Macmillan.

Braga, M., Ch. Leandro y S. Lyra Júnior (2008), *Microcredito como ação complementar ao Programa Bolsa Família; a experiência do Crediamigo do BNB*, Universidad Federal Ceara y Banco Do Nordeste do Brasil.

Britto, T. (2008), "Brazil's *Bolsa Família*: understanding its origins and challenges", *Cash Transfers. Lessons from Africa and Latin America*", D. Hailu y F. Veras Soares (eds.), Poverty in Focus, N° 15, Brasilia, Centro Internacional de Políticas para el Crecimiento Inclusivo, agosto.

_____(2006), "Conditional cash transfers in Latin America", *Social Protection. The Role of Cash Transfers,* D. Ehrenpreis (ed.), *Poverty in Focus,* N° 8, Brasilia, Centro Internacional de Políticas para el Crecimiento Inclusivo, junio.

_____(2004), "Conditional cash transfers: why have they become so prominent in recent poverty reduction strategies in Latin America", *Working Paper Series,* N° 390, Institute of Social Studies.

Caldés, N., D. Coady y J. Maluccio (2006), "The cost of poverty alleviation transfer programs: a comparative analysis of three programs in Latin America", *World Development,* N° 34, vol. 5.

Campos, L., E. Faur y L. Pautassi (2007), *Programa familias por la inclusión social. Entre el discurso de derechos y la práctica asistencial,* Buenos Aires, Centro de Estudios Legales y Sociales (CELS).

Carbonari, F. y J. Vargas (2009), "A bridge to peace through citizenship building: guaranteeing health and education rights", *Building Equality and Opportunity through Social Guarantees,* E. Gacitúa-Marió, A. Norton y S. Georgieva (eds.), Washington, D.C., Banco Mundial.

Carrera, F., M. Castro y A. Sojo (2009), "Progresar hacia la equidad: sinopsis de algunos retos del financiamiento de la salud y las pensiones en Guatemala, Honduras y Nicaragua", *Hacia la universalidad, con solidaridad y eficiencia: el financiamiento de la protección social en países pobres y desiguales,* A. Sojo (ed.), serie Seminarios y conferencias, N° 55 (LC/L.3034-P/E), Santiago de Chile, Comisión Económica para América Latina y el Caribe (CEPAL). Publicación de las Naciones Unidas, N° de venta: S.09.II.G.39.

Castiñeira, B.R., L.C. Nunes y P. Rungo (2009), "Impacto de los programas de transferencia condicionada de renta sobre el estado de salud: el programa Bolsa Familia de Brasil", *Revista española de salud pública,* N° 83.

Cecchini, S. (2009), "Do CCT programmes work in low-income countries?", *One Pager,* N° 90, Brasilia, Centro Internacional de Políticas para el Crecimiento Inclusivo, junio.

Cecchini, S. y A. Madariaga (2010), "La trayectoria de los programas de transferencias con corresponsabilidad (PTC) en América Latina y el Caribe. Balance de experiencias y tendencias a futuro", Santiago de Chile, Comisión Económica para América Latina y el Caribe (CEPAL), inédito.

Cecchini, S. y A. Uthoff (2008), "Pobreza y empleo en América Latina: 1990-2005", *Revista de la CEPAL,* N° 94 (LC/G.2357-P/E), Santiago de Chile, Comisión Económica para América Latina y el Caribe (CEPAL), abril.

Cecchini, S. y otros (2009), "Desafíos de los programas de transferencias con corresponsabilidad. Los casos de Guatemala, Honduras y Nicaragua", *Documentos de proyectos,* N° 248 (LC/W.248), Santiago de Chile, Comisión Económica para América Latina y el Caribe (CEPAL).

CEPAL (Comisión Económica para América Latina y el Caribe) (2010a), *Panorama social de América Latina, 2009* (LC/G.2423-P), Santiago de Chile. Publicación de las Naciones Unidas, N° de venta: S.09.II.G.135.

_____(2010b), *La hora de la igualdad: brechas por cerrar, caminos por abrir* (LC/G.2432(SES.33/3)), Santiago de Chile, mayo.

_____(2010c), *Panorama social de América Latina, 2010,* documento informativo, Santiago de Chile.

_____(2009a), *Panorama social de América Latina, 2008* (LC/G.2402-P), Santiago de Chile. Publicación de las Naciones Unidas, N° de venta: S.08.II.G.89.

_____(2009b), *La reacción de los gobiernos de las Américas frente a la crisis internacional: una presentación sintética de las medidas de política anunciadas hasta el 31 de julio de 2009* (LC/L.3025/Rev.3), Santiago de Chile.

_____(2008a), "Superar la pobreza mediante la inclusión social", *Documentos de proyectos*, Nº 174 (LC/W.174), Santiago de Chile.

_____(2008b), *Panorama social de América Latina, 2007* (LC/G.2351-P), Santiago de Chile. Publicación de las Naciones Unidas, Nº de venta: S.07.II.G.124.

_____ (2007), *Cohesión social: inclusión y sentido de pertenencia en América Latina y el Caribe* (LC/G.2335), Santiago de Chile.

_____(2006), *La protección social de cara al futuro: acceso, financiamiento y solidaridad* (LC/G.2294(SES.31/3)), Santiago de Chile.

_____(2000), *Equidad, desarrollo y ciudadanía* (LC/G.2071/ Rev.1-P/E), Santiago de Chile.

_____(1998), *El pacto fiscal. Fortalezas, debilidades, desafíos. Síntesis* (LC/G.2024), Santiago de Chile.

Cetrángolo, O. y A. Goldschmit (2009), "Metodología, experiencia comparada y recomendaciones", *La seguridad social en América Latina y el Caribe. Una propuesta metodológica para su medición y aplicación a los casos de Argentina, Chile y Colombia*, O. Cetrángolo (ed.), Documentos de proyecto, Nº 258 (LC/W.258), Santiago de Chile, Comisión Económica para América Latina y el Caribe (CEPAL).

Coady, D. P. y S. W. Parker (2004), "Cost-effectiveness analysis of demand- and supply-side education interventions: the case of PROGRESA in Mexico", *Review of Development Economics*, vol. 8, N° 3.

Cohen, E. y R. Franco (coords.) (2006a), *Transferencias con corresponsabilidad. Una mirada latinoamericana*, México, D.F., Facultad Latinoamericana de Ciencias Sociales (FLACSO)/Secretaría de Desarrollo Social (SEDESOL)/Fondo de Cultura Económica.

_____ (2006b), *Evaluación de proyectos sociales*, México D.F., Siglo XXI.

_____ (2005), *Gestión social: cómo lograr eficiencia e impacto en las políticas sociales*, Coyoacán, Siglo XXI.

Cohen, E. y P. Villatoro (2006), "Chile: Puente-Chile Solidario", *Transferencias con corresponsabilidad. Una mirada latinoamericana*, E. Cohen y R. Franco (coords.), México D.F., Facultad Latinoamericana de Ciencias Sociales (FLACSO)/ Secretaría de Desarrollo Social (SEDESOL)/Fondo de Cultura Económica.

Cohen, E. y R. Martínez (2004), *Formulación, monitoreo y evaluación de programas y proyectos sociales*, Santiago de Chile, Comisión Económica para América Latina y el Caribe (CEPAL).

Cohen, E. R. Franco y P. Villatoro (2006), "México: El programa de desarrollo humano Oportunidades", *Transferencias con corresponsabilidad. Una mirada latinoamericana*, E. Cohen y R. Franco (coords.), México D.F., Facultad Latinoamericana de Ciencias Sociales (FLACSO)/Secretaría de Desarrollo Social (SEDESOL)/Fondo de Cultura Económica.

Conway, T. y A. Norton (2002), "Nets, ropes, ladders and trampolines: the place of social protection within current debates on social protection", *Development Policy Review*, vol. 5, N° 20.

Cook, S. y N. Kabeer (2009), "Socio-economic security over the life course: A global review of social protection", Sussex, Ford Foundation, Institute for Development Studies.

Cornia, G.A., Frances Stewart y Richard Jolly (eds.) (1987), *Adjustment with a Human Face*, Oxford, Clarendon Press.

Cortés, F. (2010), "Metodología de medición multidimensional de la pobreza en México", documento presentado en el seminario internacional Medición multidimensional de la pobreza en América Latina, Santiago de Chile, Comisión Económica para América Latina y el Caribe (CEPAL), 13 y 14 de mayo.

Cruces, G. y H. Rovner (2008), "Los programas sociales en la opinión pública. Resultados de la encuesta de percepciones sobre los planes sociales en Argentina", *Los programas sociales en Argentina hacia el Bicentenario*, G. Cruces y otros (eds.), Buenos Aires, Banco Mundial.

Cruces, G., N. Epele y L. Guardia (2008), "Los programas sociales y los Objetivos de Desarrollo del Milenio en Argentina", *serie Políticas sociales*, N° 142 (LC/L.2889-P/E), Santiago de Chile, Comisión Económica para América Latina y el Caribe (CEPAL). Publicación de las Naciones Unidas, N° de venta: S.08.II.G.26.

Cruces, G. y otros (2008), "Introducción", *Los programas sociales en Argentina hacia el Bicentenario: visiones y perspectivas*, G. Cruces y otros (eds.), Buenos Aires, Banco Mundial.

Cunha, R. (2009), "Transfêrencia de renda com condicionalidade: a experiência do programa Bolsa Família", *Concepção e gestão da proteção social não contributiva no Brasil*, Brasilia, Ministerio de desarrollo social y lucha contra el hambre/ Organización de las Naciones Unidas para la Educación, la Ciencia y la Cultura (UNESCO).

Cunill, N. (2008), "Contraloría y derechos sociales: el desafío de la igualdad", Gestión y política pública, vol. XVIII, N° 1.

_____(2005), "La intersectorialidad en el gobierno y gestión de la política social", ponencia presentada en el X Congreso internacional del Centro Latinoamericano de Administración para el Desarrollo (CLAD) sobre la reforma del Estado y de la administración pública, Santiago de Chile, octubre.

Dannreuther, C. y J. Gideon (2008), "Entitled to health? Social protection in Chile's Plan Auge", *Development and Change*, vol. 39, N° 5.

Daza, J. (2008), "Legal determinants of labour informality", *In Defence of Labour Market Institutions. Cultivating Justice in the Developing World*, J. Berg y D. Kucera (eds.), Ginebra, Organización Internacional del Trabajo (OIT).

De Brauw, A. y J. Hoddinott (2008), "Must conditional cash transfer programs be conditioned to be effective? The impact of conditioning transfers on school enrollment in Mexico", *IFPRI Discussion Paper*, N° 00757, Washington, D.C., Instituto Internacional de Investigaciones sobre Políticas Alimentarias (IFPRI) [en línea] http://www.ifpri.org/pubs/dp/ifpridp00757.asp.

De Castro, A. y C. Ribeiro (2003), "As políticas sociais e a constituição de 1988: conquistas e desafios", *Políticas sociais: acompanhamento e análise*, N° 17, Instituto de Investigación Económica Aplicada (IPEA).

De Janvry, A. y E. Sadoulet (2006a), "When to use a CCT versus a CT approach?", documento presentado en la tercera Conferencia internacional sobre transferencias en efectivo condicionadas, Estambul, 26 a 30 de junio.

_____(2006b), "Making conditional cash transfer programas more efficient: designing for maximum effect of the conditionality" *The World Bank Economic Review*, vol. 1, N° 20.

De Oliveira, C. y otros (2007), "Primeiros resultados da análise da linha de base da pesquisa de avaliação de impacto do Programa Bolsa Familia", *Avaliação de políticas e programas do MDS – Resultados*, J. Vaitsman y R. Paes-Sousa (orgs.), vol. 2, Brasilia, Ministerio de desarrollo social y lucha contra el hambre.

De Roux, C. y J.C. Ramírez (2004) (ed.), "Derechos económicos, sociales y culturales, política pública y justiciabilidad", *serie Estudios y perspectivas*, N° 4, Bogotá, Oficina de la CEPAL en Bogotá.

Deveraux, S. (2002a), "Can social safety nets reduce chronic poverty?", *Development Policy Review*, vol. 5, Nº 20.

_____(2002b), "Social protection for the poor: lessons from recent international experience", *IDS Working Paper*, Nº 142, Brighton, Institute for Development Studies, University of Sussex.

DNP (Departamento Nacional de Planeación de Colombia) (2008), "De la asistencia a la promoción social. Hacia un sistema de promoción social", Bogotá.

_____(2007), *Plan Nacional de Desarrollo 2006-2010. Estado comunitario: desarrollo para todos*, Bogotá.

Drago, M. (2006) "La reforma al sistema de salud chileno desde la perspectiva de los derechos humanos", *serie Políticas sociales*, Nº 121 (LC/L.2539-P/E), Santiago de Chile, Comisión Económica para América Latina y el Caribe (CEPAL). Publicación de las Naciones Unidas, Nº de venta: S.06.II.G.66.

Draibe, S. (2006), "Brasil: Bolsa-Escola y Bolsa Família", Transferencias con corresponsabilidad. Una mirada latinoamericana, E. Cohen y R. Franco (coords.), México D.F., Facultad Latinoamericana de Ciencias Sociales (FLACSO)/ Secretaría de Desarrollo Social (SEDESOL)/Fondo de Cultura Económica.

Draibe, S. y M. Riesco (2009), "El estado de bienestar social en América Latina. Una nueva estrategia de desarrollo", *Documento de trabajo*, Nº 31, Madrid, Fundación Carolina.

_____(2007), "Latin America: a new developmental welfare state in the making?", *Latin America. A New Developmental Welfare State Model in the Making?*, Manuel Riesco (ed.), Nueva York, Palgrave Macmillan.

Drèze J. y A.K. Sen (1989), *Hunger and Public Action*, Oxford University Press.

Duhau, E. (1997), "Las políticas sociales en América Latina: ¿del universalismo fragmentado a la dualización?", *Revista mexicana de sociología*, vol. 59, N° 2, abril-junio.

Ehrenpreis, D. (ed.) (2006), "Social protection. The role of cash transfers", *Poverty in Focus*, Nº 8, Brasilia, International Poverty Centre (IPC), junio.

Escobar, A. y M. González de la Rocha (2002), "Evaluación cualitativa del programa de desarrollo humano Oportunidades. Seguimiento de impacto 2001-2002, comunidades de 2,500 a 50,000 habitantes", evaluación de resultados de impacto del programa de desarrollo humano Oportunidades, México, D.F., Centro de Investigaciones y Estudios Superiores de Antropología Social (CIESAS).

Espinoza, M. (2003), *Trabajo decente y protección social. Eje para la acción sindical*, Santiago de Chile, Organización Internacional del Trabajo (OIT).

Fajnzylber, E. (2010), "Incentives under the new pension solidarity pillar in Chile", inédito [en línea] http://economiccluster-lac.org/images/pdf/eventos/NIPabril2010/Incentives_under_the_New_Solidarity_Pillar_in_Chile.pdf.

Fernández, A. (2006), "Sistema Integral de Información de Padrones de Programas Gubernamentales. Antecedentes – Prospectiva (SIIPP-G)" [en línea] *www.normateca.gob.mx/.../4_Antecedentes_Prospectiva_Comision_Nacional_de_Proteccion_Social.ppt.*

Ferreira, F. y D. Robalino (2010), "Social protection in Latin America: achievements and limitations", *Policy Research Working Paper,* N° 5305, Washington, D.C., Banco Mundial.

Filgueira, F. (2007), "Cohesión, riesgo y arquitectura de protección social en América Latina", *serie Políticas sociales,* Nº 135 (LC/L.2752-P/E), Santiago de Chile, Comisión Económica para América Latina y el Caribe (CEPAL). Publicación de las Naciones Unidas, Nº de venta: S.07.II.G.89.

Filgueira, C. H. y F. Filgueira (2002), "Models of welfare and models of capitalism: the limits of transferability", *Models of Capitalism. Lessons for Latin America,* E. Huber (ed.), Pennsylvania, The Pennsylvania State University Press.

Filgueira, F., S. Georgieva y S. Lijtenstein (2009), "Moving toward comprehensive social policy: the case of Uruguay", *Building Equality and Opportunity through Social Guarantees,* E. Gacitúa-Marió, A. Norton y S. Georgieva (eds.), Washington, D.C., Banco Mundial.

Filgueira, F. y otros (2006), "Universalismo básico: una alternativa posible y necesaria para mejorar las condiciones de vida", *Universalismo básico. Una nueva política social para América Latina,* C. Molina (ed.) , Washington, D.C., Banco Interamericano de Desarrollo (BID).

FISDL (Fondo de Inversión Social para el Desarrollo Local) (2010), *Programa Presidencial Comunidades Solidarias. Resultados e impactos,* Gobierno de El Salvador.

Fiszbein, A. y N. Schady (2009), *Conditional Cash Transfers. Reducing Present and Future Poverty,* Washington, D.C., Banco Mundial.

FOSIS (Fondo de Solidaridad e Inversión Social) (2004a), "Avance de las obras", *serie Reflexiones desde el puente,* Cuadernillo de trabajo, Nº 1, julio.

___(2004b), "Las condiciones mínimas para la construcción del puente", *serie Reflexiones desde el puente,* Cuadernillo de trabajo, Nº 3, octubre.

___(2004c), "Los apoyos familares: los otros constructores del puente", *serie Reflexiones desde el puente,* Cuadernillo de trabajo, Nº 4, septiembre.

Franco, R. (2010), "Insitucionalidad de las políticas sociales; ¿Es posible mejorar su efectividad?", *Institucionalidad social en América Latina,* R. Franco y M. Székely Pardo (coords.), Documentos de proyecto, Nº 312 (LC/W.312), Santiago de Chile, Comisión Económica para América Latina y el Caribe (CEPAL).

_____(2004), "Institucionalidad de las políticas sociales: modificaciones para mejorar su efectividad", Santiago de Chile, Facultad Latinoamericana de Ciencias Sociales (FLACSO) [en línea] http://bibliotecavirtual.clacso.org.ar/ar/libros/chile/flacso/autoridad.pdf.

_____(2003), "Descentralización, participación y competencia en la gestión social", documento presentado en el VII Congreso Internacional del Centro Latinoamericano de Administración para el Desarrollo (CLAD), Panamá, 28 a 31 de octubre.

____(1996), "Los paradigmas de la política social en América Latina", *Revista de la CEPAL,* Nº 58 (LC/G.1916-P/E), Santiago de Chile, Comisión Económica para América Latina y el Caribe (CEPAL), abril.

Freeland, N. (2009), "Superflous, pernicious, atrocious and abominable? The case against conditional cash transfers", *IDS Bulletin*, vol. 3, N° 38.

Gacitúa-Marió, E. y A. Norton (2009), "Increasing social inclusion through social guarantees", *Building Equality and Opportunity through Social Guarantees: New Approaches to Public Policy and the Realization of Rights*, E. Gacitúa-Marió, A. Norton y S.V. Georgieva (eds.), Washington, D.C., Banco Mundial.

Gacitúa-Marió, E., A. Norton y S.V. Georgieva (eds.) (2009), *Building Equality and Opportunity through Social Guarantees: New Approaches to Public Policy and the Realization of Rights*, Washington, D.C., Banco Mundial.

Galasso, E., P. Carneiro y R. Ginja (2009), "El impacto de proveer apoyo psicosocial a familias en extrema pobreza y aumentar su acceso a servicios sociales: evaluando Chile Solidario [en línea] www.chilesolidario.cl.

Gámez, S. (2010), "Solidaridad: la coordinación intersectorial requerida", documento presentado en el tercer Foro de pensamiento social estratégico. La experiencia de los programas de transferencias condicionadas: fortalezas, debilidades y lecciones, Nueva York, 22 y 23 de febrero, Programa de las Naciones Unidas para el Desarrollo (PNUD).

Gargarella, R. y C. Courtis (2009), "El nuevo constitucionalismo latinoamericano: promesas e interrogantes", *serie Políticas sociales*, N° 153 (LC/L.3142-P/E), Santiago de Chile, Comisión Económica para América Latina y el Caribe (CEPAL). Publicación de las Naciones Unidas, N° de venta: S.09.II.G.115.

Gasparini, L., M. Marchionni y W. Sosa (2002), "Characterization of inequality changes through microeconometric decompositions: the case of greater Buenos Aires", La Plata, Universidad Nacional de La Plata, inédito.

Godoy, L. (2004), "Programas de renta mínima vinculada a la educación: las becas escolares en Brasil", *serie Políticas sociales*, N° 99 (LC/L.2217-P), Santiago de Chile, Comisión Económica para América Latina y el Caribe (CEPAL). Publicación de Naciones Unidas, N° de venta: S.04.II.G.137.

Golbert, L. (2004), "¿Derecho a la inclusión o paz social? Plan Jefas y Jefes de Hogar Desocupados", *serie Políticas sociales*, N° 84 (LC/L.2092-P/E), Santiago de Chile, Comisión Económica para América Latina y el Caribe (CEPAL). Publicación de las Naciones Unidas, N° de venta: S.04.II.G.30.

Gómez Sabaini, J.C., J.P. Jiménez y A. Podestá (2010), "Tributación, evasión y equidad en América Latina y el Caribe", *Evasión y equidad en América Latina*, Documentos de proyectos, N° 309 (LC/W.309), Santiago de Chile, Comisión Económica para América Latina y el Caribe (CEPAL).

González de la Rocha, M. (2010), "Una perspectiva latinoamericana desde México: evaluaciones a los programas de transferencias condicionadas", presentación en el quinto seminario internacional Programas de transferencias condicionadas en América Latina y el Caribe: perspectivas de los últimos 10 años, Santiago de Chile, Organización de las Naciones Unidas para la Agricultura y la Alimentación (FAO).

_____(2008), "Programas de transferencias condicionadas. Sugerencias para mejorar su operación e impacto", *Futuro de las familias y desafíos para las políticas*, I. Arriagada (ed.), serie Seminarios y conferencias, N° 52 (LC/L.2888-P), Santiago de Chile, Comisión Económica para América Latina y el Caribe (CEPAL).

Grosh, M. y otros (2008), *For Protection and Promotion. The Design and Implementation of Effective Safety Nets*, Washington, D.C., Banco Mundial.

Gruenberg, C. y V. Pereyra (2009), "El clientelismo en la gestión de programas sociales contra la pobreza", *Documento políticas públicas y análisis*, N° 60, Buenos Aires, Centro de Implementación de Políticas Públicas para la Equidad y el Crecimiento (CIPPEC), enero.

Guimarães, A., M. Nogueira y R. Magalhães (2008), "A intersetorialidade no Programa Bolsa Família: reflexões a partir de uma experiência local", Escola Nacional de Saúde Pública (ENSP)/FIOCRUZ [en línea] http://www.ipc-undp.org/publications/mds/25M.pdf.

Guimarães de Castro, M. (2006), "Política social en Brasil: continuidades y cambios", documento presentado en el seminario Brasil y Chile: una mirada hacia América Latina y sus perspectivas [en línea] www.desenvolvimentosocial.sp.gov.br/usr/File/2006/imprensa/papermariahel.pdf.

Hailu, D. y F. Veras Soares (2008), "Cash transfers in Africa and Latin America: an overview", *Cash Transfers. Lessons from Africa and Latin America*", D. Hailu y F. Veras Soares (eds.), Poverty in Focus, N° 15, Brasilia, Centro Internacional de Políticas para el Crecimiento Inclusivo, agosto.

Handa, S. (2001), "Raising primary school enrolment in developing countries. The relative importance of supply and demand", *Journal of Development Economics*, N° 69.

Handa, S. y B. Davis (2006), "The experience of conditional cash transfers in Latin America and the Caribbean", *Development Policy Review*, vol. 24, N° 5.

Hevia, F. (2010), "Direct or mediated relationships? Civic involvement and social accountability in the *Bolsa Família* programme", *One pager*, N° 106, Brasilia, Centro Internacional de Políticas para el Crecimiento Inclusivo [en línea] http://www.ipc-undp.org/pub/IPCOnePager106.pdf.

_____(2009a), "Mecanismos de participación ciudadana y control social en los programas de transferencia condicionada de renta en México y Brasil, un análisis comparado", *Revista crítica de ciencias sociales y jurídicas*, vol. 2, N° 22.

_____(2009b), "Relaciones directas o mediadas? Participación ciudadana y control social en el programa Bolsa Familia", Brasilia, Centro Internacional de Políticas para el Crecimiento Inclusivo [en ínea] http://www.ipc-undp.org/mds.do?active=3.

Holzmann, R. y S. Jorgensen (1999), "Social protection as social risk management: conceptual underpinnings for the social protection sector strategy paper", *Journal of International Development*, vol. 11, N° 17.

Holzmann, R., E. Palmer y A. Uthoff (2008) (eds.), *Fortalecer los sistemas de pensiones latinoamericanos. Cuentas individuales por reparto*, Bogotá, Comisión Económica para América Latina y el Caribe (CEPAL)/Ediciones Mayol.

Huber, E. (2006), "Un nuevo enfoque para la seguridad social en la región", *Universalismo básico. Una nueva política social para América Latina*, C. Molina (ed.), Washington, D.C., Banco Interamericano de Desarrollo (BID).

Huepe, M. y O. Larrañaga (2010), "El sistema de pensiones solidarias", *Las nuevas políticas de protección social en Chile*, O. Larrañaga y D. Contreras (eds.), Programa de las Naciones Unidas para el Desarrollo (PNUD).

Hulme, D. y A. Shepherd (2003), "Chronic poverty and development policy: an introduction", *World Development*, vol. 31, N° 3.

IFPRI (Instituto Internacional de Investigaciones sobre Políticas Alimentarias) (2000), "PRAF, Programa de Asignación Familiar, Fase II. Descripción técnica del proyecto" [en línea] http://www.ifpri.org/themes/praf.htm.

Infante, A. y G. Paraje (2010), "Reforma de salud: garantías exibibles como derecho ciudadano", *Las nuevas políticas de protección social en Chile,* O. Larrañaga y D. Contreras (eds.), Programa de las Naciones Unidas para el Desarrollo (PNUD).

Isuani, E. (2006), "Importancia y posibilidades de un ingreso ciudadano", *Universalismo básico. Una nueva política social para América Latina,* C. Molina (ed.), Washington, D.C., Banco Interamericano del Desarrollo (BID).

Kaztman, R. (2001), "Seducidos y abandonados: el aislamiento social de los pobres urbanos", *Revista de la CEPAL,* N° 75 (LC/G.2150-P/E), Santiago de Chile, Comisión Económica para América Latina y el Caribe (CEPAL), diciembre.

_____(1989), "La heterogeneidad de la pobreza. El caso de Montevideo" *Revista de la CEPAL,* N° 37 (LC/G.1547-P), Santiago de Chile, Comisión Económica para América Latina y el Caribe (CEPAL).

Kaztman, R. y F. Filgueira (2006), "Las normas como bien pública y como bien privado: reflexiones en las fronteras del enfoque AVEO", *Colección aportes conceptuales,* N° 4, Montevideo, Universidad Católica del Uruguay.

Kaztman, R. y otros (1999), "Vulnerabilidad, activos y exclusión social en Argentina y Uruguay", *Documento de trabajo,* N° 107, Santiago de Chile, Organización Internacional del Trabajo (OIT).

Kidd, S. (2008), *Universal Values: Universal Social Protection,* Londres, HelpAge International.

Künnemann, R. y R. Leonhard (2008), *A Human Rights View of Social Cash Transfers for Achieving the Millenium Development Goals,* Bonn, Brot Für Die Welt, Evangelischer Entwicklungsdienst.

Larrañaga, C. y D. Contreras (2010), "Chile Solidario y el combate a la pobreza", *Las nuevas políticas de protección social en Chile,* O. Larrañaga y D. Contreras (eds.), Programa de las Naciones Unidas para el Desarrollo (PNUD).

Larrañaga, O., D. Contreras y J. Ruiz-Tagle (2009), *Evaluación de impacto de Chile Solidario para la primera cohorte de participantes,* Santiago de Chile, Programa de Naciones Unidas para el Desarrollo (PNUD).

Lechner, N. y F. Calderón (1998), *Más allá del Estado, más allá del mercado: la democracia,* La Paz, Plural.

Lehmann, C. (2009), "Do CCT programmes have a pro-poor spillover effect?", *One Pager,* N° 98, Brasilia, Centro Internacional de Políticas para el Crecimiento Inclusivo.

León, A. (2008), "Progresos en la reducción de la pobreza extrema en América Latina. Dimensiones y políticas para el análisis de la primera meta del Milenio" (LCR.2147), Santiago de Chile, Comisión Económica para América Latina y el Caribe (CEPAL)/Agencia Española de Cooperación Internacional para el Desarrollo (AECID).

Levy, S. (2009), "Dos retos de la política social en América Latina", documento presentado en e; seminario internacional Sistemas de proteção social: desafios no contexto latinoamericano, Brasilia, Ministerio de Desarrollo Social, 8 a 11 de diciembre.

Levy, S. y E. Rodríguez (2005), *Sin herencia de pobreza. El programa Progresa-Oportunidades de México,* Washington, D.C., Banco Interamericano de Desarrollo (BID).

Lindert, K., E. Skoufias y J. Shapiro (2006), "Redistributing income to the poor and the rich: Public Transfers in Latin America and the Caribbean", *SP Discussion Paper*, N° 0605, Washington, D.C., Banco Mundial [en línea] http://siteresources.worldbank.org/SOCIALPROTECTION/Resources/SP-Discussion-papers/Safety-Nets-DP/0605.pdf.

Lo Vuolo, R. (2009), "Social exclusion policies and labour markets in Latin America", *Financing Social Policy. Mobilizing Resources for Social Development*, K. Hujo y S. Mcclanahan (eds.), Nueva York, Instituto de Investigaciones de las Naciones Unidas para el Desarrollo Social (UNRISD), Palgrave Macmillan.

Lustig, N. (2008), "Thought for food: the challenges of doping with soaring food prices", *Working Paper*, N° 155, Washington, D.C., Center for Global Development, noviembre.

Machinea, J.L. y G. Cruces (2006), "Instituciones de la política social: objetivos, principios y atributos", *serie Informes y estudios especiales*, N° 17 (LC/L.2573-P/E), Santiago de Chile, Comisión Económica para América Latina y el Caribe (CEPAL). Publicación de las Naciones Unidas, N° de venta: S.06.II.G.104.

Maluccio, J. (2005), "Coping with the coffee crisis in Central America: the role of the Nicaraguan Red de Protección Social", *FCND Discussion Paper*, N° 188, Washington, D.C., Instituto Internacional de Investigaciones sobre Políticas Alimentarias (IFPRI), febrero.

Marchesi, G. (2004), *La evolución de la política económica y social en Argentina, Chile y Perú: una visión comparativa*, Texas, The University of Austin, Center for Latin American Social Policy.

Marco, F. (coord.) (2004), *Los sistemas de pensiones en América Latina: un análisis de género*, Cuadernos de la CEPAL, N° 90 (LC/G.2262-P/E), Santiago de Chile, Comisión Económica para América Latina y el Caribe (CEPAL). Publicación de las Naciones Unidas, N° de venta: S.04.II.G.129.

Marshall, T. (1950), *Citizenship and Social Class, and Other Essays*, Cambridge, Cambridge University Press.

Martínez, J. (2008a), *Domesticar la incertidumbre en América Latina, Mercado laboral, política social y familias*, San José, Instituto de Investigaciones Sociales, Editorial Universidad de Costa Rica.

_____(2008b), *¿Arañando bienestar? Trabajo remunerado, protección social y familias en América Central*, Buenos Aires, Consejo Latinoamericano de Ciencias Sociales (CLACSO).

Martínez, R. y M. Collinao (2010), "Gasto social: modelo de medición y análisis para América Latina y el Caribe", *serie Manuales* N° 65 (LC/L.3170-P), Santiago de Chile, Comisión Económica para América Latina y el Caribe (CEPAL). Publicación de las Naciones Unidas, N° de venta: S.09.II.G.145.

Martínez, R. y A. Fernández (2009), "El costo del hambre: impacto social y económico en el Estado Plurinacional de Bolivia, Ecuador, Paraguay y Perú", *Documentos de proyectos*, N° 260 (LC/W.260), Comisión Económica para América Latina y el Caribe/Programa Mundial de Alimentos (CEPAL/PMA), Santiago de Chile.

_____(2007), "El costo del hambre. Impacto social y económico de la desnutrición infantil en Centroamérica y República Dominicana", *Documentos de proyectos*, N° 144 (LC/W.144), Comisión Económica para América Latina y el Caribe/Programa Mundial de Alimentos (CEPAL/PMA), Santiago de Chile.

_____(2006) "Modelo de análisis del impacto social y económico de la desnutrición infantil en América Latina", *serie Manuales*, N° 52 (LC/L.2650-P), Santiago de Chile, Comisión Económica para América Latina y el Caribe (CEPAL). Publicación de las Naciones Unidas, N° de venta: S.06.11.G.175.

Martínez Nogueira, R. (2010), "La coherencia y la coordinación de las políticas públicas. Aspectos conceptuales y experiencias", *Los desafíos de coordinación y la integridad de las políticas y gestión pública en América Latina*, C. H. Acuña (comp.), Buenos Aires, Jefatura de Gabinete de Ministros.

Mattos, E. y V. Ponczek (2009), "Estigma, oferta de trabalho e formação de capital humano: Evidências para beneficiários de programas de transferência no Brasil". *Pesquisa e Planejamiento*, N° 39, Río de Janeiro.

Medeiros, M., T. Britto y F. Veras Soares (2008), "Targeted cash transfer programmes in Brazil: BPC and the Bolsa Familia", *Working Paper*, N° 46, Brasilia, Centro Internacional de Políticas para el Crecimiento Inclusivo, junio.

Merino, G. (2010), "Herramientas para lograr una protección social efectiva, más allá de los programas de transferencias monetarias condicionadas", documento presentado en la segunda conferencia de Río de Janeiro sobre desarrollo humano "De los derechos a la realidad: logrando un sistema de protección social efectivo para todos en América Latina y el Caribe", Río de Janeiro, 7 a 9 de junio.

Mesa-Lago, C. (2009), "Social insurance (pensions and health), labour markets and coverage in Latin America", *Financing Social Policy. Mobilizing Resources for Social Development*, K. Hujo y S. Mcclanahan (eds.), Nueva York, Instituto de Investigaciones de las Naciones Unidas para el Desarrollo Social (UNRISD), Palgrave Macmillan.

_____(2008), *Reassembling Social Security: A Survey of Pensions and Health Care Reforms in Latin America*, Oxford, Oxford University Press.

_____ (2004a), "Models of development, social policy and reform in Latin America", *Social Policy in a Development Context*, T. Mkandawire (ed.), Nueva York, Instituto de Investigaciones de las Naciones Unidas para el Desarrollo Social (UNRISD), Palgrave Macmillan.

_____(2004b), "Las reformas de pensiones en América Latina y su impacto en los principios de la seguridad social", *serie Financiamiento del desarrollo*, N° 144 (LC/L.2090-P), Santiago de Chile, Comisión Económica para América Latina y el Caribe (CEPAL).

_____(2000), "Desarrollo social, reforma del Estado y de la seguridad social, al umbral del siglo XXI", *serie Políticas sociales*, N° 36 (LC/L.1249-P), Santiago de Chile, Comisión Económica para América Latina y el Caribe (CEPAL). Publicación de Naciones Unidas, N° de venta: S.00.II.G.5.

Mesquita, C. (2009), "Programa Bolsa Família", documento presentado en el seminario internacional "Sistemas de proteção social: desafios no contexto latinoamericano", Ministerio de Desarrollo Social, Brasilia, 8 a 11 de diciembre [en línea] http://www.mds.gov.br/sites/seminariointernacional/sites/seminariointernacional/programacao.

MIDEPLAN (Ministerio de Planificación de Chile) (2009a), *Trayectorias familiares al egreso del programa Puente*, Santiago de Chile, Secretaría Ejecutiva del Sistema Intersectorial de Protección Social.

_____(2009b), *Gestión de calidad en las redes locales de servicios*, Santiago de Chile, Secretaría Ejecutiva del Sistema Intersectorial de Protección Social.

_____(2006), "Necesidades y aspiraciones prioritarias de las familias que han finalizado la etapa de apoyo psicosocial del sistema de protección social Chile Solidario" *serie de Estudios del sistema de protección social Chile Solidario,* Cuadernillo, N° 3, Santiago de Chile.

MIDES (Ministerio de Desarrollo Social de Panamá) (2008), *Informe de avance de la Red de Oportunidades,* diciembre.

Mkandawire, T. (2006), "Transformative social policy: lessons from UNRISD research", *UNRISD Research and Policy Brief,* N° 5, Ginebra, Instituto de Investigación de las Naciones Unidas para el Desarrollo Social (UNRISD).

_____ (2005),"Targeting and universalism in poverty reduction", *Social Policy and Development Programme Paper,* N° 23, Ginebra, Instituto de Investigación de las Naciones Unidas para el Desarrollo Social (UNRISD), diciembre.

Molina, C. (ed.) (2006), *Universalismo básico. Una nueva política social para América Latina,* Washington D.C., Banco Interamericano de Desarrollo (BID).

Molyneux, M. (2009), "Conditional cash transfers: pathways to women's empowerment?", *Pathways Brief,* Nº 5 [en línea] http://www.pathwaysofempowerment.org/Pathways_Brief_5.pdf.

Moore, C. (2009a), "Nicaragua's Red de Protección Social: an exemplary but short-lived conditional cash transfer programme", *Country Study,* N° 17, Centro Internacional de Políticas para el Crecimiento Inclusivo/Programa de las Naciones Unidas para el Desarrollo (PNUD), enero.

_____(2009b), "El impacto no es suficiente: imagen y sostenibilidad de las TMC en Nicaragua" , *One Pager,* N° 79, Brasilia, Centro Internacional de Políticas para el Crecimiento Inclusivo.

_____(2008), "Assessing Honduras' CCT programme PRAF, Programa de Asignación Familiar: Expected and unexpected realities", *Country Study,* Nº 15, Brasilia, Centro Internacional de Políticas para el Crecimiento Inclusivo/Programa de las Naciones Unidas para el Desarrollo (PNUD), abril.

Moreno, L. y M. Rosenblüth (2009), "Implementing social guarantees: the regime of explicit guarantees in health in Chile", *Building Equality and Opportunity Through Social Guarantees,* E. Gacitúa-Marió, A. Norton y S. Georgieva (eds.), Washington, D.C., Banco Mundial.

Munro, L. (2008), "Risks, needs and rights: compatible or contradictory bases for social protection", *Social Protection for the Poor and Poorest. Concepts, Policies and Politics,* A. Barrientos y D. Hulme (eds.), Basingstoke, Palgrave Macmillan.

Naciones Unidas (2010), *El progreso de América Latina y el Caribe hacia los Objetivos de Desarrollo del Milenio. Desafíos para lograrlos con igualdad* (LC/G.2460), Santiago de Chile, Comisión Económica para América Latina y el Caribe (CEPAL).

_____ (2009a), "Promoción y protección de todos los derechos humanos, civiles, políticos, económicos, sociales y culturales, incluido el derecho al desarrollo. Informe de la experta independiente encargada de la cuestión de los derechos humanos y la extrema pobreza", Magdalena Sepúlveda Carmona (A/HRC/11/9), Nueva York, 27 de marzo.

_____(2009b) "The urgent need to strengthen social protection Systems. Submission of the Independent Expert on the question of Human Rights and Extreme Poverty, Magdalena Sepúlveda Carmona", Nueva York, Conferencia de las Naciones Unidas sobre la crisis financiera y económica mundial y sus efectos en el desarrollo, 24 a 26 de junio.

_____(2000) "El mejoramiento de la protección social y la reducción de la vulnerabilidad en el actual proceso de mundialización. Informe del Secretario General" (E/CN.5/2001/2), Comisión de Desarrollo Social, 39° período de sesiones [en línea] http://daccess-dds-ny.un.org/doc/UNDOC/GEN/N00/792/26/PDF/N0079226.pdf?OpenElement.

Norton, A., E. Gacitúa-Marió y S. Georgieva (2009), "Introduction: social policy, citizenship, and the realization of rights", *Building Equality and Opportunity through Social Guarantees,* E. Gacitúa-Marió, A. Norton y S. Georgieva (eds.), Washington, D.C., Banco Mundial.

Norton, A., T. Conway y M. Foster (2002), "Social protection: defining the field of action and policy", *Development Policy Review,* vol. 20, N° 5.

Nun, E. y D. Trucco (2008), "Informe de sistematización de evaluaciones cualitativas del Programa Puente y sistema de protección Chile Solidario", *Revista latinoamericana de desarrollo humano* [en línea] http://www.revistadesarrollohumano.org/temas125.asp.

Ocampo, J. A. (2001), "Retomar la agenda del desarrollo", *Revista de la CEPAL,* N° 74 (LC/G.2135-P/E), Santiago de Chile, Comisión Económica para América Latina y el Caribe (CEPAL).

OCDE (Organización de Cooperación y Desarrollo Económicos) (2009), "Promoting pro-poor growth. Employment and social protection" [en línea] http://www.oecd.org/dataoecd/63/8/43514582.pdf.

OEA/CEPAL/OIT (Organización de los Estados Americanos/Comisión Económica para América Latina y el Caribe/Organización Internacional del Trabajo) (2010), *Protección social y generación de empleo: análisis de experiencias derivadas de programas de transferencias monetarias con corresponsabilidad,* Washington, D.C., en prensa.

OIT (Organización Internacional del Trabajo) (2009), "Extensión de la seguridad social a todos. Una revisión de los desafíos, de la práctica actual y de las opciones estratégicas" (TMESSC/2009), Ginebra.

_____ (2008a), "Establecimiento de normas de seguridad social en una sociedad global. Análisis de la situación y de la prácticas actuales y de las opciones futuras para el establecimiento de normas de seguridad social globales en la Organización Internacional del Trabajo", Ginebra.

_____(2008b), "Can low-income countries afford basic social security?", Ginebra.

_____(2008c), *Panorama laboral 2008. America Latina y el Caribe,* Lima, Oficina Regional para América Latina y el Caribe.

_____(2008d), *Declaración de la OIT sobre la justicia social para una globalización equitativa,* adoptada por la Conferencia Internacional del Trabajo en su nonagésima séptima reunión, Ginebra, 10 de junio.

_____(2007a), "Financiamiento de la seguridad social", taller formativo de seguridad social para sindicalistas argentinos, Buenos Aires, 27 a 31 de agosto.

_____(2007b), *Panorama laboral 2007. America Latina y el Caribe,* Lima, Oficina Regional para América Latina y el Caribe.

_____(2006), *Panorama laboral 2006. America Latina y el Caribe,* Lima, Oficina Regional para América Latina y el Caribe.

OIT/PNUD (Organización Internacional del Trabajo/Programa de Naciones Unidas para el Desarrollo) (2009), *Trabajo y familia: hacia nuevas formas de conciliación con corresponsabilidad social,* Santiago de Chile.

OSUAH (Observatorio Social Universidad Alberto Hurtado) (2007), "Minuta. La Encuesta Panel CASEN 1996, 2001, 2006: primera fase de análisis", Fundación para la Superación de la Pobreza, Ministerio de Planificación [en línea] http://www.mideplan.cl/index.php?option=com_content&view=article&id=235&Itemid=9.

Palma, J. y R. Urzúa (2005), "Políticas contra la pobreza y ciudadanía social: el caso de Chile Solidario", *Colección políticas sociales,* N° 12, Santiago de Chile, Departamento de Políticas Públicas, Instituto de Asuntos Públicos, Universidad de Chile.

Patrinos, H. y E. Skoufias (2007), *Economic Opportunities for Indigenous Peoples in Latin America,* Washington, D.C., Conference Edition, Banco Mundial.

Parra Corrêa, K. y R. Perez Ribas (2008), "Needs assessments: why they are important for CCT programmes", *Cash Transfers. Lessons from Africa and Latin America*", D. Hailu y F. Veras Soares (eds.), Poverty in Focus, N° 15, Brasilia, Centro Internacional de Políticas para el Crecimiento Inclusivo, agosto.

Pautassi, L. y C. Zibecchi (2010), "Límites y desafíos en la superación de la pobreza infantil en el marco de los programas de transferencias condicionadas en Argentina. Una aproximación desde los protagonistas", *serie Políticas sociales,* Nº 159 (LC/L.3198-P/E), Santiago de Chile, Comisión Económica para América Latina y el Caribe (CEPAL). Publicación de las Naciones Unidas, N° de venta: S.10.II.G.10.

Pautassi, L. (2009), "El aporte del enfoque de derechos a las políticas sociales. Una breve revisión", documento presentado en el taller de expertos Protección social, pobreza y enfoque de derechos: vínculos y tensiones, Comisión Economica para América Latina y el Caribe (CEPAL), Santiago de Chile, 5 y 6 de noviembre.

Programa de Desarrollo Humano Oportunidades (2009), "Lineamientos del modelo alternativo de gestión y atención del Programa Oportunidades en zonas urbanas", documento aprobado en la 50° sesión ordinaria del Comité Técnico de la Coordinación Nacional del Programa de Desarrollo Humano Oportunidades, 13 de agosto.

_____(s/f), "Prontuario institucional del Programa de Desarrollo Humano Oportunidades" [en línea] http://www.oportunidades.gob.mx/Wn_Publicaciones/Pub_anter.html.

PROTEGE (2008), "Protección social y género", Santiago de Chile, Ministerio de Planificación Social, Sistema de Protección Social.

Raczynsky, D. (2008), "Sistema Chile Solidario y la política de protección social de Chile. Lecciones del pasado y agenda para el futuro", Santiago de Chile, Corporación de Estudios para Latinoamérica (CIEPLAN).

Ramírez, J. C. y M.C. Peñaloza (2007), "La coordinación de las políticas sociales", *Gestión y financiamiento de las políticas que afectan las familias,* I. Arriagada (ed.), serie Seminarios y conferencias, N° 49 (LC/L.2648-P/E), Santiago de Chile, Comisión Económica para América Latina y el Caribe (CEPAL). Publicación de las Naciones Unidas, N° de venta: S.06.II.G.174.

Rangel, G. (2009), *Programa de Desarrollo Humano Oportunidades. Evaluaciones, resultados y presupuesto 2010,* Centro de Estudios para el Desarrollo Rural Sustentable y la Soberanía Alimentaria (CEDRSSA).

_____(2005), "Género y trabajo en el sistema de protección Chile Solidario: la experiencia local en dos comunas de la Región Metropolitana", *Chile Solidario y los desafíos de la igualdad,* Verónica Riquelme y María Elena Valenzuela (eds.), Santiago de Chile, Organización Internacional del Trabajo (OIT)/Programa de las Naciones Unidas para el Desarrollo (PNUD).

Regalia, F. (2006), "Protección social, seguridad social y Oportunidades: ¿un conjunto de incentivos alineados?", *Nota de política,* Washington, D.C., Banco Interamericano de Desarrollo (BID).

Reimers, F., C. DeShano y E. Trevino (2006), *Where is the "Education" in Conditional Cash Transfers in Education?,* Montreal, Instituto de Estadística de la UNESCO.

Rentería, C. (2009), "Avances y retos de la política social en Colombia", Bogotá, Departamento Nacional de Planeación (DNP).

Repetto, F. (2010a), "Protección social en América Latina: La búsqueda de una integralidad con enfoque de derechos", *Revista del CLAD. Reforma y democracia,* N° 47.

_____(2010b), "Coordinación de políticas sociales: abordaje conceptual y revisión de experiencias latinoamericanas", *Los desafíos de coordinación y la integridad de las políticas y gestión pública en América Latina,* C.H. Acuña (comp.), Buenos Aires, Jefatura de Gabinete de Ministros.

Repetto, F. (2009), "Protección social integral: una mirada a la coordinación como medio", documento presentado en el taller de expertos Protección social, pobreza y enfoque de derechos: vínculos y tensiones, Comisión Economica para América Latina y el Caribe (CEPAL), Santiago de Chile, 5 y 6 de noviembre.

República de Honduras (2010), "Programa de Asignación Familiar, presupuesto de ingresos por fuente financiamiento y organismo financiador, ejercicio 2010", Dirección de Presupuestos [en línea] www.sefin.gob.hn.

Ribe, H., D. Robalino e I. Walker (2010), *De los derechos a la realidad. Una protección social eficaz para todos en América Latina y el Caribe,* Washington, D.C., Banco Mundial.

Ringold, D. y R. Rofman (2008), "Argentina: políticas de transferencias de ingreso hacia el bicentenario", *Los programas sociales en Argentina hacia el Bicentenario: visiones y perspectivas,* G. Cruces y otros (eds.), Buenos Aires, Banco Mundial.

Roberts, C. (2006), "Seguimiento del desempeño: Jamaica", documento presentado en la tercera Conferencia internacional sobre transferencias en efectivo condicionadas, Estambul, 26 a 30 de junio.

Robles, C. (2009), "Pueblos indígenas y programas de transferencias con corresponsabilidad. Estado de avance y propuestas desde un enfoque étnico", *serie Políticas sociales,* N° 156 (LC/L.3170-P/E), Santiago de Chile, Comisión Económica para América Latina y el Caribe (CEPAL).

Rodríguez, A. (2010), "Programas de transferencias condicionadas, políticas sociales y combate de pobreza en Panamá", *serie Políticas sociales,* N° 162 (LC/L.3222-P/E), Santiago de Chile, Comisión Económica para América Latina y el Caribe (CEPAL). Publicación de las Naciones Unidas, N° de venta: S.10.II.G.31.

Rodríguez, A. y H. Alvarado (2008), "Claves de la innovación social en América Latina y el Caribe", *Libros de la CEPAL,* N° 101 (LC/G.2394-P), Santiago de Chile, Comisión Económica para América Latina y el Caribe (CEPAL). Publicación de las Naciones Unidas, N° de venta: S.08.II.G.57.

Rodríguez, J. y L. Flores (2010), "Protección del gasto público social a través de la política fiscal: el caso de Chile", *serie Financiamiento del desarrollo,* N° 224 (LC/L.3235-P), Santiago de Chile, Comisión Económica para América Latina y el Caribe (CEPAL). Publicación de las Naciones Unidas, N° de venta: S.10.II.G.38.

Rodríguez, J. y C. Arriagada (2004), "Segregación residencial en la ciudad latinoamericana", *EURE,* vol. 30, N° 89, mayo.

Román, I. (2010), "Sustentabilidad de los programas de transferencias condicionadas: la experiencia del Instituto Mixto de Ayuda Social y "Avancemos" en Costa Rica", *serie Políticas sociales,* N° 160 (LC/L.3209-P/E), Santiago de Chile, Comisión Económica para América Latina y el Caribe (CEPAL). Publicación de las Naciones Unidas, N° de venta: S.10.II.G.23.

Rubio, G. y F. Garfias (2010), "Análisis comparativo sobre los programas para adultos mayores en México", *serie Políticas sociales,* N° 161 (LC/L.3221-P/E), Santiago de Chile, Comisión Económica para América Latina y el Caribe (CEPAL). Publicación de las Naciones Unidas, N° de venta: S.10.II.G.30.

Salinas, I. (2007), "La instalación progresiva de un sistema local de protección social", documentado presentado en el seminario internacional evolución y desafíos de los programas de transferencias condicionadas, Brasilia, 20 y 21 de noviembre.

Samson, M. (2006), "El caso de las transferencias sociales no condicionadas", documento presentado en la tercera Conferencia internacional sobre transferencias en efectivo condicionadas, Turquía, 26 a 30 de junio.

SAS/OIT (Secretaría de Acción Social/Organización Internacional del Trabajo) (2007), Impacto de los programas TEC en el trabajo infantil, Asunción, noviembre.

Schady, N. (2006), "Programas de transferencias en efectivo condicionadas: repaso de la información disponible", documento presentado en la tercera Conferencia internacional sobre transferencias en efectivo condicionadas, Estambul, 26 a 30 de junio.

Schady, N. y M. C. Araujo (2006), "Cash transfers, conditions, school enrollment, and child work: Evidence from a randomized experiment in Ecuador", *World Bank Policy Research Working Paper,* N° 3930, Washington D.C., Banco Mundial.

Schady, N. y A.M. Milazzo (s/f), "A Bibliography on Evaluations of Conditional Cash Transfer Programs", borrador.

Schwarzer, H. y A. Querino (2002), "Beneficios social y los pobres en Brasil: programas de pensiones no convencionales", *Pensiones no contributivas y asistenciales. Argentina, Brasil, Chile, Costa Rica y Uruguay,* F. Bertranou, C. Solorio y W. van Ginneken (eds.), Santiago de Chile, Organización Internacional del Trabajo (OIT).

SEDESOL (Secretaría de Desarrollo Social de México) (2008), *Oportunidades, un programa de resultados,* México, D.F., septiembre.

Sen, A. (1997), "Editorial: human capital and human capability", *World Development,* vol. 25, N° 12.

SENAPAN (Secretaría Nacional para el Plan de Seguridad Alimentaria Nacional de Panamá) (2008), "Programa de Bonos Familiares para la Compra de Alimentos en los distritos de Mironó, Nole Duima, Besikó, Ñurum y Santa Fé", julio.

Serrano, C. (2005), "La política social en la globalización. Programas de protección en América Latina", *serie Mujer y desarrollo,* N° 70 (LC/L.2364-P), Santiago de Chile, Comisión Económica para América Latina y el Caribe (CEPAL). Publicación de las Naciones Unidas, N° de venta: S.05.II.G.103.

Serrano, C. y D. Raczynski (2003), "Derechos sociales básicos, superación de la pobreza y protección social ante la vulnerabilidad", Santiago de Chile, Asesorías para el Desarrollo [en línea] http://www.asesoriasparaeldesarrollo.cl/secciones/areas_de_trabajo/politicas_sociales.html.

Silva, V. (2009), "Secretaria Ejecutiva Red de Protección Social PROTEGE, Gobierno de Chile", entrevista, 14 de diciembre.

Sojo, A. (2009) (ed.), "Hacia la universalidad, con solidaridad y eficiencia: el financiamiento de la protección social en países pobres y desiguales", *serie Seminarios y conferencias,* Nº 55 (LC/L.3034-P/E), Santiago de Chile, Comisión Económica para América Latina y el Caribe (CEPAL). Publicación de las Naciones Unidas, Nº de venta: S.09.II.G.39.

_____(2007), "La trayectoria del vínculo entre políticas selectivas contra la pobreza y las políticas sectoriales", *Revista de la CEPAL,* Nº 91 (LC/G.2333-P/E), Santiago de Chile, Comisión Económica para América Latina y el Caribe (CEPAL).

_____(2006), "La garantía de prestaciones en salud en América Latina. Equidad y reorganización de los cuasimercados a inicios del milenio", *serie Estudios y perspectivas,* Nº 44 (LC/MEX/L.708), México D.F., Comisión Económica para América Latina y el Caribe (CEPAL). Publicación de las Naciones Unidas, Nº de venta: S.06.II.G.9.

_____(2003), "Vulnerabilidad social, aseguramiento y diversificación de riesgos en América Latina y el Caribe", *Revista de la CEPAL,* Nº 80 (LC/G.2204-P/E), Santiago de Chile, Comisión Económica para América Latina y el Caribe (CEPAL).

Sojo, A. y A. Uthoff (2006) (eds.), *Desempeño económico y política social en América Latina y el Caribe. Los retos de la equidad, el desarrollo y la ciudadanía,* México, D.F., Comisión Económica para América Latina y el Caribe (CEPAL), Facultad Latinoamericana de Ciencias Sociales (FLACSO), Secretaría de Desarrollo Social (SEDESOL).

Son, H. (2006), "Cash transfers in Africa- an ex-ante evaluation", *Social Protection. The role of Cash Transfers,* D. Ehrenpreis (ed.), Poverty in Focus, Nº 8, Brasilia, Centro Internacional de Políticas para el Crecimiento Inclusivo, junio.

Sposati, A. (2009), "Modelo brasileiro de proteção social não contributiva", *Concepção e gestão da proteção social não contributiva no Brasil,* Brasilia, Ministerio de desarrollo social y lucha contra el hambre (MDS)/Organización de las Naciones Unidas para la Educación, la Ciencia y la Cultura (UNESCO).

Standing, G. (2007), "Conditional cash transfers: why targeting and conditionalities could fail", *One Pager,* Nº 47, Brasilia, Centro Internacional de Políticas para el Crecimiento Inclusivo, diciembre.

Stecklow, G. y otros (2006), "Demographic externalities from poverty programs in developing countries: experimental evidence from Latin America", *Department of Economics Working Paper Series,* N° 2006-1, Washington, D.C., America University.

Suplicy, E. (2009), *Renta básica de ciudadanía: la respuesta dada por el viento,* Brasilia, Senado Federal.

_____(s/f), "De la renta mínima a la renta básica en Brasil: La reciente evolución de un instrumento de combate a la pobreza y a la desigualdad" [en línea] http://www.ingresociudadano.org/Publicaciones/RB.Brasil.pdf.

Tokman, V. (2001), *De la informalidad a la modernidad,* Santiago de Chile, Organización Internacional del Trabajo (OIT).

Toro, A. (2009), "Aprendizajes y desafíos de la instalación territorial del sistema de protección social en Chile", documento presentado en el Seminario internacional sistemas de protección social: desafios en el contexto latino americano, Brasilia, 10 de noviembre.

Uprimny, R. (2007), "La judicialización de la política en Colombia: casos, potencialidades y riesgos", *Justicia, política y derechos en América Latina*, J.M. Palacio y M. Candioti (eds.), Buenos Aires, Prometeo Libros.

Uthoff, A. (2009), "La trayectoria de la reforma previsional en Chile y el incremento de la solidaridad", ponencia presentada en el Seminario sobre seguridad social y protección integral para adultos mayores: desafíos y estrategias en América Latina y el Caribe y experiencias internacionales, Lima, noviembre y diciembre [en línea] http://www.gtz-cepal.cl/files/Andras%20Uthoff%20La%20 trayectoria%20de%20la%20reforma%20previsional%20en%20Chile.pdf.

_____(2006), "Transformaciones del mercado de trabajo e implicaciones para los sistemas de pensiones", *Efectos económicos de los sistemas de pensiones*, R. Ham Chande y B. Ramírez López (eds.), México, D.F., Plaza y Valdés.

Velásquez, M. (2010), "Seguros de desempleo y reformas recientes en América Latina", *serie Macroeconomía del desarrollo*, N° 99 (LC/L.3144-P), Santiago de Chile, Comisión Económica para América Latina y el Caribe (CEPAL). Publicación de las Naciones Unidas, N° de venta: S.09.II.G.117.

Veras Soares, F. (2009a), "Do CCT lessen the impact of the current economic crisis? Yes, but…", *One Pager*, N° 96, Brasilia, Centro Internacional de Políticas para el Crecimiento Inclusivo, septiembre.

_____(2009b), "El impacto de los PTC y sus desafíos frente la crisis", documento presentado en el seminario internacional Repensar lo social en tiempos de crisis, La Antigua, 28 y 29 de mayo.

_____(2009c), "El futuro y los desafíos principales de los Programas de Transferencias Condicionadas", documento presentado en el taller de expertos Protección social, pobreza y enfoque de derechos: vínculos y tensiones, Comisión Económica para América Latina y el Caribe (CEPAL), Santiago de Chile, 5 y 6 de noviembre.

Veras Soares, F. y T. Britto (2008), "Encarando las limitaciones en la capacidad para transferencias monetarias condicionadas en Latinoamérica: los casos de El Salvador y Paraguay", *Documento de trabajo*, N° 38, Brasilia, Centro Internacional de Políticas para el Crecimiento Inclusivo/Programa de Naciones Unidas para el Desarrollo (PNUD), enero.

Veras Soares, F., R. Perez Ribas y G. Issamu Hirata (2008), "Achievements and shortfalls of conditional cash transfers: impact evaluation of Paraguay's Tekoporâ Programme" , *IPC Evaluation Note*, N° 3, Brasilia, Centro Internacional de Políticas para el Crecimiento Inclusivo, marzo.

Veras Soares, F., R. Perez Ribas. y R. Guerreiro Osorio (2007), "Evaluating the impact of Brazil's Bolsa Família: cash transfer programmes in comparative perspective", *IPC Evaluation Note*, N° 1, Brasilia, Centro Internacional de Políticas para el Crecimiento Inclusivo, diciembre.

Veras Soares, F. y otros (2006), "Cash transfer programmes in Brazil: impacts on inequality and poverty", *Working Paper*, N° 21, Brasilia, Centro Internacional de Políticas para el Crecimiento Inclusivo, junio.

Vergara, P. (1990), *Políticas hacia la extrema pobreza en Chile. 1973/1988*, Santiago de Chile, Facultad Latinoamericana de Ciencias Sociales (FLACSO).

Villatoro, P. (2008), "CCTs in Latin America: Human Capital Accumulation and Poverty Reduction" en *Poverty in Focus*, N° 15: "Cash transfers. Lessons from Africa and Latin America", *Cash Transfers. Lessons from Africa and Latin America*", D. Hailu y F. Veras Soares (eds.), Poverty in Focus, N° 15, Brasilia, Centro Internacional de Políticas para el Crecimiento Inclusivo, agosto.

_____(2007), "Las transferencias condicionadas en América Latina: luces y sombras", documento presentado en el seminario internacional Evolución y desafíos de los programas de transferencias condicionadas, Brasilia, 20 y 21 de noviembre.

Waters, W. (2009), "Diseño de políticas y programas sociales. Estudio de evaluación cualitativa del Programa Red de Oportunidades. Informe 1: comarcas indígenas" (PN-T1058), Ciudad de Panamá, Banco Interamericano del Desarrollo (BID).

Weller, J. (2008), *Los mercados de trabajo, la protección de los trabajadores y el aprendizaje de por vida en una economía global: experiencias y perspectivas de América Latina y el Caribe* (LC/L.2880), Santiago de Chile, Comisión Económica para América Latina y el Caribe (CEPAL).

Williamson, J. (1994), *The Political Economy of Policy Reform*, Washington, D.C., Institute for International Economics.

Yaschine, I. y Dávila, L. (2008), "Why, when and how should beneficiaries leave a CCT programme", *Cash Transfers. Lessons from Africa and Latin America*", D. Hailu y F. Veras Soares (eds.), Poverty in Focus, N° 15, Brasilia, Centro Internacional de Políticas para el Crecimiento Inclusivo, agosto.

Younger, S., J. Ponce y D. Hidalgo (2008), "El impacto de las transferencias a las madres de familia en la seguridad alimentaria de los niños: un análisis comparado de los casos de México y Ecuador", documento presentado en el tercer seminario internacional Transferencias condicionadas, erradicación del hambre y la desnutrición crónica, Santiago de Chile, 1 y 2 de diciembre [en línea] http://www.rlc.fao.org/es/prioridades/seguridad/ingreso3/docs.htm.

Zapata, J. (2009), "Coordinación y gestión territorial de la política social en Colombia", *serie Políticas sociales*, N° 148 (LC/L.3101-P), Santiago de Chile, Comisión Económica para América Latina y el Caribe (CEPAL). Publicación de las Naciones Unidas, N° de venta: S.09.II.G.83.

Declaraciones, pactos y tratados internacionales

Naciones Unidas (1989), Convención sobre los Derechos del Niño (CRC), resolución 44/25 de la Asamblea General, 20 de noviembre [en línea] http://www2.ohchr.org/spanish/law/crc.htm.

Naciones Unidas (1966), Pacto Internacional de Derechos Económicos, Sociales y Culturales, resolución 2200ª (XXI) de la Asamblea General, 16 de diciembre [en línea] http://www.acnur.org/*biblioteca/pdf/0014.pdf*.

Naciones Unidas (1965), Convenio Internacional sobre la Eliminación de todas las Formas de Discriminación Racial (ICERD), resolución 2106 A (xx) de la Asamblea General, 21 de diciembre [en línea] http://www2.ohchr.org/spanish/law/cerd.htm.

Naciones Unidas (1948), Declaración Universal de Derechos Humanos, resolución 217 (iii) de la Asamblea General, 10 de diciembre [en línea] http://www.ohchr.org/EN/UDHR/Pages/Introduction.aspx.

Organización de los Estados Americanos (OEA) (1988), Protocolo Adicional a la Convención Americana sobre Derechos Humanos en materia de Derechos Económicos, Sociales y Culturales (Protocolo de San Salvador), 17 de noviembre [en línea] www.cidh.oas.org/basicos/basicos2.htm.

Organización de los Estados Americanos (OEA) (1969), Convención Americana sobre Derechos Humanos, 22 de noviembre [en línea] www.cidh.org/Basicos/Basicos4.htm.

Organización Internacional del Trabajo (OIT) (1989), Convenio 169 de derechos de los pueblos indígenas y tribales [en línea] http://www.ilo.org/ilolex/cgi-lex/convds.pl?C169 .

Organización Internacional del Trabajo (OIT) (1952), Convenio 102 sobre la seguridad social (norma mínima) [en línea] http://www.ilo.org/ilolex/cgi-lex/convds.pl?C102.

Sitios web consultados:

Argentina:

ANSES (Administración Nacional de la Seguridad Social) [en línea] http://www.anses.gov.ar/institucional/historia/prestaciones.php, 2009.

Casa Rosada, Presidencia de la Nación Argentina [en línea] http://www.presidencia.gov.ar/

Ministerio de Desarrollo Social [en línea] http://www.desarrollosocial.gov.ar/sennaf/default.asp.

ECUPRES (2009) "Seguridad social, Argentina en la senda de las recomendaciones internacionales", Miguel Ángel Fernández Pastor, noviembre de 2009 [en línea] http://www.ecupres.com.ar/noticias.asp?Articulos_Id=4108.

Familias en Acción [en línea] http://www.desarrollosocial.gov.ar/Planes/PF/pf.asp.

Programa de Ciudadanía Porteña "Con todo derecho" (Buenos Aires) [en línea] http://www.buenosaires.gov.ar/areas/des_social/ciudadania_portenia/?menu_id=21936.

OEA (Organización de los Estados Americanos) http://www.sedi.oas.org/ddse/espanol/cpo_desoc_horizo.asp, 2009.

Jefes y Jejas de Hogar Desocupados [en línea] http://www.trabajo.gov.ar/jefes/index.asp.

Ministerio del Trabajo, Empleo y Seguridad Social [en línea] http://www.trabajo.gob.ar/planesyprogramas/seguro.asp.

Bolivia (Estado Plurinacional de):

Bono Juancito Pinto [en línea] http://www.planificacion.gov.bo/juancitopinto/quienera.php.

Bono Madre Niño-Niña "Juana Azurduy de Padilla" [en línea] http://www.sns.gov.bo/index.apx?op=802.

Brasil:

Bolsa Família [en línea] http://www.mds.gov.br/bolsafamilia/, 2010.

MDS (Ministerio de desarrollo social y lucha contra el hambre) [en línea] http://www.mds.gov.br. y http://www.mds.gov.br/institucional/o-ministerio/missao-1.

Ministério da Previdência Social [en línea] http://www.mpas.gov.br/index.php.
ProJovem [en línea] http://www.projovem.gov.br.
Programa de Erradicação do Trabalho Infantil (PETI) [en línea] http://www.mds.gov.br/programas/rede-suas/protecao-social-especial/programa-de-erradicacao-do-trabalho-infantil-peti.

Chile:
AFC (Administradora de Fondo de Cesantía) [en línea] http://www.afcchile.cl/, 2010.
Chile Solidario [en línea] http://www.chilesolidario.gov.cl. Instituto de Previsión Social [en línea] http://www.ips.gob.cl/.
Ministerio de Planificación y Cooperación (MIDEPLAN) [en línea] www.mideplan.cl.
Ministerio del Trabajo y Previsión Social [en línea] http://www.mintrab.gob.cl/, 2009.
PROTEGE, Red de Protección Social [en línea] http://www.redprotege.gov.cl.
PUENTE, "Programa Puente, la entrada a Chile Solidario" [en línea] http://public.programapuente.cl/index.html.
Red Salud [en línea] http://www.redsalud.gov.cl/gesauge/ges_conflicto.html, 2009.
SP (Superintendencia de Pensiones), Nuevo sistema de pensiones [en línea] http://www.safp.cl/573/propertyvalue-1701.html, 2010.

Colombia:
Departamento Nacional de Planeación [en línea] http://www.dnp.gov.co/PortalWeb/LinkClick.aspx?fileticket=LNQRfw1bAXo%3d&tabid=65.
Acción Social (Agencia Presidencial para la Acción Social y la Cooperación Internacional) [en línea] http://www.accionsocial.gov.co/contenido/contenido.aspx?catID=204&conID=157, 2010.
Ministerio de Minas y Energías [en línea] http://www.minminas.gov.co/minminas/.
Red de Protección Social Juntos [en línea] http://www.accionsocial.gov.co/contenido/contenido.aspx?catID=3&conID=2392&pagID=6920.
Subsidios Condicionados a la Asistencia Escolar [en línea] http://matriculabd1.redp.edu.co/sistemat02/sed/websubsidios/index.htm.

Costa Rica:
Avancemos [en línea] <http://www.oportunidades.gob.mx/Wn_Publicaciones/Pub_anter.html>.
Instituto Mixto de Ayuda Social [en línea] http://www.imas.go.cr/prog_soc/beneficios_ind/ps-avancemos.html.

Ecuador:
Bono de Desarrollo Humano [en línea] http://www.pps.gov.ec/PPS/PPS/BDH/INF/QuienesSomos.aspx.
Bono Emergente [en línea] http://www.pps.gov.ec/PPS/PPS/EMER/INF/QuienesSomos.aspx.
Programa de Protección Social [en línea] http://www.pps.gov.ec/PPS/PPS/Inicio.aspx.

El Salvador:
Instituto Salvadoreño del Seguro Social [en línea] http://www.isss.gob.sv/.
Red Solidaria [en línea] http://www.redsolidaria.gob.sv.

Guatemala:
Instituto Guatemalteco de Seguridad Social [en línea] http://www.igssgt.org/index2.html.
Mi Familia Progresa [en línea] http://www.mifamiliaprogresa.gob.gt.

Haití:
Ministère de la planification et de la coopération externe [en línea] www.mpce.gouv.ht/documentpauvrete.htm.

Honduras:
Instituto Hondureño del Seguro Social, Ley del Seguro Social [en línea] http://www.honduraslegal.com/legislacion/Seguro_Social.htm.
Red Solidaria [en línea] http://www.redsolidaria.hn/acerca_de_la_red_solidaria.htm.

Jamaica:
Programme of Advancement through Health and Nutrition (PATH) [en línea] http://www.mlss.gov.jm/pub/index.php?artid=23.

México:
CONEVAL (Consejo Nacional de Evaluación de la Política de Desarrollo Social) [en línea] http://www.coneval.gob.mx/coneval2/, 2010.
Encuesta Nacional sobre niveles de vida de los hogares [en línea] http://www.ennvih-mxfls.org/es/ennvih.php?seccion=1&subseccion=1&session=2.
IMSS (Instituto Mexicano del Seguro Social) [en línea] http://www.imss.gob.mx/, 2009.
Instituto de Seguridad y Servicios Sociales para los Trabajadores del Estado [en línea] http://www.issste.gob.mx/.
Oportunidades [en línea] http://www.oportunidades.gob.mx.
Secretaría de Salud [en línea] http://portal.salud.gob.mx/.

Nicaragua:
Instituto Nicaragense de Seguridad Social [en línea] http://www.inss.gob.ni/.

Panamá:
Bonos familiares para la compra de alimentos [en línea] http://www.presidencia.gob.pa/senapan/cont.php?dest=bonos.
Red de Oportunidades [en línea] http://www.mides.gob.pa/index.php?option=com_content&task=blogcategory&id=48&Itemid=75.

Paraguay:
Tekoporâ [en línea] http://www.sas.gov.py.

Perú:

Instituto Nacional de Estadística e Informática (INEI), "Encuesta permanente de empleo trimestre móvil febrero abril 2009" [en línea] http://webinei.inei.gob.pe/anda/survey.php?id=71.

Juntos [en línea] http://www.juntos.gob.pe/intro.php.

República Dominicana:

Programa Solidaridad [en línea] http://www.solidaridad.gov.do.

Trinidad y Tabago:

Targeted Conditional Cash Transfer Programme (TCCTP) [en línea] http://www.gov.tt/citizen/service.aspx?id={03429EDA-4C15-4267-A898-656FC846B5B5}.

Uruguay:

Programa de Atención Nacional a la Emergencia Social (PANES) [en línea] http://www.mides.gub.uy/mides/carpeta.jsp?contentid=912&version=1&site=1&channel=mides.

Otros:

Basic Income Earth Network (BIEN) [en línea] http://www.basicincome.org.

Comisión Económica para América Latina y el Caribe (CEPAL), Programas de transferencias condicionadas, Base de datos de programas de protección social no contributiva en América Latina y el Caribe [en línea] http://dds.cepal.org/bdptc.

Anexo 1

La protección social y los derechos económicos, sociales y culturales

El piso normativo para los requerimientos de protección que los Estados deben cumplir está definido por el sistema internacional de los derechos humanos y, en particular, por el conjunto de derechos económicos, sociales y culturales. Estos fueron incluidos inicialmente en la Declaración Universal de Derechos Humanos (Naciones Unidas, 1948), antecedente directo del Pacto Internacional de Derechos Económicos, Sociales y Culturales adoptado por las Naciones Unidas en 1966. En el caso de América Latina y el Caribe, el sistema interamericano de la Organización de los Estados Americanos (OEA) suscribió en 1969 la Convención Americana sobre Derechos Humanos y en 1988 el Protocolo de San Salvador. También cabe destacar el Convenio 102 de 1952 sobre seguridad social de la Organización Internacional del Trabajo (OIT), ratificado hasta el momento por ocho países de la región. Estos instrumentos sustentan la importancia de considerar los derechos como elementos centrales en el enfoque que debe tener la protección social en la región.

A. La Declaración Universal de Derechos Humanos

Esta declaración otorga una guía esencial de los ámbitos que el Estado debe reguardar para cada persona y que comprenden derechos civiles, políticos, económicos, sociales y culturales. Contempla en su base el principio fundamental de la igualdad y la no discriminación en el acceso a mecanismos que contribuyan a la realización de los derechos.

En cuanto a la protección social, la Declaración da cuenta de una preocupación temprana en torno a los diversos componentes que luego darán forma a las políticas. En el artículo 22 se establece el derecho de todas las personas a la seguridad social y a la satisfacción de los derechos económicos, sociales y culturales.

Los artículos 23 y 24 versan explícitamente sobre los derechos laborales. En el artículo 23 se define el derecho al trabajo, que debe ser libremente elegido y realizado en condiciones equitativas y satisfactorias, el derecho a recibir igual remuneración por igual trabajo, y a un salario que asegure condiciones dignas de vida para el trabajador y su familia. Este artículo también contempla el derecho a estar protegido frente al desempleo, así como el derecho a la sindicalización. El artículo 24 establece los derechos vinculados al descanso y las condiciones laborales básicas a las que las personas deben tener acceso.

En el artículo 25, relacionado con la protección social no contributiva, se establece el derecho a un nivel adecuado de vida que asegure a cada persona y su familia la salud y el bienestar, y en especial la alimentación, el vestuario, la vivienda, la asistencia médica y el acceso a servicios sociales. Igualmente, se define el derecho a la protección social de la maternidad y la infancia. En este artículo también se hace mención a la seguridad social, en el sentido de que cada persona debe tener acceso a seguros en caso de desempleo, enfermedad, invalidez, viudez, vejez u otros casos en que se pierdan los medios de subsistencia por causas involuntarias.

Finalmente, el artículo 26 establece el derecho a la educación, obligatoria y gratuita al menos en su nivel básico. La educación técnica y profesional debe ser generalizada, y el acceso a los estudios superiores deberá ser igual para todos en función del mérito.

B. El Pacto Internacional de Derechos Económicos, Sociales y Culturales

A partir de este Pacto, es posible identificar con mayor especificidad una serie de aspectos y estándares que deben estar contenidos en las políticas de protección social de los Estados que se han comprometido a realizar estos derechos y han ratificado el Pacto. De allí la relevancia de desentrañar sus contenidos a la luz de la protección social.

Los artículos 1 a 5 del Pacto Internacional de Derechos Económicos, Sociales y Culturales establecen los principios que guían los derechos específicos reconocidos por la Declaración y que inspiran un enfoque de derechos. Resumidamente, estos artículos señalan:

Art. 1: El derecho a la libre determinación en cuanto a las libertades políticas de las personas y a la protección de sus recursos para buscar el desarrollo.

Art. 2: Las obligaciones de los Estados signatarios del pacto en cuanto a respetar, proteger, promover y realizar los derechos aquí contenidos, los que deben implementarse de manera progresiva, sin discriminación, considerando el máximo de los recursos disponibles y respetando las decisiones soberanas de los Estados respecto de su aplicabilidad a los no nacionales.

Art. 3: La igualdad entre hombres y mujeres en el acceso a los mecanismos para la realización de los derechos económicos, sociales y culturales.

Art. 4: Los límites que pueden restringir los ámbitos de aplicación de los derechos económicos, sociales y culturales como los definidos por la legislación de cada Estado en la medida en que esta sea compatible con el Pacto.

Art. 5: Los derechos no pueden estar sujetos a ninguna arbitrariedad.

Estos principios otorgan una guía a lo señalado en los nueve artículos siguientes, que definen contenidos directamente relacionados con la protección social. Los artículos 6 a 8 versan sobre aspectos vinculados al trabajo decente y la regulación de los mercados laborales. Los elementos a destacar en cada uno de estos artículos son:

Art. 6: El trabajo debe permitir cubrir las propias necesidades y ser elegido por la persona libremente. Para la realización de este derecho, es necesario garantizar el acceso a instancias de orientación vocacional, capacitación técnica y entrenamiento, de manera de fortalecer el desarrollo y empleo productivo. De esta forma, este derecho se vincula también con el acceso de servicios sociales que la protección social facilita.

Art. 7: El empleo debe desarrollarse en condiciones justas y favorables, considerando remuneraciones suficientes para cubrir condiciones de vida decentes para los trabajadores y sus familias, y equivalentes en función del trabajo realizado, velando por la igualdad de las condiciones laborales entre hombres y mujeres. También se incluyen las regulaciones de seguridad y sanidad en el trabajo, de igualdad de oportunidades de promoción en el empleo y de períodos de descanso remunerado.

Art. 8: Es un derecho de los trabajadores la libertad de organización sindical y de huelga.

El siguiente conjunto de derechos (artículos 9 a 11) se vinculan más directamente con las obligaciones del Estado respecto de resguardar los ingresos y mantener un nivel de vida adecuado para las personas y familias. Resumidamente, estos están orientados a garantizar:

Art. 9: Acceso a la seguridad social y al seguro social.

Art. 10: La protección y asistencia de la familia libremente formada y mientras tiene a su cargo la educación de los infantes. Este derecho considera también la necesidad de brindar protección especial a la madre en el período de gestación y puerperio, con lo que se relaciona con la regulación de los mercados laborales. Al mismo tiempo, precisa la obligación estatal de brindar protección especial a los niños y jóvenes de la explotación económica y social, sancionando el empleo infantil que vulnere en cualquier medida el bienestar de estos grupos.

Art. 11: Un nivel de vida adecuado para los individuos y sus familias, incluido el acceso a niveles de alimentación, vestuario y vivienda adecuados y el mejoramiento permanente de las condiciones de vida. En este ámbito, este derecho se vincula al acceso a los servicios sociales.

En los artículos 12 a 14 se determinan dos ámbitos clave para los servicios sociales que deben ser resguardados por los Estados, a saber:

Art. 12: Derecho al nivel más alto de salud física y mental, definiendo las garantías estatales en el sentido de implementar medidas para reducir la mortalidad infantil y fortalecer el desarrollo saludable en la niñez; prevenir, tratar y controlar las enfermedades; brindar atención médica, y mejorar aspectos de higiene ambiental e industrial.

Art. 13: Derecho a la educación, estableciendo que la educación primaria gratuita es una obligación del Estado y debe ser obligatoria y estar disponible para toda persona. Asimismo, la educación secundaria y superior gratuita debe ser garantizada progresivamente, así como la educación básica de quienes no recibieron o no completaron ese ciclo.

Art. 14: En el caso de aquellos países en los que la educación primaria no sea gratuita y obligatoria en todo el territorio, debe fijarse un plan de acción progresiva en el plazo de dos años para realizar este derecho.

Finalmente, el artículo 15 especifica los contenidos relativos al derecho a la cultura y a los beneficios del progreso científico, el que, si bien no está directamente relacionado con la protección social, puede verse como un resultado de esta, en cuanto remite al plano más amplio del bienestar y el desarrollo humano, y debe ser entendido como un campo de acción transversal a cada una de sus funciones.

En conformidad con el enfoque de derechos y la interrelación que este define en el conjunto de los derechos humanos reconocidos, los derechos establecidos por la Declaración Universal de Derechos Humanos y el Pacto Internacional de Derechos Económicos, Sociales y Culturales deben también articularse con todos aquellos reconocidos por otros convenios y protocolos, como el Convenio 169 sobre pueblos indígenas y tribales (OIT, 1989), la Convención sobre los Derechos del Niño (Naciones Unidas, 1989) y la Convención Internacional sobre la Eliminación de todas las Formas de Discriminación Racial (Naciones Unidas, 1965), entre otros.

C. La Convención Americana sobre Derechos Humanos y el Protocolo de San Salvador

Esta Convención establece, en su capítulo III (artículo 26), el compromiso de los Estados miembros de la OEA con la realización progresiva de "los derechos que se derivan de las normas económicas, sociales y sobre educación, ciencia y cultura". Se establece que este compromiso debe operar conforme a los recursos disponibles. En tanto, el Protocolo de San Salvador, sucrito en 1988, se enfoca específicamente en materias de derechos económicos, sociales y culturales[1].

En los artículos 1 a 5 del Protocolo de San Salvador se establecen las normas generales de operación para los Estados que lo suscriben respecto de las medidas a adoptar en estas materias. En particular, en el artículo 1 se aclara que se trata de medidas progresivas, con arreglo al máximo de los recursos disponibles por los Estados; el artículo 2 dicta la obligación que tienen los Estados de implementar las medidas legislativas que fueren necesarias para hacer efectivo el resguardo de los derechos, y el artículo 3 establece que estas medidas deben implementarse de manera no discriminatoria. En los artículos 4 y 5 se establece que las restricciones a tales derechos solo pueden realizarse mediante leyes orientadas a garantizar el bienestar general y el funcionamiento democrático.

Los artículos 6 a 8 se centran en los derechos económicos vinculados al mundo del trabajo. Estos señalan:

Art. 6: El derecho de toda persona al trabajo, libremente escogido y que le permita acceder a una vida digna. Los Estados deben implementar medidas tendientes al pleno empleo, orientación vocacional y capacitación técnico-profesional, las que deben dirigirse especialmente a personas con alguna discapacidad y a las mujeres, de manera de garantizar su inserción laboral.

---

1 El Protocolo entró en vigencia en noviembre de 1999.

Art. 7: El trabajo debe ser realizado en condiciones justas, equitativas y satisfactorias en cuanto a remuneraciones, vocación, reconocimiento, estabilidad, seguridad e higiene, extensión de la jornada laboral y descanso. En particular, se establecen medidas de protección al trabajo infantil, estableciendo que cualquier actividad que realicen niños menores de 16 años no puede interferir de ninguna manera con la asistencia escolar.

Art. 8: Se establece el derecho a la sindicalización, en consonancia con lo establecido por las Naciones Unidas (1948) y el Pacto Internacional de Derechos Económicos, Sociales y Culturales (Naciones Unidas, 1966).

Por otra parte, el artículo 9 establece el derecho a la seguridad social, la que debe ser garantizada a toda persona, ante los eventos asociados a la vejez y discapacidad que le impidan mantener condiciones de vida digna. Este artículo también establece el derecho al seguro de sobrevivencia para los dependientes de los trabajadores. Con respecto a la seguridad social vinculada al empleo formal, este derecho deberá cubrir la atención médica, el subsidio o jubilación en casos de accidentes de trabajo o de enfermedad profesional y la licencia retribuida por maternidad antes y después del parto.

Los artículos 10, 12 y 13 versan sobre ámbitos de alta relevancia para los servicios sociales:

Art. 10: Establece el derecho al disfrute del nivel más alto de bienestar físico, mental y social. Los Estados partes se comprometen a reconocer la salud como un bien público y ante el cual la atención primaria, la inmunización contra enfermedades infecciosas, la educación para la prevención y el tratamiento de enfermedades deben estar garantizados para toda persona que se encuentre bajo su jurisdicción.

Art. 12: Define el derecho a la nutrición adecuada para alcanzar el más alto nivel posible de desarrollo físico, emocional e intelectual. Para erradicar la desnutrición, se debe perfeccionar los métodos de producción, aprovisionamiento y distribución de alimentos.

Art. 13: Determina el derecho a la educación para todas las personas. Los Estados deben garantizar la educación primaria obligatoria y asequible gratuitamente y la implementación progresiva del acceso gratuito a la educación secundaria y superior. Al mismo tiempo, se deben fomentar mecanismos para que quienes no lo hayan hecho completen la educación básica, así como implementar programas de educación diferencial.

Por su parte, los artículos 11 y 14 definen ámbitos fundamentales para el conjunto de los derechos económicos, sociales y culturales, tales como el derecho a un medio ambiente sano y el derecho a los beneficios de la cultura. Finalmente, los artículos 15 a 18 establecen una serie de regulaciones con respecto a la protección especial de la familia y los grupos más vulnerables de la población. Entre las áreas más directamente vinculadas a la protección social, estas regulaciones incluyen las siguientes:

Art. 15: El Estado debe velar por el mejoramiento de las condiciones materiales de las familias. En especial, los Estados se comprometen a resguardar la protección de la madre antes y después del parto, garantizar una adecuada alimentación durante la lactancia, la niñez y la etapa escolar, e implementar medidas de protección a los adolescentes para el pleno desarrollo de sus capacidades.

Art. 16: Se reitera el derecho a la educación gratuita y obligatoria de todo niño, al menos en el nivel primario.

Art. 17: Establece el derecho de las personas de la tercera edad a ser beneficiados, de manera progresiva y en caso de que lo necesiten, con instalaciones adecuadas de atención médica y alimentación y programas laborales específicos. Se incentivará el papel de las organizaciones sociales para el mejoramiento de la calidad de vida de estas personas.

Art. 18: En el caso de las personas que poseen alguna discapacidad, los Estados deberán implementar programas laborales específicos, de apoyo familiar y de incentivo a la formación de organizaciones sociales específicamente dedicadas a esta población.

D. El Convenio 102 de la OIT sobre la seguridad social (norma mínima)

Este convenio establece normas mínimas —que pueden determinarse en relación con el nivel salarial de los países— para las prestaciones de la seguridad social y las condiciones de acceso a ellas. Abarca nueve áreas de la seguridad social, a saber: i) asistencia médica (artículos 7 a 12); ii) prestaciones monetarias por enfermedad (artículos 13 a 18); iii) prestaciones por desempleo (artículos 19 a 24); iv) prestaciones a la vejez (artículos 25 a 30); v) prestaciones por accidentes de trabajo y enfermedades profesionales (artículos 31 a 38); vi) prestaciones familiares (artículos 39 a 45); vii) prestaciones por maternidad (artículos 46 a 52); viii) prestaciones por invalidez (artículos 53 a 58), y ix) prestaciones a sobrevivientes (artículos 59 a 64).

En América Latina y el Caribe, el Convenio ha sido ratificado por Barbados, el Brasil, Costa Rica, el Ecuador, el Estado Plurinacional de Bolivia, México, el Perú y la República Bolivariana de Venezuela. Los Estados pueden ratificar el Convenio aceptando las normas de al menos tres de las nueve áreas y más adelante acatar las obligaciones derivadas de otras áreas, con lo que se permite alcanzar progresivamente todos los objetivos allí establecidos. Asimismo, pueden preverse excepciones temporales para los países cuyos servicios médicos y economía no estén suficientemente desarrollados, a fin de permitirles restringir el ámbito de aplicación del Convenio y la cobertura de las prestaciones otorgadas.

Anexo 2

Tres grandes referentes para los programas de transferencias con corresponsabilidad en la región

A. Programa Progresa-Oportunidades

El Programa de Educación, Salud y Alimentación (Progresa, actualmente Oportunidades), que nace en 1997 con el propósito de instalar un nuevo enfoque en las políticas para la superación de la pobreza aplicadas hasta ese momento en México, marca la expansión de los programas de transferencias con corresponsabilidad a nivel nacional en la región.

Buena parte del diseño de Progresa se debe a los desafíos y aprendizajes que dejaron los programas sociales que le antecedieron entre fines de la década de 1980 y principios de la de 1990. Como señalan Levy y Rodríguez (2005), la política social mexicana se había caracterizado por la existencia de programas que comenzaban y se extinguían siguiendo los ciclos electorales, aislados del resto de intervenciones públicas y marcadamente atrapados por redes clientelares y corporaciones, lo que se veía acentuado por la composición federal del país y el influjo de los caudillos locales.

Entre mediados de los años ochenta y noventa los principales programas de protección social no contributiva en México fueron programas alimentarios, de entrega directa o de subsidios a los alimentos, algunos focalizados en la población más pobre, de carácter universal, y otros, administrados por entidades públicas sectoriales desconcentradas.

Entre los principales problemas de estos programas se encontraba la elevada fragmentación, la operación autónoma y la escasa coordinación entre ellos, lo que trajo como consecuencia la duplicidad de funciones, la ineficiencia, la disparidad en las reglas de operación entre los programas y la baja capacidad de cubrir a la población objetivo (Levy y Rodríguez, 2005). En 1996 el gobierno federal operaba 19 programas de subsidios alimentarios, 14 focalizados y 5 universales, predominando los subsidios a la tortilla y a la leche. Los subsidios generalizados presentaban un fuerte sesgo urbano —cerca de tres cuartas partes de los recursos se canalizaban a las zonas urbanas, especialmente a la zona metropolitana—, en circunstancias en que alrededor del 60% de la población pobre se encontraba en las zonas rurales. Además, la cobertura de las áreas rurales era particularmente baja en las localidades pequeñas y en las de mayor nivel de marginación, por lo que en 1996 cerca del 60% de las familias pobres del sector rural no recibieron subsidios de ningún programa. Los programas focalizados, por su parte, eran operados por entidades que imponían cada una sus propios criterios para identificar a las familias pobres. Aun cuando, en principio, tenían la misma población objetivo, los métodos usados no eran ni homogéneos ni completamente objetivos o transparentes, lo que se tradujo en importantes errores de inclusión. Por ejemplo, en el caso del programa de Tortilla de Fidelist (Fideicomiso para la liquidación del subsidio a la tortilla, filial de la Compañía Nacional de Subsistencias Populares, (CONASUPO)), el error de inclusión alcanzaba al 20% en general, llegando hasta el 50% en el Distrito Federal. Igualmente, el programa de abasto de leche operado por Liconsa (Leche Industrializada Conasupo, dependiente de la Secretaría de Desarrollo Social (SEDESOL)) presentaba un error de inclusión estimado del 50%.

Otro antecedente es el Programa Nacional de Solidaridad (PRONASOL) vigente entre 1989 y 1994, que había logrado instalar el discurso de las corresponsabilidades entre el Estado y los usuarios del programa, así como un énfasis en la descentralización y la participación de las comunidades (Cohen, Franco y Villatoro, 2006). A la vez, ese programa ofrecía un conjunto de prestaciones típicas de los actuales programas de transferencias con corresponsabilidad y que constituirán luego el eje de Progresa (Cohen, Franco y Villatoro, 2006): transferencias directas monetarias y no monetarias, otros subsidios monetarios, promoción de activos de capital humano (educación y salud), inversión en obras que permitieran valorizar dichos activos, entre otros. Si bien este programa tuvo importantes resultados en términos del fortalecimiento del capital social a nivel local (Levy y Rodríguez, 2005), se ha recalcado que, más allá del discurso, el programa tendió a caer en las viejas prácticas clientelistas y burocráticas que favorecían esquemas corporativistas en la política social (Cohen, Franco y Villatoro, 2006).

La fuerte crisis económica desatada en el país entre 1994 y 1995 abrió una ventana de oportunidad para introducir reformas más profundas. Por un lado, se quería evitar que como respuesta a la coyuntura, se produjera un crecimiento abrupto y desordenado de los programas existentes, en particular el de tortilla y el de leche, lo que habría agravado los problemas ya conocidos, además de tener un importante impacto financiero (Levy y Rodríguez, 2005). Por otro lado, según constatan Levy y Rodríguez (2005), en esos años la operación de estos programas había arrojado lecciones que indicaban la necesidad de realizar modificaciones sustantivas, difíciles de implementar si estos programas continuaban ampliándose. Entre los consensos estaban, por ejemplo, la necesidad de transparentar y unificar las reglas de selección de beneficiarios de manera de hacerlas más objetivas y asegurar una distribución urbano-rural más equilibrada, potenciar el impacto nutricional de los programas, especialmente en el grupo de las mujeres embarazadas y en lactancia, y los niños menores de 5 años, y explotar de forma más sistemática las complementariedades entre sectores como la salud y la educación, entre otros.

En 1995, en plena crisis, se presentó la primera propuesta para transformar los programas alimentarios en un programa de transferencias de ingresos a la población pobre, condicionadas a su asistencia a servicios de salud. En 1996 se puso en marcha un programa piloto denominado Canasta básica alimentaria para el bienestar de la familia en el estado de Campeche, que sirvió para evaluar la aceptación, el impacto y los costos de mecanismos alternativos (Levy y Rodríguez, 2005)[1]. El programa incluía la entrega de transferencias monetarias a las madres de familia con la condición de que estas asistieran a los controles de salud en los centros médicos correspondientes, donde además se les entregaban suplementos alimenticios, condición que se amplió posteriormente para incluir a la educación. Los resultados de estas experiencias fueron esenciales en el diseño de Progresa, especialmente en las consideraciones sobre los problemas de corrupción y clientelismo, la importancia de la focalización, la necesidad de fortalecer la oferta de servicios básicos y ajustar los requerimientos de coordinación y seguimiento operativo, así como la preferencia de las personas por las transferencias en efectivo, las externalidades positivas que tenía el aumento de ingresos en el

---

1 Entre los dilemas que surgieron estaban la entrega de una transferencia monetaria directa o un subsidio, la focalización en toda la población pobre o solo en las zonas rurales, la introducción de nuevos criterios de selección o la utilización de los padrones existentes, los montos de las transferencias, las condicionalidades a incluir y la manera de resolver el aumento de carga laboral en los sectores respectivos y destinar recursos a apoyar la demanda o a la oferta, entre otros (Levy y Rodríguez, 2005).

comercio local y la importancia de mantener un estrecho vínculo entre las intervenciones en educación y salud (Cohen, Franco y Villatoro, 2006; Levy y Rodríguez, 2005).

En su diseño original, Progresa incluyó un conjunto de prestaciones (transferencias monetarias y en especie, acceso a un paquete básico de cuidados de salud) en los ámbitos de educación, salud y nutrición. La entrega de estos beneficios se realizaba a cambio de una acción en estos mismos ámbitos por parte de los beneficiarios, como la asistencia a la escuela de niños y niñas, la asistencia a controles de salud de las madres y embarazadas, menores lactantes y preescolares. El enfoque de Progresa explicitó la necesidad de avanzar hacia intervenciones que aprovecharan las sinergias de las medidas en las áreas de la educación, la salud y la nutrición.

Este enfoque contó, además, con otros lineamientos que contribuyeron a reforzar su novedad. Entre ellos, el convencimiento de que la familia es la unidad mínima de intervención social y que las intervenciones debían hacerse en función de ella como un todo, así como también la centralidad de la mujer como punto focal de la relación entre el programa y la familia. Asimismo, Progresa se hizo cargo de los problemas de focalización y de dotación de servicios básicos, privilegiando su entrada en operación en localidades rurales con altos niveles de marginalidad y extrema pobreza, pero que a su vez contaran con una oferta mínima de servicios de educación y salud para cumplir con las condicionalidades exigidas. Esto se combinaba con la asignación de recursos desde el nivel federal a las localidades sin oferta suficiente, de manera que pudieran incorporarse al programa en los años siguientes.

Además, se realizaron esfuerzos importantes por blindar el programa contra las manipulaciones políticas y los intereses corporativos. Para ello se establecieron estrictas reglas de funcionamiento, ampliándose la información y difusión de las mismas, se suspendió momentáneamente la incorporación de nuevos beneficiarios durante los períodos electorales y se celebraron contratos con instituciones externas independientes para evaluar sus resultados (Levy y Rodríguez, 2005). De este modo, si bien en 2001 el programa sufrió un cambio de nombre debido al cambio de administración y pasó a llamarse Oportunidades, se mantuvo su modelo de intervención y de gestión a la vez que se realizaron una serie de modificaciones tendientes a mejorarlo (Cohen, Franco y Villatoro, 2006). Entre ellas, la ampliación de su cobertura hacia las áreas semiurbanas y urbanas, la mejora de la capacidad de entrega de los beneficios y de certificación de las condicionalidades, el aumento de la coordinación entre los sectores, el establecimiento de mecanismos de egreso de las familias beneficiarias (esquema diferenciado de apoyos (EDA)), y se mejoraron las formas de participación ciudadana (se crearon los comités de promoción comunitaria). Durante los años siguientes se ampliaron progresivamente las transferencias monetarias ofrecidas por el programa, incorporándose apoyos a estudiantes de educación media y superior y a adultos mayores, incentivos monetarios a jóvenes para evitar la deserción en los últimos niveles escolares (Jóvenes con Oportunidades) y transferencias adicionales para cubrir el aumento del precio de los combustibles (Apoyo energético) y de los alimentos (Apoyo alimentario vivir mejor).

Durante los años que lleva en funcionamiento, Oportunidades logró resultados en diversos ámbitos, como la nutrición, la salud, la educación y los ingresos (SEDESOL, 2008). Esto le permitió consolidarse tanto a nivel interno como externo y convertirse en el mayor programa de reducción de la pobreza de México, uno de los más grandes de la región y un referente indiscutido a nivel internacional (Cohen, Franco y Villatoro, 2006; Fiszbein y Schady, 2009). Actualmente, los desafíos de la política social mexicana han llevado a la necesidad de pensar en Oportunidades como parte de una red de protección social que actúe no solo generando capacidades básicas, sino también protegiendo contra riesgos, mejorando el entorno y ofreciendo opciones de generación de ingresos (Merino, 2010). A la vez, el programa sigue actuando para mejorar sus prestaciones y atender las especificidades de distintos grupos de población, lo que comienza a ser realidad con la puesta en marcha de proyectos piloto para probar reglas de operación adaptadas a las condiciones de las zonas urbanas y las comunidades indígenas (Programa de Desarrollo Humano Oportunidades, 2009).

B. *Bolsa Família*

En el Brasil, el surgimiento y la consolidación de *Bolsa Família* puede enmarcarse en dos momentos (Godoy, 2004): el de los debates realizados hacia fines de los años ochenta en el seno del Partido de los Trabajadores en torno a la necesidad de implementar un programa de renta mínima garantizada y el del impulso de la Constitución de 1988 y su definición de la asistencia social desde una concepción de derechos sociales; hacia los primeros años de la década de 1990 comienzan a surgir los primeros programas de transferencias con corresponsabilidad.

En este contexto, las propuestas de complementación de rentas mediante un ingreso mínimo universal se asociaron cada vez más a la solución de problemas sociales específicos, que se identificaron principalmente en la baja escolaridad y la elevada tasa de deserción escolar, por lo que ganó fuerza la idea de una renta mínima vinculada a la educación (Godoy, 2004). En este escenario, el componente de desarrollo y capital humano comienza a adquirir mayor relevancia, estableciéndose condiciones para la entrega de los beneficios (asociadas a la asistencia a la escuela y controles de salud), mientras que la idea de un ingreso mínimo universal fue cediendo paso a la de un subsidio más modesto y focalizado en familias pobres con hijos pequeños y en edad escolar (Draibe, 2006).

A partir de 1995 comenzaron a concretarse experiencias locales con este tipo de programas, en el Distrito Federal (Brasilia) primero, y luego en las municipalidades de Campinas (1995), Belo Horizonte (1997), Vitória (1997) y Recife (1997) y también en municipios pequeños y medianos[2]. Los parámetros de estos programas difirieron en aspectos como los criterios de selección, los montos de las transferencias entregadas y su forma de cálculo (monto fijo, transferencias progresivas hasta un determinado valor o según el número de hijos)[3]. Sin embargo, todos ellos compartían una población meta similar, esto es, familias con hijos en edad escolar (entre 7 y 14 años de edad), y la orientación de condicionar la entrega de los beneficios a actividades como la asistencia escolar de niños y niñas y la asistencia de los padres desempleados a cursos de capacitación y programas de empleo (Godoy, 2004).

Siguiendo esta tendencia local, en 1999 el gobierno federal lanzó un programa análogo denominado Programa de Garantía de Renta Mínima (PGRM), destinado a municipios con renta per cápita inferior a la media de su estado. En 1996 a él se sumó el Programa de Erradicación del Trabajo Infantil (PETI), que entregaba transferencias monetarias y ofrecía servicios socioeducativos a familias pobres con hijos e hijas en situación de trabajo infantil, a cambio de que estos dejaran ese trabajo y asistieran a la escuela y a las actividades extraprogramáticas ofrecidas. En 2001 se creó *Bolsa Escola,* programa nacional de ingreso mínimo vinculado a la educación, a cargo del Ministerio de Educación y financiado en un 100% por el gobierno federal, lo que instala de manera definitiva la preocupación por las transferencias monetarias condicionadas y focalizadas a nivel federal. Este programa se ejecutaba a través de los municipios, privilegiando aquellos con menores índices de desarrollo humano y mayor marginalidad, e incentivaba la introducción de instrumentos de catastro de beneficiarios y mecanismos de focalización en los más pobres. En los años sucesivos surgieron en otros sectores una serie de programas del mismo tipo, sumándose a las ya extendidas iniciativas locales y federales. Este fue el

---

2 Según Godoy (2004) durante el período que va entre la aparición del primer programa local de renta mínima en el Distrito Federal de Brasilia, hasta la implementación del programa nacional en 2001 (*Bolsa Escola*) habrían surgido programas similares en 7 estados del país que incluían 10 de las 27 capitales y más de 200 municipios de distintas filiaciones políticas.

3 Otras variaciones eran la exigencia de un tiempo de estadía minima en el municipio y la duración y permanencia en el programa.

caso de *Bolsa Alimentação* y *Cartão Alimentação* en el Ministerio de Salud y *Auxilio-Gás* en el Ministerio de Minas y Energía.

Si bien estas experiencias, especialmente *Bolsa Escola*, tuvieron mucha difusión pública e internacional y evaluaciones positivas (Aguiar y Araujo, 2002), los altos grados de fragmentación y superposición de acciones (Draibe, 2006) llevaron a que el presidente Luiz Inácio Lula Da Silva planteara la unificación de los diversos programas de transferencia de ingresos sectoriales y locales en el programa *Bolsa Família*[4]. Entre los objetivos estaba simplificar la burocracia en una sola estructura, conjugando los esfuerzos en los distintos niveles administrativos y poniendo énfasis en la intersectorialidad (Draibe, 2006). Para ello se instaló a *Bolsa Família* en la órbita del Ministerio de Desarrollo Social y Combate al Hambre y se lo integró a la estrategia multisectorial Hambre Cero (*Fome Zero*) convirtiéndose en el eje central de la política de combate a la pobreza del nuevo gobierno[5].

La consolidación de los programas de transferencias con corresponsabilidad en el Brasil y la búsqueda de la intersectorialidad se vio favorecida por una intencionalidad política materializada en diversos elementos de carácter institucional. Además de la mencionada influencia de la Constitución de 1988 y la subsiguiente promulgación en 1993 de la Ley orgánica de asistencia social, puede mencionarse la creación en 2001 del Fondo de Combate a la Pobreza, que permitía al gobierno federal financiar la totalidad de los programas de transferencias de ingresos, así como simplificar y agilizar su aplicación (Draibe, 2006). Por otro lado, la creación en 2003 del Ministerio de Desarrollo Social y Combate al Hambre fue determinante, pues tenía como foco, precisamente, la integración de las políticas de asistencia social, de transferencia de ingresos y de seguridad alimentaria y nutricional. Así, a la creación de *Bolsa Família* siguió en

---

[4] En 2003 se finalizó oficialmente la operación de los denominados "programas remanentes", *Bolsa Escola*, *Cartão Alimentação*, *Bolsa Alimentação* y *Auxilio-Gás* (este último volvió a abrirse temporalmente a fines de 2008 para hacer frente al alza del precio de los combustibles). Estos programas siguieron pagando prestaciones, pero estaban cerrados a la entrada de nuevos beneficiarios, procurándose el traspaso a *Bolsa Família*. Desde 2005 también se fusiona en *Bolsa Família* el Programa de Erradicación del Trabajo Infantil (PETI). En este caso, sin embargo, se trata de una armonización de los beneficios, de modo que este último programa sigue operando, pero para las familias que no son pobres con situación de trabajo infantil, mientras que *Bolsa Família* asume la responsabilidad por la totalidad de la población en situación de pobreza.

[5] A pesar de su éxito internacional, en el ámbito interno *Fome Zero* no logró los resultados esperados en tanto plataforma de articulación de diversas acciones y programas públicos, con lo que *Bolsa Família* pasó a convertirse en el principal programa de la política de asistencia social en el Brasil (Draibe, 2006).

2004 la Política Nacional de Asistencia Social (PNAS) que dio origen al Sistema único de asistencia social (SUAS) en 2005 y al Sistema nacional de seguridad alimentaria y nutricional en 2006. Ambas iniciativas estaban encaminadas a generar un modelo de gestión que asegurara la articulación de la política de protección social no contributiva a partir de la redefinición de las competencias de los distintos niveles administrativos, la mejora en la organización de las diferentes acciones y prestaciones, y una nueva concepción en la implementación de la protección social no contributiva, enfocada en la descentralización y la participación social (MDS, s/f). En este contexto surgieron herramientas decisivas como el CadÚnico, de alcance nacional, que unifica la información disponible sobre las familias elegibles para los distintos programas y prestaciones sociales, y el Índice de Desarrollo Familiar, que otorga información sobre el grado de vulnerabilidad de las familias, permitiendo a los municipios implementar diversas acciones complementarias en el ámbito de la política social (*Bolsa Família*, 2010).

A nivel internacional, la creación de *Bolsa Família* marca el surgimiento de un tipo de programa de transferencias con corresponsabilidad asociado a la idea de establecer una renta mínima garantizada (Godoy, 2004; Draibe, 2006; Britto, 2008). Si bien esta orientación en la práctica debió compatibilizarse con la disponibilidad de recursos, la discusión sobre la universalización de sus beneficios se mantiene en pie (Britto, 2008; Suplicy, 2009). Esto ha llevado a que el programa dé más importancia al seguimiento de las condicionalidades y las dificultades que presentan las familias para cumplirlas, que en sancionar su incumplimiento (Draibe, 2006). Por otro lado, el seguimiento a las familias se realiza a través de los instrumentos con que cuenta el Sistema único de asistencia social a nivel local como los Centros de referencia de asistencia social y los Servicios de protección y atención integral a la familia.

Bolsa Família añade una dimensión de ciudadanía a los programas de transferencias con corresponsabilidad que sugiere que a través del combate a la pobreza —por medio de la transferencia de ingresos y el aumento del capital humano— se pretende actuar en último término sobre un déficit en el cumplimiento de derechos ciudadanos básicos (Godoy, 2004). Así, las condicionalidades se entienden como un "reforzamiento de derechos" (Mesquita, 2009). Este programa tiene, además, un marcado énfasis en la descentralización de la gestión de sus procesos, existiendo recursos específicos que se destinan desde el gobierno federal a apoyar la gestión descentralizada del programa. Por otro lado, en consonancia con Oportunidades y los demás programas de transferencias con corresponsabilidad es fundamental el énfasis puesto en la familia como unidad de intervención, la preferencia por ofrecer transferencias monetarias directas por sobre otro tipo de subsidios y la entrega de los beneficios a las mujeres.

A partir de 2006, *Bolsa Família* comienza a ampliar su espectro de intervención al incorporar progresivamente nuevas prestaciones para sus beneficiarios a través de los denominados "programas complementarios". Se trata de programas federales ejecutados por los sectores respectivos en ámbitos como educación y alfabetización, generación de ingresos y habitabilidad, entre otros. Particular importancia han adquirido durante los últimos años los programas complementarios de inserción laboral, que han permitido plantear vías de salida del programa enfocadas a potenciar la capacidad y autonomía de las personas para generar ingresos (OEA/CEPAL/OIT, 2010). Con estas intervenciones se pretende potenciar el efecto de las transferencias monetarias y evitar la dependencia de los beneficiarios.

C. Chile Solidario

El sistema Chile Solidario, y su componente principal, el programa Puente, se crea en 2002 a partir del diagnóstico de la persistencia de un núcleo duro de pobreza extrema en el país que no había disminuido durante los años noventa, a diferencia de lo que ocurría con la población en situación de pobreza. Se constata de este modo, hacia fines de la década, que si bien el crecimiento económico permite reducir las cifras de pobreza y que los niveles de cobertura de los sistemas de educación, salud y previsión social son de los más altos de la región, la reducción de la extrema pobreza tiende a estancarse y mantenerse relativamente constante.

La necesidad de hacerse cargo de este problema lleva al gobierno chileno a buscar explicaciones del fenómeno que puedan conducir a la implementación de nuevas políticas sociales. Se llega así al convencimiento de que las causas eran la existencia de barreras a la inclusión de estos hogares que significaban un aislamiento drástico de la dinámica social, económica y cultural del país. Este aislamiento se podía observar concretamente en la desconexión de las familias de la extendida oferta pública de servicios sociales. Es decir que, si bien la red de servicios públicos lograba en general llegar a los pobres, esta no llegaba a las personas en situación de pobreza estructural o crónica, que eran, a su vez, quienes más la necesitaban. Se plantea así la necesidad de diseñar un tipo de intervención especializada para este grupo, distinta de la aplicada a las personas en situación de pobreza (FOSIS, 2004b).

Dada la situación de exclusión social en que viven estas familias, se entiende que es la oferta pública la que debe acercarse directamente a ellas y no a la inversa, es decir, que debe pasarse de un "esquema de espera" de la oferta, donde quienes tienen mayor información y, por tanto, más facilidades de acceso a los beneficios y prestaciones públicas, son quienes se ven más favorecidos, a la idea de "convertir la demanda potencial en demanda efectiva" (Cohen y Villatoro, 2006). Surgió así la noción de ventanilla única, que permitía superar la fragmentación de la institucionalidad social y lograr una acción intersectorial coordinada gracias al establecimiento de una vía de acceso a la oferta pública que fuera: i) única para el conjunto de programas y servicios sociales y ii) privilegiada para las familias en condiciones de pobreza y exclusión más extremas. Por otro lado, el enfoque enfatiza la capacidad de las personas de superar su propia condición de exclusión y la necesidad de desarrollar estas capacidades como estrategia de superación de la pobreza. La adopción, en este contexto, de la idea de corresponsabilidad pretende recalcar el protagonismo de las personas en el mejoramiento de su situación y los elementos promocionales asociados a ello.

De esta forma, la solución propuesta pretendió conjugar protección social no contributiva y promoción social de una manera particular (FOSIS, 2004b). En estricto rigor, Chile Solidario no constituye un programa propiamente tal, sino una estructura institucional que establece determinadas reglas para la integración y articulación del conjunto de la oferta programática pública en torno a las familias en situación de extrema pobreza, siendo su eje principal y puerta de entrada el programa Puente, a través del cual un asistente social desarrolla un trabajo personalizado (apoyo psicosocial) con cada familia participante (Larrañaga y Contreras, 2010)[6]. Los programas de apoyo psicosocial tienen la función de: i) acercar la oferta pública a las familias beneficiarias y ii) abordar los aspectos psicosociales y de la dinámica familiar que condicionan negativamente la situación de exclusión social (FOSIS, 2004b; 2004c)[7]. En este escenario, el sistema Chile Solidario se encarga de fijar las reglas y procedimientos necesarios para la incorporación de los nuevos usuarios a los programas y servicios públicos velando por que la oferta cubra la demanda incremental a través de la gestión de convenios interinstitucionales y el traspaso de fondos[8]. Por otro lado, las acciones de apoyo psicosocial permiten

[6] A partir de 2004 se han incorporado otros programas análogos a Puente, de seguimiento y apoyo psicosocial, orientados a poblaciones en situación de extrema pobreza con vulnerabilidades específicas. Estos son el programa Vínculos para adultos mayores, el programa Calle para la integración de personas en situación de calle y el programa Abriendo Caminos para niños y niñas de familias con personas privadas de libertad.

[7] Entre ellos, la autonomía, la autoestima, la confianza en las instituciones y las competencias resolutivas básicas (FOSIS, 2004c).

[8] La gestión intersectorial requirió de importantes cambios a nivel institucional y en ámbitos como la asignación de los recursos a los sectores, la coordinación entre los mismos y entre los diversos niveles administrativos, así como un

Anexo 3

Estimación del costo de las transferencias monetarias no contributivas[1]

La CEPAL (2010a, 2010b) ha realizado ejercicios de simulación del costo de la acción del Estado en el cumplimiento de su función de protección social, que incluye transferencias monetarias no contributivas de garantía y redistribución del ingreso. Estas simulaciones se realizan sobre la base de los microdatos de las encuestas de hogares y se parametrizan con datos de cuentas nacionales a fin de estimar los costos con relación al PIB. El modelo consiste en asignar un monto equivalente a una línea de pobreza (o extrema pobreza) a cada persona elegible según distintos criterios y calcular el nuevo ingreso del hogar. Sobre esta base se vuelven a estimar los indicadores de pobreza y desigualdad y se establecen los alcances en materia de cobertura de hogares de cada medida.

Las estimaciones presentadas en CEPAL (2010b) constan de cuatro tipos de transferencias:

- asignación de una línea de pobreza a los niños menores de 5 años
- asignación de media línea de extrema pobreza a los niños de entre 5 y 14 años
- asignación de una línea de pobreza a los mayores de 64 años
- asignación de una línea de pobreza a los desocupados (sean desocupados por primera vez, provenientes de trabajos formales o informales)

[1] Esta sección se basa en CEPAL (2010b, págs. 208-222).

La línea de pobreza es el valor monetario de una canasta básica de bienes y servicios, que incluye alimentación, vivienda, transporte, vestuario, comunicaciones y algunos otros bienes necesarios para cubrir las necesidades básicas de las personas. La línea de extrema pobreza es equivalente al costo de cubrir solo las necesidades alimentarias (equivalentes a aproximadamente 2.000 kilocalorías por persona al día). En América Latina, la primera fluctúa actualmente entre 60 y 250 dólares y la segunda entre 30 y 140 dólares en función del costo de la canasta básica y de la capacidad adquisitiva del dólar en cada país.

La CEPAL (2010b) simuló esas prestaciones en relación con dos universos: por una parte, quienes poseen las características expuestas y, por otra, quienes además de presentar esas características se encuentran en hogares que están por debajo de 1,8 líneas de pobreza (o sea, los considerados vulnerables a la pobreza).

Sobre la base de este ejercicio se estimaron los costos de las alternativas mencionadas con relación al PIB, así como sus efectos sobre la pobreza y la desigualdad de cada país. Las estimaciones permiten tener una idea de los esfuerzos fiscales requeridos para estas transferencias, que son muy variables en función de las distintas brechas de bienestar en los distintos países. Como puede observarse en los gráficos que siguen, el costo de las transferencias —con excepción de la transferencia a los desocupados— aumenta de manera progresiva en la medida que se pasa de países con menor brecha de bienestar (grupo I, del cuadro II.1) a países con mayor brecha de bienestar (grupo III). Además, es posible establecer esos efectos en relación con cada prestación y con todas las prestaciones consideradas en forma conjunta.

Transferencias a los niños. Aun cuando hay variaciones de un país a otro, la incidencia de la pobreza de la población infantil es muy superior a la de la población adulta. Un elemento fundamental de todo pacto social e intergeneracional es, por lo tanto, considerar la cantidad de dinero que cada sociedad está dispuesta a pagar para apoyar el papel de las familias en la provisión de cuidado, desarrollo de capacidades y protección de los niños. En los ejercicios de simulación de la CEPAL (2010b) se establece el costo de generar una transferencia monetaria para los niños de entre 0 y 4 años (gráfico A.III-1) y de entre 5 y 14 años (gráfico A.III-2), tanto en forma universal como focalizada en los sectores vulnerables. Estas estimaciones se realizan sin suprimir las transferencias que ya reciben los hogares integrados por estas personas, por lo que los valores aquí estimados se suman a los esfuerzos ya realizados. En el caso de los países con menor brecha de bienestar (grupo I), el costo de agregar a las prestaciones ya existentes una transferencia adicional de una línea de pobreza por cada niño menor de 5 años y una línea de pobreza extrema por cada niño de entre 5 y 14 años es asequible en su versión focalizada y universal en un plazo relativamente breve. Dada la marcada infantilización de la pobreza en estas sociedades y sus bajas tasas de fecundidad, esa medida es ampliamente recomendable, puesto que significa invertir en generaciones futuras más productivas y en sociedades más igualitarias.

Gráfico A.1
AMÉRICA LATINA (16 PAÍSES): COSTO DE TRANSFERIR UNA LÍNEA DE POBREZA A NIÑOS MENORES DE 5 AÑOS, ALREDEDOR DE 2008[a]
(En porcentajes del PIB)

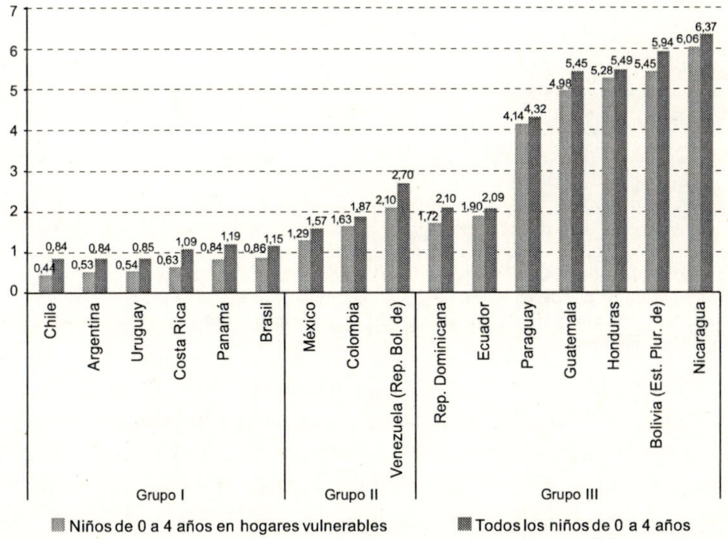

Fuente: Comisión Económica para América Latina y el Caribe (CEPAL). La hora de la igualdad: brechas por cerrar, caminos por abrir (LC/G.2432(SES.33/3)), Santiago de Chile, mayo de 2010, sobre la base de tabulaciones especiales de las encuestas de hogares de los respectivos países.

[a] En el caso de hogares monoparentales se transfieren 1,5 líneas de pobreza por niño. Los datos de Nicaragua corresponden a 2005, los de la Argentina, Chile y Guatemala a 2006 y los del Estado Plurinacional de Bolivia y Honduras a 2007. Grupo I = menor brecha de bienestar; Grupo II = brecha intermedia de bienestar; Grupo III = mayor brecha de bienestar.

Gráfico A.2
AMÉRICA LATINA (16 PAÍSES): COSTO DE TRANSFERIR MEDIA LÍNEA DE POBREZA A NIÑOS DE 5 A 14 AÑOS, ALREDEDOR DE 2008[a]
(En porcentajes del PIB)

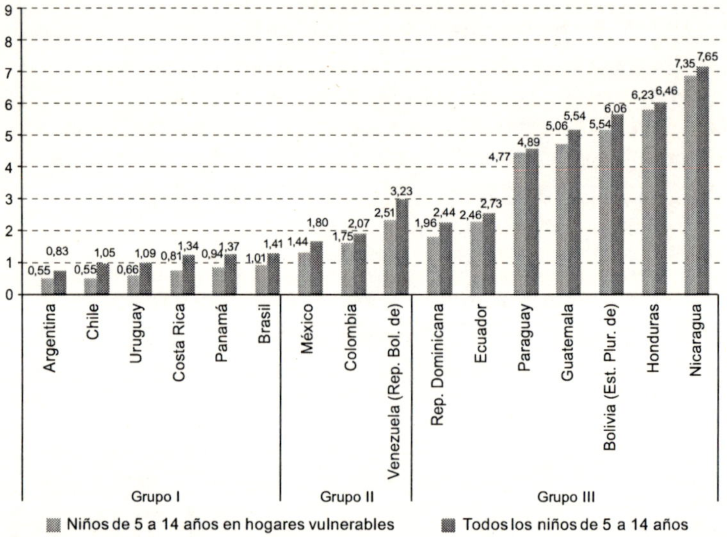

Fuente: Comisión Económica para América Latina y el Caribe (CEPAL). La hora de la igualdad: brechas por cerrar, caminos por abrir (LC/G.2432(SES.33/3)), Santiago de Chile, mayo de 2010, sobre la base de tabulaciones especiales de las encuestas de hogares de los respectivos países.

[a] En el caso de hogares monoparentales se transfieren 0,75 líneas de pobreza por niño. Los datos de Nicaragua corresponden a 2005, los de la Argentina, Chile y Guatemala a 2006 y los del Estado Plurinacional de Bolivia y Honduras a 2007. Grupo I = menor brecha de bienestar; Grupo II = brecha intermedia de bienestar; Grupo III = mayor brecha de bienestar.

Transferencias a los adultos mayores. Los países de la región enfrentan un dilema crucial, a saber, cómo proveer transferencias básicas en efectivo a los adultos mayores que ya no pueden trabajar o conseguir un trabajo y cómo, al mismo tiempo, seguir invirtiendo en capacidades para las nuevas generaciones. En CEPAL (2010b) se estima el costo para las economías de la región de generar una prestación monetaria para los adultos mayores de tipo universal y focalizada (otorgándola solo a los mayores de 64 años que vivan en hogares cuyo ingreso per cápita sea menor a 1,8 líneas de pobreza). Como puede observarse en el gráfico A.III-3, para muchos países estos costos no son exorbitantes y requieren más bien reasignar recursos disponibles. En países del grupo I, como la Argentina, el Brasil, Chile, Costa Rica y el Uruguay, la inversión necesaria representa el 1% o menos del PIB. En los países donde ese esfuerzo es relativamente muy alto, puede usarse un mayor nivel de focalización o un monto más acotado de la prestación como forma de avanzar paulatinamente hacia el logro del objetivo con menores costos fiscales, como es el caso de países del grupo III.

Gráfico A.3
AMÉRICA LATINA (16 PAÍSES): COSTO DE TRANSFERIR UNA LÍNEA DE POBREZA A PERSONAS DE 65 AÑOS Y MÁS, ALREDEDOR DE 2008[a]
(En porcentajes del PIB)

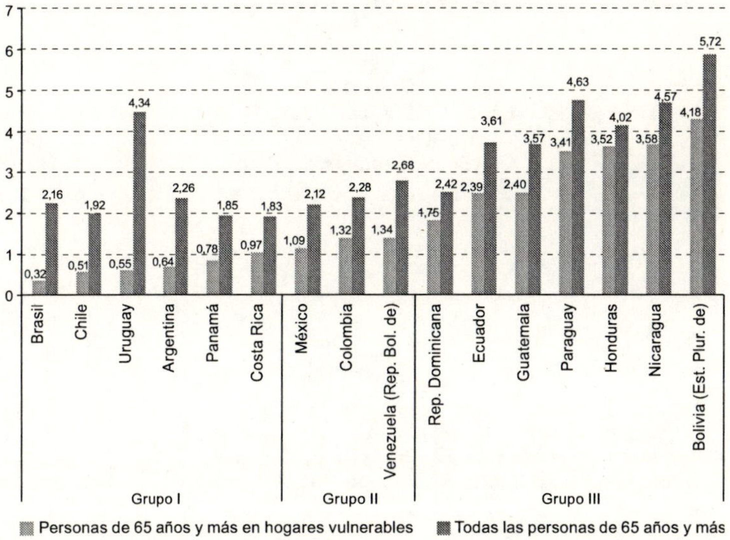

Fuente: Comisión Económica para América Latina y el Caribe (CEPAL). La hora de la igualdad: brechas por cerrar, caminos por abrir (LC/G.2432(SES.33/3)), Santiago de Chile, mayo de 2010, sobre la base de tabulaciones especiales de las encuestas de hogares de los respectivos países.

[a] Los datos de Nicaragua corresponden a 2005, los de la Argentina, Chile y Guatemala a 2006 y los del Estado Plurinacional de Bolivia y Honduras a 2007, Grupo I = menor brecha de bienestar; Grupo II = brecha intermedia de bienestar; Grupo III = mayor brecha de bienestar.

Transferencias a los desocupados. La desocupación constituye un flagelo no solo desde el punto de vista de los ingresos del hogar, sino también de la integración social de las personas. Por ello, combatir esta situación en un contexto de crisis o ante una perspectiva de mercados laborales poco dinámicos debe ser parte central de las estrategias de los gobiernos. Está claro que si los seguros de desempleo se restringen a quienes han sido trabajadores formales y con antigüedad suficiente para ser elegibles, la cobertura será insuficiente y no llegará a los sectores que más la necesitan. Para alcanzar a la población vulnerable y pobre desempleada se debe identificar e incluir a los ocupados que carecen de seguridad social. El peso macroeconómico de una transferencia equivalente a una línea de pobreza mensual propuesta por CEPAL (2010b), que podría asociarse a formas de trabajo parcial para obras y servicios administrados por el Estado y a sistemas de capacitación, sería moderado en varios casos (véase gráfico A.III-4) si se logra establecer un sistema de selección que se ajuste a los efectivamente desempleados. Dadas las complejidades inherentes a la identificación del trabajador informal que quedó desocupado, este sistema podría aplicarse solo como modalidad típicamente contracíclica, cuando el desempleo abierto supera un valor predefinido o cuando el PIB se contrae o estaciona. En esos casos podría activarse este tipo de mecanismo en beneficio de todos los trabajadores que declaran estar en situación de desempleo.

Gráfico A.4

AMÉRICA LATINA (16 PAÍSES): COSTO DE TRANSFERIR UNA LÍNEA DE POBREZA A DESEMPLEADOS, ALREDEDOR DE 2008[a]

(En porcentajes del PIB)

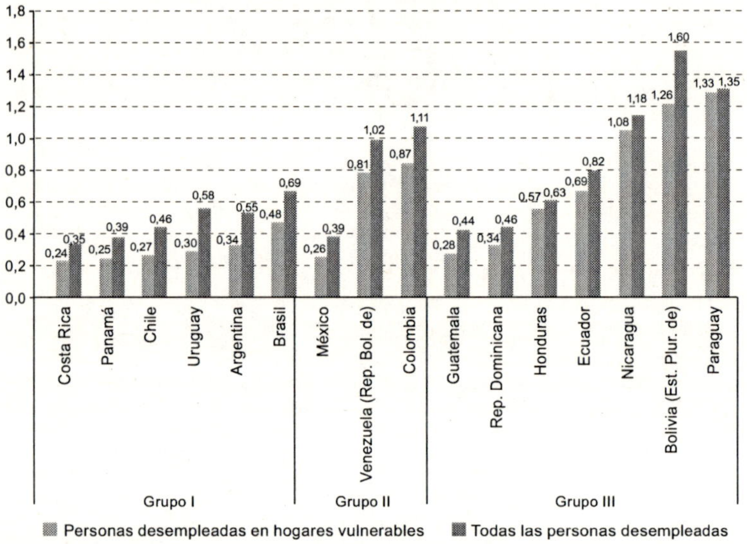

Fuente: Comisión Económica para América Latina y el Caribe (CEPAL). La hora de la igualdad: brechas por cerrar, caminos por abrir (LC/G.2432(SES.33/3)), Santiago de Chile, mayo de 2010, sobre la base de tabulaciones especiales de las encuestas de hogares de los respectivos países.

[a] Los datos de Nicaragua corresponden a 2005, los de la Argentina, Chile y Guatemala a 2006 y los del Estado Plurinacional de Bolivia y Honduras a 2007. Grupo I = menor brecha de bienestar; Grupo II = brecha intermedia de bienestar; Grupo III = mayor brecha de bienestar.

Conjunto de transferencias. Al considerar los costos totales para los países de las transferencias a niños, adultos mayores y desocupados surgen datos relevantes. Como se ve en el gráfico A.III-5, en los países con menores brechas de bienestar (grupo I), el hecho de transferir a los menores de 15 años, mayores de 64 años y desempleados el ingreso equivalente a una canasta per cápita de bienes alimenticios y no alimenticios compromete entre 1,8 y 2,8 puntos porcentuales del PIB si la transferencia se concentra únicamente en hogares vulnerables (con ingresos inferiores a 1,8 líneas de pobreza). Si bien esto representa un esfuerzo importante, no está fuera del rango de lo asequible si esas metas se proyectan en el tiempo. A modo de ejemplo, si se ajusta a niveles inferiores de cobertura o de prestación (por ejemplo, la mitad de la transferencia), el esfuerzo no compromete más del 1,4% del PIB. En muchos de estos países las acciones aquí propuestas ya existen, pero no con la simplicidad y amplitud con que se simularon en el ejercicio. Este parece indicar que un diseño relativamente simple de ingresos básicos garantizados (en forma parcial) es posible desde el punto de vista fiscal. A medida que nos desplazamos hacia países con brecha intermedia (grupo II) o alta de bienestar (grupo III), los desafíos son más complejos. Por último, tal como se observa en el cuadro A.III-1, el impacto en la reducción de la pobreza y la distribución del ingreso es muy significativo al simular este conjunto de transferencias, más aún en los países del tercer grupo, con menor desarrollo relativo, mayor pobreza, sistemas de protección social más débiles y mercados laborales más precarios.

Gráfico A.5

AMÉRICA LATINA (16 PAÍSES): COSTO DEL CONJUNTO DE TRANSFERENCIAS DE INGRESOS, HOGARES VULNERABLES Y TOTAL DE HOGARES, ALREDEDOR DE 2008[a]

(En porcentajes del PIB)

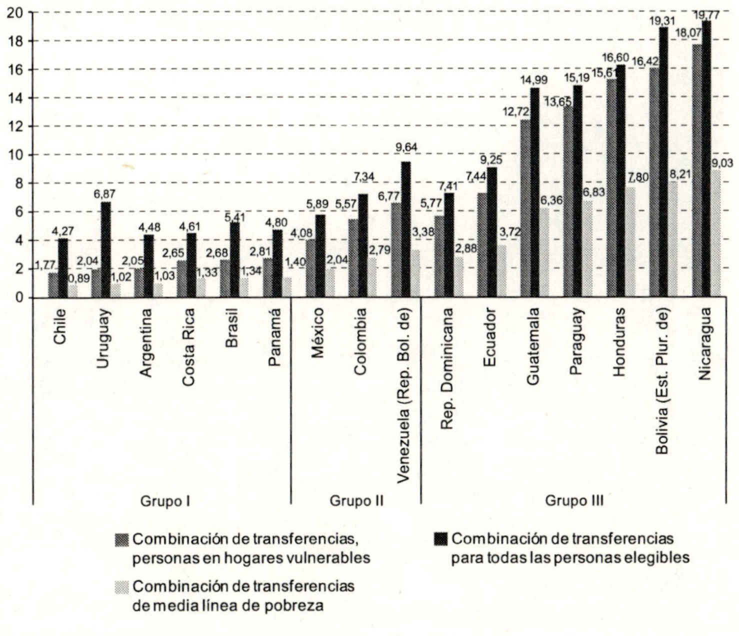

Fuente: Comisión Económica para América Latina y el Caribe (CEPAL). La hora de la igualdad: brechas por cerrar, caminos por abrir (LC/G.2432(SES.33/3)), Santiago de Chile, mayo de 2010, sobre la base de tabulaciones especiales de las encuestas de hogares de los respectivos países.

[a] Los datos de Nicaragua corresponden a 2005, los de la Argentina, Chile y Guatemala a 2006 y los del Estado Plurinacional de Bolivia y Honduras a 2007. Grupo I = menor brecha de bienestar; Grupo II = brecha intermedia de bienestar; Grupo III = mayor brecha de bienestar.

Cuadro A.1

AMÉRICA LATINA (14 PAÍSES): IMPACTO SOBRE LA POBREZA Y LA EQUIDAD DEL CONJUNTO DE TRANSFERENCIAS DE INGRESO A HOGARES VULNERABLES, ALREDEDOR DE 2008[a]

Grupo / País	Cobertura del total de hogares (en porcentajes)	Promedio mensual de transferencias per cápita a hogares con beneficiarios (en dólares de 2000)	Hogares pobres antes de las transferencias (en porcentajes)	Hogares pobres después de las transferencias (en porcentajes)	Reducción de la pobreza (en puntos porcentuales)	Gini antes de las transferencias	Gini después de las transferencias
Grupo I							
Argentina	30,2	71,8	14,7	6,7	-8,0	0,52	0,48
Brasil	32,4	26,9	19,9	11,2	-8,7	0,61	0,58
Chile	28,7	28,8	11,3	4,5	-6,8	0,54	0,51
Costa Rica	33,5	30,4	14,8	5,9	-9,0	0,49	0,45
Panamá	37,4	31,8	21,5	9,9	-11,6	0,52	0,48
Uruguay	23,0	52,7	8,5	2,6	-5,9	0,44	0,41
Grupo II							
Colombia	51,8	25,2	35,4	18,0	-17,4	0,59	0,52
México	49,1	47,3	27,9	13,0	-14,9	0,54	0,49
Venezuela (República Bolivariana de)	45,9	64,3	23,6	10,0	-13,6	0,42	0,36
Grupo III							
Bolivia (Estado Plurinacional de)	59,3	20,9	47,2	29,2	-18,0	0,58	0,48
Ecuador	56,9	15,8	36,5	18,1	-18,5	0,52	0,44
Guatemala	65,6	26,7	46,7	26,7	-20,0	0,59	0,50
Honduras	72,9	23,9	63,1	44,1	-19,0	0,58	0,46
Nicaragua	70,3	17,5	54,4	34,6	-19,8	0,55	0,45
Paraguay	64,6	24,7	50,2	29,2	-21,0	0,54	0,45
República Dominicana	50,1	33,2	40,1	23,6	-16,5	0,58	0,50

Fuente: Comisión Económica para América Latina y el Caribe (CEPAL). La hora de la igualdad: brechas por cerrar, caminos por abrir (LC/G.2432(SES.33/3)), Santiago de Chile, mayo de 2010, sobre la base de tabulaciones especiales de las encuestas de hogares de los respectivos países.

[a] Los datos de Nicaragua corresponden a 2005, los de la Argentina, Chile y Guatemala a 2006 y los del Estado Plurinacional de Bolivia y Honduras a 2007. Grupo I = menor brecha de bienestar; Grupo II = brecha intermedia de bienestar; Grupo III = mayor brecha de bienestar.

Anexo 4

Anexo estadístico

Cuadro A.1

INVERSIÓN PÚBLICA SOCIAL Y PIB PER CÁPITA, 1990/1991-2007/2008

País	Cobertura de la inversión [b]	Inversión pública social [a]								PIB per cápita (en dólares de 2000)			
		Per cápita (en dólares de 2000)				Como porcentaje del PIB							
		1990/1991	1996/1997	2000/2001	2007/2008	1990/1991	1996/1997	2000/2001	2007/2008	1991	1997	2001	2008
Argentina [c]	SPNF	1 179	1 547	1 635	2 276	19,3	20,0	21,8	23,6	6 361	8 005	7 292	9 885
Bolivia (Estado Plurinacional de) [d]	SPNF	...	143	165	178	...	14,6	16,3	16,2	895	994	1 006	1 173
Brasil [e]	Consolidado	554	712	785	1 083	16,6	19,4	21,2	24,7	3 334	3 697	3 697	4 446
Chile	GC	381	595	745	818	12,0	12,8	15,0	13,2	3 268	4 758	5 004	6 235
Colombia [f]	GC	129	338	264	376	5,9	13,6	11,1	12,6	2 177	2 512	2 377	2 983
Costa Rica	SP	486	606	727	951	15,6	16,8	18,0	18,4	3 115	3 653	4 016	5 189
Cuba	GC	864	563	661	1 656	27,6	23,1	23,7	37,4	2 962	2 473	2 840	4 371
Ecuador [g]	GC	98	76	65	106	7,4	5,6	4,9	6,4	1 334	1 375	1 346	1 745
El Salvador [h]	GG	...	128	222	290	...	6,3	10,0	11,1	1 605	2 055	2 237	2 677
Guatemala	GC	49	70	105	120	3,8	4,8	6,8	7,1	1 306	1 454	1 529	1 699
Honduras	GC	80	75	116	150	7,6	6,6	10,0	10,4	1 066	1 151	1 160	1 452
Jamaica [i]	GC	294	324	331	309	8,4	9,0	9,5	8,6	3 513	3 544	3 484	3 713
México	GCP	358	482	621	856	6,5	8,5	9,7	12,1	5 522	5 792	6 349	7 092
Nicaragua	GCP	45	45	63	107	6,6	6,5	8,2	12,0	665	703	783	897
Panamá	GC	229	315	371	506	7,5	8,8	9,5	9,3	3 153	3 647	3 888	5 580
Paraguay	GCP	45	128	107	165	3,2	8,7	8,0	11,1	1 399	1 476	1 326	1 521
Perú	GG	...	...	179	224	...	...	8,8	8,0	1 662	2 086	2 026	2 926
República Dominicana	GC	69	127	188	288	3,8	5,4	6,8	8,1	1 810	2 403	2 770	3 688

(continúa)

Cuadro A.1 (conclusión)

País	Cobertura de la inversión[b]	Inversión pública social[a]								PIB per cápita (en dólares de 2000)			
		Per cápita (en dólares de 2000)				Como porcentaje del PIB							
		1990/1991	1996/1997	2000/2001	2007/2008	1990/1991	1996/1997	2000/2001	2007/2008	1991	1997	2001	2008
Trinidad y Tabago[j]	GC	303	304	588	1 135	6,9	6,4	9,1	10,5	4 438	5 127	6 566	11 077
Uruguay[k]	GC-Consolidado	850	1 332	1 328	1 686	16,8	21,3	21,6	21,8	5 121	6 376	6 053	8 161
Venezuela (República Bolivariana de)[l]	GCP-Acordado	441	438	560	708	8,8	8,6	11,6	13,4	5 174	5 207	4 871	5 925
América Latina y el Caribe[m]		317	405	468	666	9,6	11,2	12,5	14,2	2 851	3 261	3 363	4 402
América Latina y el Caribe[n]		442	573	642	885	12,2	14,3	15,5	18,0	3 658	4 074	4 122	4 921

Fuente: Comisión Económica para América Latina y el Caribe (CEPAL), sobre la base de información extraída de la base de datos sobre gasto social.

[a] Incluye la inversión pública en educación, salud y nutrición, seguridad social, trabajo y asistencia social, vivienda, agua y alcantarillado. Las cifras presentadas corresponden al promedio simple del bienio referido o al año para el cual se disponga de información.

[b] SPNF: sector público no financiero; GG: gobierno general; GC: gobierno central; GCP: gobierno central presupuestario.

[c] Incluye la inversión del gobierno nacional, de los gobiernos provinciales, del gobierno central de Buenos Aires y de los gobiernos municipales.

[d] Para el Estado Plurinacional de Bolivia, SPNF, la cifra 2007/2008 corresponde a 2006 y proviene de la nueva serie 2002-2006 publicada por el país; no es comparable con la de años anteriores.

[e] Hasta 1999 es una estimación de la inversión social consolidada, que incluye la inversión federal, estadual y municipal.

[f] Las cifras del bienio 2007-2008 corresponden a nueva serie desde 2002; no es comparable con la de años anteriores.

[g] Se mantienen las cifras de la serie, la inversión en seguridad social está en revisión. La cifra 2007/2008 corresponde a 2006.

[h] Las cifras del bienio 2007-2008 corresponden a nueva serie desde 2002; no es comparable con la de años anteriores.

[i] La cifra de 1996-1997 corresponde a 1996 y la de 2007-2008 a 2004.

[j] Para Trinidad y Tabago la serie de Clasificación de las Funciones de Gobierno (COFOG) comienza a partir de 2000, no es comparable con la de años anteriores, las cifras de 2007-2008 son preliminares.

[k] Para el Uruguay las cifras desde 2000-2001 corresponden a la serie publicada por el Ministerio de Desarrollo Social (MIDES); no son comparables con la de años anteriores.

[l] Corresponde a la ley de presupuesto. En el caso de la República Bolivariana de Venezuela incluye sus modificaciones al 31 de diciembre de cada año. La cifra de 2007-2008 del GCP-acordado corresponde a 2006.

[m] Promedio simple de los países. Incluye estimaciones en el caso de los años en que falta información sobre algunos países.

[n] Promedio ponderado de los países. Incluye estimaciones en el caso de los años en que falta información sobre algunos países.

Cuadro A.2

COEFICIENTE DE GINI DE CONCENTRACIÓN DEL INGRESO PRIMARIO A NIVEL DE HOGARES Y DE CADA UNA DE LAS TRANSFERENCIAS, ALREDEDOR DE 2008 [a]

	Ingreso primario	Jubilaciones	Pensiones	Seguros e indemnizaciones	Becas escolares	Transferencias asistenciales		Total	Ingreso total ordenado [b]	
						Privadas	Públicas	Transferencias	Según ingreso primario	Según ingreso final
Argentina 2006	0,609	-0,349	-0,435	-0,148	0,078	...	-0,421	-0,357	0,473	0,523
Bolivia (Estado Plurinacional de) 2007	0,586	0,046	-0,091	...	...	...	0,057	0,029	0,555	0,577
Brasil 2008	0,656	0,092	0,081	0,712	...	-0,109	...	0,083	0,523	0,608
Chile 2006	0,594	-0,067	-0,168	-0,068	...	0,112	-0,444	-0,132	0,512	0,543
Colombia 2008	0,592	0,249	0,187	0,473	...	-0,324	0,066	0,258	0,557	0,591
Costa Rica 2008	0,542	-0,312	-0,366	...	-0,317	-0,129	-0,619	-0,301	0,437	0,495
Ecuador 2008	0,553	-0,207	...	...	...	-0,436	-0,393	-0,304	0,457	0,516
El Salvador 2007	0,460	0,085	-0,076	0,436	...	...	-0,460	0,088	0,446	0,461
Guatemala 2006	0,592	0,615	0,147	0,570	0,386	-0,080	-0,236	0,466	0,588	0,591
Honduras 2007	0,588	0,277	0,172	...	0,293	...	0,074	0,193	0,573	0,584
México 2008	0,553	0,221	...	0,410	0,199	0,414	-0,293	0,151	0,527	0,543
Nicaragua 2005	0,551	0,436	0,293	0,101	0,261	-0,803	...	0,339	0,545	0,551
Panamá 2008	0,557	-0,217	-0,321	...	-0,079	...	-0,430	-0,245	0,441	0,523
Paraguay 2008	0,545	-0,001	-0,219	...	...	...	...	-0,033	0,505	0,544
Perú 2008	0,496	0,625	0,460	0,141	...	0,848	-0,073	0,477	0,496	0,496
República Dominicana 2008	0,588	-0,038	...	...	...	...	-0,275	-0,061	0,563	0,580
Uruguay 2008	0,499	-0,130	-0,042	-0,097	...	-0,026	-0,218	-0,107	0,361	0,437
Venezuela (República Bolivariana de) 2008	0,433	-0,093	-0,259	...	-0,257	...	-0,409	-0,119	0,415	0,423
Promedio simple	0,555	0,068	-0,042	0,253	0,071	-0,053	-0,272	0,024	0,498	0,532

Fuente: Comisión Económica para América Latina y el Caribe (CEPAL), sobre la base de tabulaciones especiales de las encuestas de hogares de los respectivos países.

[a] Todas las corrientes de ingreso analizadas son per cápita. El coeficiente de concentración de las transferencias se calcula manteniendo la ordenación de los hogares —de menor a mayor— según su ingreso per cápita primario.

[b] La descomposición aditiva del efecto de la concentración y volumen de las transferencias respecto del ingreso per cápita primario se puede apreciar a partir de la diferencia entre el coeficiente de Gini del ingreso final y del ingreso primario manteniendo la ordenación inicial (penúltima y primera columna). Sin embargo, las transferencias producen una reordenación de los hogares según su ingreso final, obteniéndose un índice de concentración diferente del que se calcula según la ordenación del ingreso primario, valor que se muestra en la última columna.

Cuadro A.3

OCUPADOS EN SECTORES DE BAJA PRODUCTIVIDAD, TOTAL NACIONAL Y ÁREAS URBANAS, MUJERES, HOMBRES Y AMBOS SEXOS, 1989-2008

(En porcentajes)

País	Año	Total nacional			Áreas urbanas		
		Ambos sexos	Hombres	Mujeres	Ambos sexos	Hombres	Mujeres
Argentina	1990	...	...	...	44,2	42,1	47,8
(Gran Buenos Aires)	2002	...	...	...	42,1	43,7	39,9
	2006	...	...	...	39,7	37,5	42,8
Argentina	2002	...	...	...	42,3	44,3	39,5
	2006	...	...	...	40,8	39,1	43,3
Bolivia (ocho ciudades principales y El Alto)	1989	...	...	...	61,0	52,2	73,0
	2002	...	...	...	64,1	54,5	75,5
	2004	...	...	...	68,5	61,5	76,9
	2007	...	...	...	59,0	52,2	68,0
Bolivia (Estado Plurinacional de)	2002	76,5	71,2	83,4	65,2	56,9	75,5
	2004	77,4	71,4	84,6	69,9	63,4	77,9
	2007	72,3	66,1	79,9	61,4	55,2	69,5
Brasil	1990	59,9	58,1	63,1	53,4	50,4	58,3
	2001	50,0	45,6	56,3	45,6	41,6	51,1
	2006	46,8	42,0	53,3	41,9	37,2	47,9
	2008	44,9	40,3	51,1	40,2	35,7	46,2
Chile	1990	42,2	39,2	48,5	38,9	34,1	47,6
	2000	33,8	30,4	39,8	31,8	27,1	39,1
	2006	32,2	28,2	38,6	30,6	25,6	38,2
Colombia	2008	64,1	64,2	64,0	58,6	57,2	60,5
Costa Rica	1990	45,8	46,2	44,7	36,6	34,9	39,8
	2002	46,8	45,3	49,6	40,2	37,0	45,1
	2006	44,4	42,3	48,2	39,5	36,6	43,9
	2008	41,5	39,4	44,9	36,9	33,8	41,3

(continúa)

Cuadro A.3 (continuación)

País	Año	Total nacional			Áreas urbanas		
		Ambos sexos	Hombres	Mujeres	Ambos sexos	Hombres	Mujeres
Ecuador	1990	...	...	...	53,7	50,0	60,4
	2002	...	...	...	55,8	51,3	62,9
	2006	...	...	...	57,0	53,1	62,7
	2008	...	...	...	56,9	52,5	63,2
El Salvador	1995	56,8	52,6	63,4	50,6	42,5	60,4
	2001	61,5	58,0	66,5	53,5	46,5	61,4
	2004	60,0	55,7	66,0	54,3	47,3	62,2
Guatemala	1989	67,2	66,0	70,7	58,9	53,9	67,1
	2002	68,3	63,9	75,8	55,2	48,6	64,0
	2004	68,4	65,6	73,7	58,6	52,8	66,7
	2006	65,9	61,5	72,8	56,2	50,2	63,8
Honduras	1990	70,8	70,2	72,2	56,8	50,4	66,3
	2002	73,7	75,8	69,4	62,0	61,2	63,0
	2006	67,7	69,3	64,8	52,7	50,9	55,0
	2007	66,9	68,3	64,3	52,2	51,0	53,9
México	1989	39,9	37,3	46,3	33,2	30,6	38,4
	2002	56,5	54,4	60,1	47,0	44,5	50,9
	2006	55,1	51,4	60,4	45,4	41,6	50,6
	2008	52,4	49,1	57,7	44,4	40,5	50,1
Nicaragua	1993	58,5	59,6	56,4	48,9	45,0	54,0
	2001	65,7	64,3	68,2	58,0	53,5	64,1
	2005	66,6	65,6	68,4	57,4	52,8	63,3
Panamá	1991	53,2	57,3	44,2	40,6	41,2	39,8
	2002	51,4	53,5	47,2	38,2	37,6	39,0
	2006	51,8	51,9	51,6	39,9	37,9	42,8
	2008	47,5	47,2	47,9	35,6	33,1	39,0
Paraguay (Asunción	1990	...	...	...	59,2	51,6	70,2
y Departamento central)	2000	...	...	...	52,4	44,4	61,7
	2005	...	...	...	54,8	48,8	61,9
	2008	...	...	...	48,8	41,6	58,7

(continúa)

Cuadro A.3 (conclusión)

País	Año	Total nacional			Áreas urbanas		
		Ambos sexos	Hombres	Mujeres	Ambos sexos	Hombres	Mujeres
Paraguay	2000	72,3	70,0	76,1	59,5	53,8	66,7
	2005	71,7	70,3	73,9	60,1	55,5	65,8
	2008	66,8	63,3	72,4	54,7	48,5	63,4
Perú	1997	69,8	64,2	77,1	60,3	53,5	69,0
	2001	72,0	66,4	79,4	63,0	56,3	71,6
	2003	73,1	67,5	80,1	63,6	57,4	71,4
	2008	69,0	62,9	76,4	59,5	52,7	67,7
República Dominicana	1997	55,7	57,8	50,9	49,6	50,4	48,2
	2002	54,7	57,8	48,5	46,2	47,8	43,6
	2006	55,8	58,4	51,1	49,5	51,2	46,8
	2008	56,2	59,0	50,8	49,9	51,7	47,0
Uruguay	1990	...	...	...	39,3	34,7	45,9
	2002	...	...	...	42,1	39,5	45,6
	2005	...	...	...	41,5	38,3	45,4
	2008	...	...	...	39,6	35,6	44,6
Venezuela (República Bolivariana de)	1990	47,9	48,3	47,0	44,7	44,4	45,4
	2002	55,9	55,8	56,0	...	...	...
	2006	51,0	52,2	49,0	...	...	...
	2008	49,4	51,4	46,3	...	...	...
América Latina [a]	1990	54,6	51,9	60,2	48,1	44,6	54,0
	2002	53,9	50,6	57,7	47,9	44,5	52,6
	2006	51,8	48,6	57,5	44,9	40,6	50,7
	2008	49,8	45,9	55,5	43,5	39,1	49,3

Fuente: Comisión Económica para América Latina y el Caribe (CEPAL), sobre la base de tabulaciones especiales de las encuestas de hogares de los respectivos países.

[a] Promedio ponderado de los países que tienen información para los períodos considerados.

Cuadro A.4

OCUPADOS QUE APORTAN A LA SEGURIDAD SOCIAL, TOTAL NACIONAL, AMBOS SEXOS, MUJERES Y HOMBRES, 1989-2008 [a]

(En porcentajes)

País	Año	Total de ocupados			Sector de actividad de los ocupados					
					Productividad media y alta			Baja productividad		
		Ambos sexos	Sexo		Ambos sexos	Sexo		Ambos sexos	Sexo	
			Hombres	Mujeres		Hombres	Mujeres		Hombres	Mujeres
Argentina (Gran	1990	65,5	65,8	65,1	88,9	89,8	87,2	35,9	32,6	41,1
Buenos Aires)	2002	56,9	58,9	54,4	69,2	70,1	68,0	25,1	28,3	21,5
	2006	46,0	47,6	43,8	68,0	68,6	67,1	12,7	12,7	12,8
Bolivia (Estado Plurinacional de)										
(ocho ciudades principales y El Alto)	1989	28,5	29,2	27,6	56,0	52,6	64,5	10,9	7,8	14,0
	2002	22,4	22,2	22,6	43,3	40,1	50,2	10,7	7,2	13,6
	2004	20,0	18,7	21,7	44,8	39,5	55,3	8,7	5,6	11,6
	2007	29,7	30,4	28,9	56,6	53,4	62,8	11,1	9,3	13,0
Bolivia (Estado Plurinacional de)	2002	15,1	14,7	15,7	40,6	36,1	50,5	7,3	6,0	8,8
	2004	15,6	14,8	16,6	42,0	36,3	54,9	7,9	6,1	9,6
	2007	20,7	21,1	20,3	51,4	47,0	60,2	9,0	7,7	10,3
Brasil	1990	53,3	54,5	51,0	96,3	96,1	96,7	24,4	24,5	24,3
	2001	46,7	47,2	45,9	74,2	71,2	79,7	19,1	18,6	19,7
	2006	49,5	50,4	48,3	75,6	73,1	79,8	20,0	19,2	20,8
	2008	52,6	53,6	51,3	78,4	76,3	81,9	20,9	20,0	22,0
Chile	1990	65,9	66,6	64,5	84,1	84,0	84,3	40,8	39,5	43,1
	2000	63,5	64,5	61,8	78,7	79,1	77,9	33,8	31,1	37,5
	2006	66,7	69,0	62,9	82,0	82,9	80,3	34,0	33,2	34,8
Colombia	2008	32,4	31,4	34,1	73,5	70,6	77,9	9,5	9,5	9,5
Costa Rica	1990	69,3	71,2	64,4	86,9	86,6	87,7	48,4	53,2	35,8
	2002	64,4	67,3	59,0	85,9	84,9	88,0	40,0	46,1	29,5
	2006	65,2	68,8	58,8	85,5	85,4	85,8	39,8	46,2	29,7
	2008	69,7	73,3	63,5	86,9	86,3	88,0	45,4	53,4	33,5
Ecuador	1990	37,5	38,4	35,8	67,8	65,6	72,8	11,3	11,2	11,6
(urbano)	2002	32,1	32,6	31,4	57,5	54,0	65,0	11,9	12,3	11,5
	2006	33,1	31,5	35,5	59,6	55,2	67,8	13,0	10,5	16,3
	2008	36,0	35,0	37,5	62,5	59,3	68,2	16,0	13,0	19,6
El Salvador	1995	25,3	25,4	25,2	56,1	51,4	65,8	2,0	2,1	1,8
	2001	29,3	28,9	30,0	70,3	63,5	82,5	3,7	3,9	3,5
	2004	28,9	29,2	28,4	67,3	61,4	78,4	3,2	3,6	2,7

(continúa)

Cuadro A.4 (conclusión)

País	Año	Total de ocupados			Sector de actividad de los ocupados					
					Productividad media y alta			Baja productividad		
		Ambos sexos	Sexo		Ambos sexos	Sexo		Ambos sexos	Sexo	
			Hombres	Mujeres		Hombres	Mujeres		Hombres	Mujeres
Guatemala	2002	17,1	17,8	15,9	51,0	47,1	60,8	1,4	1,3	1,6
	2004	17,7	18,4	16,3	52,5	49,7	59,5	1,6	2,0	0,9
	2006	19,9	20,9	18,3	55,7	51,8	64,5	1,3	1,5	1,1
Honduras	2006	19,8	16,6	25,8	57,8	50,6	69,6	1,7	1,5	2,1
	2007	19,9	17,0	25,3	57,3	50,7	67,9	1,4	1,3	1,6
México	1989	50,4	47,0	58,9	57,6	54,1	67,8	39,5	35,0	48,6
	2002	54,8	52,5	59,2	76,1	73,0	82,0	18,1	17,0	20,0
	2006	52,1	50,6	54,6	73,6	71,3	77,7	17,1	16,2	18,7
Nicaragua	1993	25,3	22,8	30,0	50,1	47,2	55,3	7,7	6,3	10,5
	2001	17,6	15,6	21,1	46,8	39,9	60,8	2,3	2,1	2,6
	2005	17,4	14,8	22,0	50,4	41,6	67,6	0,8	0,8	0,8
Panamá	2002	53,4	48,3	63,4	86,1	82,8	91,8	22,4	18,2	31,6
	2006	45,9	44,4	48,7	83,8	81,0	88,9	10,7	10,5	11,0
	2008	48,7	48,0	49,9	83,3	81,6	86,1	10,5	10,5	10,6
Paraguay	2000	24,6	27,1	21,8	49,0	45,6	54,7	2,5	3,9	1,4
	2005	22,6	23,8	21,3	46,6	43,1	52,1	2,9	3,5	2,3
	2008	13,0	12,7	13,6	43,9	38,9	53,9	1,2	1,5	0,9
Perú	2001	12,9	15,0	10,1	39,4	37,6	43,3	2,6	3,6	1,5
	2003	13,7	16,8	9,8	41,9	41,7	42,4	3,3	4,9	1,7
	2008	24,8	30,9	17,4	56,3	57,2	54,4	10,6	15,4	5,9
República Dominicana	2006	31,3	27,7	38,0	68,6	64,8	74,8	1,7	1,3	2,7
	2007	34,7	31,4	40,7	77,2	74,6	81,1	1,4	1,4	1,6
Uruguay	2002	63,0	63,0	63,1	84,9	84,0	86,3	33,0	30,8	35,5
	2005	61,1	61,5	60,7	82,7	81,6	84,3	30,7	29,2	32,3
	2008	67,4	68,1	66,5	86,8	86,4	87,5	40,4	39,0	42,0
Venezuela (República Bolivariana de)	2002	61,5	58,0	67,1	75,6	72,5	80,4	19,8	15,5	26,9
	2006	35,7	33,4	39,3	68,6	66,2	72,2	4,1	3,5	5,2
	2008	65,2	62,6	69,0	77,4	75,7	79,7	15,6	13,1	19,8
América Latina [b]	1990	52,4	52,2	52,7	80,3	78,0	85,6	27,5	26,7	28,8
	2002	49,0	48,8	49,5	73,9	71,2	79,0	18,6	18,1	19,5
	2006	49,5	49,8	49,3	74,3	72,1	78,2	18,4	17,6	19,5
	2008	51,5	51,8	51,8	76,2	74,2	79,7	19,1	18,2	20,3

Fuente: Comisión Económica para América Latina y el Caribe (CEPAL), sobre la base de tabulaciones especiales de las encuestas de hogares de los respectivos países.

[a] Ocupados de 15 años y más que declararon ingresos laborales (no incluye trabajadores no remunerados).

[b] Promedio ponderado de los países que tienen información para los períodos considerados.

Cuadro A.5

AMÉRICA LATINA Y EL CARIBE: PROGRAMAS DE TRANSFERENCIAS CON CORRESPONSABILIDADES, POBLACIÓN CUBIERTA, PRESUPUESTO, FUENTES DE FINANCIAMIENTO Y ÁREA GEOGRÁFICA DE INTERVENCIÓN

País	Programas	Población cubierta			Presupuesto		Fuentes de financiamiento	Área geográfica de intervención
	(año inicio)	(porcentaje de la población total)	(porcentaje de la población pobre extrema)[a b]	(porcentaje de la población pobre)[a b]	(porcentaje del PIB)	(porcentaje de la inversión social)[c]		
Programas en operación								
Argentina	Asignación universal por hijo (2009)	8,3 (2009)	>100 (2009)	46,4 (2009)	0,20 (2009)	0,88 (2009)	Fondo de garantía de sustentabilidad del sistema integrado previsional argentino; Sistema integrado de jubilaciones y pensiones	Nacional
	Programa de ciudadanía porteña Con todo derecho (2005)[d]	9,6 (2009)*	>100 (2009)[e]	>100 (2009)[e]	0,14 (2009)[f]	3,38 (2009)[g]	Gobierno de la Ciudad Autónoma de Buenos Aires	Local (Ciudad Autónoma de Buenos Aires)
Bolivia (Estado Plurinacional de)	Bono Juancito Pinto (2006)	17,5 (2009)	50,7 (2009)	32,4 (2009)	0,33 (2009)	2,05 (2009)	Gobierno del Estado Plurinacional de Bolivia	Nacional
	Bono Madre Niño-Niña Juana Azurduy (2009)	3,5 (2009)	10,0 (2009)	6,4 (2009)	0,22 (2009)	1,41 (2009)	Gobierno del Estado Plurinacional de Bolivia Banco Mundial Banco Interamericano de Desarrollo	Nacional
Brasil	*Bolsa Família* (2003)	26,4 (2009)*	> 100 (2009)	84,6 (2009)	0,47 (2009)⁺	1,91 (2009)	Gobierno Federal Banco Mundial	Nacional
	Programa da Erradicação do Trabalho Infantil (PETI) (1996)	0,5 (2008)	5,2 (2008)	1,6 (2008)	0,01 (2008)⁺	0,04 (2008)	...	Nacional
Chile	Chile Solidario (2002)	6,8 (2008)[h]	> 100 (2008)	51,7 (2008)	0,11 (2009)	0,87 (2009)	Gobierno de Chile	Nacional

(continúa)

Cuadro A.5 (continuación)

País	Programas	Población cubierta			Presupuesto		Fuentes de financiamiento	Área geográfica de intervención
	(año inicio)	(porcentaje de la población total)	(porcentaje de la población pobre extrema)[a b]	(porcentaje de la población pobre)[a b]	(porcentaje del PIB)	(porcentaje de la inversión social)[c]		
Colombia	Familias en Acción (2001)	25,2 (2009)*	>100 (2009)	56,5 (2009)	0,39 (2009)	3,14 (2009)	Gobierno de Colombia Banco Mundial Banco Interamericano de Desarrollo	Nacional
	Subsidios condicionados a la asistencia escolar (2005)[i]	0,6 (2006)	3,2 (2006)	1,4 (2006)	0,02 (2007)[j]	...	...	Local (Alcaldía de Bogotá)
Costa Rica	Avancemos (2006)	3,3 (2009)	52,2 (2009)	17,4 (2009)	0,39 (2009)	2,27 (2009)	Gobierno de Costa Rica Banco Mundial	Nacional
Ecuador	Bono de desarrollo humano (2003)	44,3 (2009)*[k]	> 100 (2009)	> 100 (2009)	1,17 (2009)	18,37 (2009)	Gobierno del Ecuador	Nacional
El Salvador	Comunidades Solidarias Rurales (Ex red solidaria) (2005)	8,2 (2009)*	38,7 (2009)	17,1 (2009)	0,02 (2009)[+]	0,20 (2009)	Banco Mundial Banco Interamericano de Desarrollo Otras fuentes bilaterales y multilaterales	Áreas rurales
Guatemala	Mi Familia Progresa (2008)	22,6 (2009)*	70,5 (2009)	39,7 (2009)	0,32 (2009)	4,29 (2009)	Gobierno de Guatemala Banco Interamericano de Desarrollo	Nacional
Honduras	Programa de asignación familiar (PRAF) (1990)	8,7 (2009)[l]	17,2 (2009)	12,3 (2009)	0,24 (2009)	2,12 (2009)	Gobierno de Honduras Banco Interamericano de Desarrollo	Nacional

(continúa)

Cuadro A.5 (continuación)

País	Programas	Población cubierta			Presupuesto		Fuentes de financiamiento	Área geográfica de intervención
	(año inicio)	(porcentaje de la población total)	(porcentaje de la población pobre extrema)[a b]	(porcentaje de la población pobre)[a b]	(porcentaje del PIB)	(porcentaje de la inversión social)[c]		
Jamaica	*Programme of Advancement trough Health and Nutrition* (PATH) (2002)	11,3 (2009) † *	> 100[m] (2007)	>100[m]	0,40 (2009)	4,69 (2009)	Gobierno de Jamaica Banco Mundial	Nacional
México	Oportunidades (ex Progresa) (1997)	24,6 (2009)*	> 100 (2009)	62,8 (2009)	0,51 (2009)	4,52 (2009)	Gobierno de México Banco Mundial Banco Interamericano de Desarrollo	Nacional
Panamá	Red de oportunidades (2006)	10,9 (2009)[n]	81,0 (2009)	39,5 (2009)	0,22 (2008)	2,33 (2008)	Gobierno de Panamá	Nacional
Paraguay	Tekoporâ (2005)	8,6 (2009)*	25,2 (2009)	13,9 (2009)	0,36 (2009)	3,21 (2009)	Banco Interamericano de Desarrollo Banco Mundial Otras fuentes bilaterales y multilaterales	Nacional
	Abrazo (2005)	0,03 (2009)	0,09 (2009)	0,05 (2009)	0,02 (2009)	0,17 (2009)	UNICEF	Nacional
Perú	Juntos (2005)	7,6 (2009)*	60,6 (2009)	21,2 (2009)	0,14 (2009)	1,68 (2009)	República del Perú	Nacional
República Dominicana	Solidaridad (2005)	21,2 (2009)*	89,0 (2009)	46,3 (2009)	0,51 (2009)[+]	6,3 (2009)	Gobierno de la República Dominicana	Nacional
Trinidad y Tabago	*Targeted Conditional Cash Transfer Programme* (TCCTP) (2006)	2,4 (2009)	> 100[ñ] (2009)	14,6[ñ] (2009)	0,19 (2009)	2,15 (2009)	Gobierno de la República	Nacional
Uruguay	Asignaciones familiares	11,6 (2009)	> 100 (2009)	84,6 (2009)	0,45 (2009)	2,11 (2009)	Gobierno del Uruguay	Nacional

(continúa)

Cuadro A.5 (continuación)

País	Programas (año inicio)	Población cubierta (porcentaje de la población total)	Población cubierta (porcentaje de la población pobre extrema)[a b]	Población cubierta (porcentaje de la población pobre)[a b]	Presupuesto (porcentaje del PIB)	Presupuesto (porcentaje de la inversión social)[c]	Fuentes de financiamiento	Área geográfica de intervención
				Programas finalizados				
Argentina	Familias por la inclusión social (2005)[o]	7,8 (2009)*	>100 (2009)	43,1 (2009)	0,20 (2009)	0,91 (2009)	Gobierno de la Argentina Banco Interamericano de Desarrollo	Nacional
	Jefes y jefas de hogar desocupados (2002-2005)	5,7 (2008)	98,5 (2008)	33,2 (2008)	0,16 (2008)	0,71 (2008)	Gobierno de la Argentina Banco Interamericano de Desarrollo	Nacional
Brasil	*Bolsa Escola* (2001-2003)[p]	7,3 (2004)*	60,2 (2004)	19,3 (2004)	0,04 (2004)[q]	0,20 (2004)[r]	Gobierno federal	Nacional
	Bolsa Alimentação (2001-2003)[p s]	0,4 (2004)*	3,2 (2004)	1,0 (2004)	0,01 (2004)[q]	0,05 (2004)	Gobierno Federal	Nacional
Costa Rica	Superémonos (2000-2006)	0,3 (2003)	3,5 (2003)	1,4 (2003)	0,02 (2002)	0,11 (2002)[t]	Gobierno de Costa Rica Banco Interamericano de Desarrollo	...
Ecuador	Bono Solidario (1998-2002)	32,7 (2000)k	>100 (2000)	51,6 (2000)	0,58 (2002)	10,46 (2002)[t]	Gobierno de Ecuador	Nacional
Honduras	PRAF/BID III (2007-2009)	1,5 (2009)*	2,9 (2009)	2,1 (2009)	0,07 (2009)	0,64 (2009)	Banco Interamericano de Desarrollo	Áreas rurales
	PRAF/BID II (1998-2005)[u]	1,9 (2005)*	3,8 (2005)	2,6 (2005)	0,08 (2005)	0,66 (2005)[v]	Gobierno de Honduras Banco Interamericano de Desarrollo	Áreas rurales
México	Progresa (1997-2000)	12,5 (2000)*	82,3 (2000)	30,4 (2000)	0,18 (2000)	1,58 (2000)[w]	Gobierno de México	Rural
Nicaragua	Red de protección social (RPS) (2000-2006)[q]	2,5 (2006)*	7,7 (2006)	4,0 (2006)	0,14 (2006)	1,22 (2006)[r]	Gobierno de Nicaragua Banco Interamericano de Desarrollo	Áreas rurales
	Sistema de atención a crisis (SAC) (2005-2006)	0,3 (2006)*	1,0 (2006)	0,5 (2006)	...	...	Gobierno de Nicaragua BID	Regional

(continúa)

Cuadro A.5 (conclusión)

País	Programas	Población cubierta			Presupuesto		Fuentes de financiamiento	Área geográfica de intervención
	(año inicio)	(porcentaje de la población total)	(porcentaje de la población pobre extrema)[a b]	(porcentaje de la población pobre)[a b]	(porcentaje del PIB)	(porcentaje de la inversión social)[c]		
Uruguay	Plan de atención nacional a la emergencia social (PANES) (2005-2007)	9,6 (2007)	> 100 (2007)	54,2 (2007)	0,43 (2007)[+]	2,04 (2007)	Gobierno del Uruguay	Nacional

Fuente: Elaboración propia sobre la base de Comisión Económica para América Latina y el Caribe (CEPAL). "Base de datos de programas de protección social no contributiva América Latina y el Caribe" http://dds.cepal.org/bdptc/.

Nota: * Cobertura estimada a partir del número de familias beneficiarias y el tamaño medio de los hogares urbanos del quintil más pobre, año más cercano (base de datos BADEINSO de CEPALSTAT). † Cobertura programada. + La cifra corresponde al presupuesto ejecutado.

[a] No se consideran los errores de inclusión y exclusión de los programas.
[b] Cifras de pobreza e indigencia obtenidas de proyecciones de la CEPAL sobre la base de tabulaciones especiales de las encuestas de hogares de los respectivos países.
[c] En la inversión social se considera el promedio simple del bienio 2006-2007.
[d] Calculado en función de la población de la Ciudad Autónoma de Buenos Aires según el censo de 2001.
[e] Se utilizaron los datos oficiales del Instituto Nacional de Estadística y Censos (INDEC) de pobreza e indigencia de la ciudad de Buenos Aires para 2009.
[f] Calculado en función del producto geográfico bruto (PGB) de la Ciudad Autónoma de Buenos Aires para 2009 según la Secretaría de Hacienda del Gobierno de la Ciudad,
[g] Se utilizó la información de la inversión pública social como porcentaje del PIB para 2008 (último año disponible) de la Ciudad Autónoma de Buenos Aires según el Ministerio de Economía y Finanzas Públicas del Gobierno Federal.
[h] Beneficiarios del programa Puente hasta noviembre.
[i] Calculado en función de la población de la ciudad de Bogotá (2006). Se utilizaron los datos de pobreza e indigencia a nivel nacional para el mismo año.
[j] Se utilizó la proyección del PIB departamental de Bogotá D,C, publicado por el Departamento Administrativo Nacional de Estadística (DANE) para 2007.
[k] Número de hogares estimado en función del número de mujeres beneficiarias.
[l] Incluye PRAF III.
[m] Calculado sobre la base de datos no comparables con las estimaciones de pobreza e indigencia de la CEPAL para los países de América Latina.
[n] Incluye el programa Bonos Familiares para la Compra de Alimentos que opera en distritos indígenas.
[ñ] Calculado sobre la base de datos de pobreza e indigencia a 2005, no comparables con las estimaciones de pobreza e indigencia de la CEPAL para los países de América Latina.
[o] Período de referencia: septiembre.
[p] Aunque el programa terminó oficialmente en 2003, siguió pagando beneficios durante los años siguientes, extinguiéndose gradualmente a medida que crecieron los beneficiarios de *Bolsa Família*.
[q] Considera la inversión total en la fase II del programa (27,2 millones de dólares) dividida por número de años en que esta estuvo en operación (2003-2006).
[r] Incluye el programa *Cartão Alimentação* vigente durante los mismos años.
[s] Bienio 2004-2005.
[t] Bienio 2002-2003.
[u] Considera la inversión total (50,3 millones de dólares) dividida por el número de años en que el programa estuvo en operación.
[v] Bienio 2005-2006.
[w] Bienio 2000-2001.

NACIONES UNIDAS
UNITED NATIONS

CEPAL
ECLAC

Publicaciones de la CEPAL
ECLAC publications

Comisión Económica para América Latina y el Caribe
Economic Commission for Latin America and the Caribbean
Casilla 179-D, Santiago de Chile. E-mail: publications@cepal.org
Véalas en: www.cepal.org/publicaciones
Publications may be accessed at: www.eclac.org

Revista CEPAL / *CEPAL Review*

La Revista se inició en 1976 como parte del Programa de Publicaciones de la Comisión Económica para América Latina y el Caribe, con el propósito de contribuir al examen de los problemas del desarrollo socioeconómico de la región. Las opiniones expresadas en los artículos firmados, incluidas las colaboraciones de los funcionarios de la Secretaría, son las de los autores y, por lo tanto, no reflejan necesariamente los puntos de vista de la Organización.

La *Revista CEPAL* se publica en español e inglés tres veces por año.

Los precios de suscripción anual vigentes para 2010 son de US$ 30 para ambas versiones. El precio por ejemplar suelto es de US$ 15 para ambas versiones. Los precios de suscripción por dos años son de US$ 50 para ambas versiones.

CEPAL Review first appeared in 1976 as part of the Publications Programme of the Economic Commission for Latin America and the Caribbean, its aim being to make a contribution to the study of the economic and social development problems of the region. The views expressed in signed articles, including those by Secretariat staff members, are those of the authors and therefore do not necessarily reflect the point of view of the Organization.

CEPAL Review is published in Spanish and English versions three times a year.

Annual subscription costs for 2010 are US$ 30 for both versions. The price of single issues is US$ 15 in both cases. The cost of a two-year subscription is US$ 50 for both versions.

Informes periódicos institucionales / *Annual reports*

Todos disponibles para años anteriores / *Issues for previous years also available*

- *Balance preliminar de las economías de América Latina y el Caribe, 2009*, 184 p.
  Preliminary Overview of the Economies of Latin America and the Caribbean, 2009, 166 p.
- *Estudio económico de América Latina y el Caribe 2009-2010*, 136 p.
  Economic Survey of Latin America and the Caribbean 2009-2010, 130 p.
- *Panorama de la inserción internacional de América Latina y el Caribe, 2009-2010*, 176 p.
  Latin America and the Caribbean in the World Economy, 2009-2010, 168 p.

- *Panorama social de América Latina, 2009*, 218 p.
  Social Panorama of Latin America, 2009, 208 p.
- *La inversión extranjera directa en América Latina y el Caribe*, 2009, 162 p.
  Foreign Direct Investment of Latin America and the Caribbean, 2009, 158 p.
- *Anuario estadístico de América Latina y el Caribe* / ***Statistical Yearbook for Latin America and the Caribbean*** (bilingüe/*bilingual*), 2010, 314 p.

Libros de la CEPAL

110 Envejecimiento en América Latina. Sistema de pensiones y protección social integral, Antonio Prado y Ana Sojo (eds.), 304 p.

109 *Modeling Public Policies in Latin America and the Caribbean*, Carlos de Miguel, José Durán Lima, Paolo Giordiano, Julio Guzmán, Andrés Schuschny and Masazaku Watanuki (eds.), 322 p.

108 *Alianzas público-privadas. Para una nueva visión estratégica del desarrollo*, Robert Devlin y Graciela Moguillansky, 2010, 196 p.

107 *Políticas de apoyo a las pymes en América Latina. Entre avances innovadores y desafíos institucionales*, Carlos Ferraro y Giovanni Stumpo, 392 p.

106 *Temas controversiales en negociaciones comerciales Norte-Sur*, Osvaldo Rosales V. y Sebastián Sáez C. (compiladores), 322 p.

105 *Regulation, Worker Protection and Active Labour-Market Policies in Latin America*, Jürgen Weller (ed.), 2009, 236 p.

104 *La República Dominicana en 2030: hacia una sociedad cohesionada*, Víctor Godínez y Jorge Máttar (coords.), 2009, 582 p.

103 *L'Amérique latine et les Caraïbes au seuil du troisième millénaire*, 2009, 138 p.

102 *Migración interna y desarrollo en América Latina entre 1980 y 2005*, Jorge Rodríguez y Gustavo Busso, 2009, 272 p.

101 *Claves de la innovación social en América Latina y el Caribe*, Adolfo Rodríguez Herrera y Hernán Alvarado Ugarte, 2009, 236 p.

100 *Envejecimiento, derechos humanos y políticas públicas*, Sandra Huenchuan (ed.)

99 *Economía y territorio en América Latina y el Caribe. Desigualdades y políticas*, 2009, 212 p.

98 *La sociedad de la información en América Latina y el Caribe: desarrollo de las tecnologías y tecnologías para el desarrollo*, Wilson Peres y Martin Hilbert (eds.), 2009, 388 p.

97 *América Latina y el Caribe: migración internacional, derechos humanos y desarrollo*, Jorge Martínez Pizarro (ed.), 2008, 375 p.

96 *Familias y políticas públicas en América Latina: una historia de desencuentros*, Irma Arriagada (coord.), 2007, 424 p.

95 *Centroamérica y México: políticas de competencia a principios del siglo XXI*, Eugenio Rivera y Claudia Schatan (coords.), 2008, 304 p.

94 *América Latina y el Caribe: La propiedad intelectual después de los tratados de libre comercio*, Álvaro Díaz, 2008, 248 p.

Copublicaciones recientes / *Recent co-publications*

Las clases medias en América Latina. Retrospectiva y nuevas tendencias, Rolando Franco, Martín Hopenhayn y Arturo León (eds.)

Sesenta años de la CEPAL. Textos seleccionados del decenio 1998-2008, Ricardo Bielschowsky (comp.), CEPAL/Siglo Veintiuno, Argentina, 2010.

El nuevo escenario laboral latinoamericano. Regulación, protección y políticas activas en los mercados de trabajo, Jürgen Weller (ed.), CEPAL/Siglo Veintiuno, Argentina, 2010.

Internacionalización y expansión de las empresas eléctricas españolas en América Latina, Patricio Rozas Balbontín, CEPAL/Lom, Chile, 2009.

Gobernanza corporativa y desarrollo de mercados de capitales en América Latina, Georgina Núñez, Andrés Oneto y Germano M. de Paula (coords.), CEPAL/Mayol, Colombia, 2009.

EnREDos. Regulación y estrategias corporativas frente a la convergencia tecnológica, Marcio Wohlers y Martha García-Murillo (eds.), CEPAL/Mayol, Colombia, 2009.

Desafíos y oportunidades de la industria del software en América Latina, Paulo Tigre y Felipe Silveira Marques (eds.), CEPAL/Mayol, Colombia, 2009.

¿Quo vadis, *tecnología de la información y de las comunicaciones?*, Martin Hilbert y Osvaldo Cairó (eds.), CEPAL/Mayol, Colombia, 2009.

***O Estruturalismo latino-americano*, Octavio Rodríguez, CEPAL/Civilização Brasileira, 2009.**

***L'avenir de la protection sociale en Amérique latine. Accessibilité, financement et solidarité*, CEPALC/Eska, France, 2009.**

Fortalecer los sistemas de pensiones latinoamericanos. Cuentas individuales por reparto, Robert Holzmann, Edward Palmer y Andras Uthoff (eds.), CEPAL/Mayol, Colombia, 2008.

Competition Policies in Emerging Economies. Lessons and Challenges from Central America and Mexico, Claudia Schatan and Eugenio Rivera Urrutia (eds.), ECLAC/Springer, USA, 2008.

Coediciones recientes / *Recent co-editions*

Clases medias y desarrollo en América Latina, Alicia Bárcena y Narcís Serra (eds.), CEPAL/SEGIB/CIDOB, Chile, 2010.

Innovar para crecer. Desafíos y oportunidades para el desarrollo sostenible e inclusivo en Iberoamérica, CEPAL/SEGIB, Chile, 2010.

Espacios iberoamericanos. Iberoamérica frente a la crisis, CEPAL/SEGIB, Chile, 2009.

Espaços Ibero-Americanos. A Ibero-América em face da crise, CEPAL/SEGIB, Chile, 2009.

The United Nations Regional Commissions and the Climate Change Challenges, ECLAC/ECA/ECE/ESCAP/ESCWA, 2009.

Hacia un desarrollo inclusivo. El caso de Chile, Osvaldo Sunkel y Ricardo Infante (eds.), CEPAL/OIT/Fundación Chile 21, Chile, 2008.

Reformas para la cohesión social en América Latina. Panorama antes de la crisis, Alicia Bárcena y Narcís Serra (eds.), CEPAL/SEGIB/CIDOB, Chile, 2008.

El envejecimiento y las personas de edad. Indicadores sociodemográficos para América Latina y el Caribe, CEPAL/UNFPA, 2009.

Espacio iberoamericanos: la economía del conocimiento, CEPAL/SEGIB, Chile, 2008.

Hacia la revisión de los paradigmas del desarrollo en América Latina, Oscar Altimir, Enrique V. Iglesias, José Luis Machinea (eds.), CEPAL/SEGIB, Chile, 2008.

Por uma revisão dos paradigmas do desenvolvimento na América Latina, Oscar Altimir, Enrique V. Iglesias, José Luis Machinea (eds.), CEPAL/SEGIB, Chile, 2008.

Hacia un nuevo pacto social. Políticas económicas para un desarrollo integral en América Latina, José Luis Machinea y Narcís Serra (eds.) CEPAL/CIDOB, España, 2008.

Cuadernos de la CEPAL

94 *El cuidado en acción. Entre el derecho y el trabajo*, Sonia Montaño Virreira y Coral Calderón Magaña (coords.), 2010, 236 p.

93 *Privilegiadas y discriminadas. Las trabajadoras del sector financiero*, Flavia Marco Navarro y María Nieves Rico Ibáñez (eds.), 2009, 300 p.

92 *Estadísticas para la equidad de género: magnitudes y tendencias en América Latina*, Vivian Milosavljevic, 2007, 186 pp.

Cuadernos estadísticos de la CEPAL

38 *Indicadores ambientales de América Latina y el Caribe, 2009*. Solo disponible en CD, 2010.
37 *América Latina y el Caribe: Series históricas de estadísticas económicas 1950-2008*. Solo disponible en CD, 2009.
36 Clasificaciones estadísticas internacionales incorporadas en el Banco de Datos de Comercio Exterior de América Latina y el Caribe de la CEPAL (Revisión 3). Solo disponible en CD, 2008.
35 Resultados del Programa de Comparación Internacional para América del Sur. Solo disponible en CD, 2007.

Observatorio demográfico *ex Boletín demográfico* / *Demographic Observatory formerly Demographic Bulletin*

(bilingüe/*bilingual*)

Edición bilingüe (español e inglés) que proporciona información estadística actualizada, referente a estimaciones y proyecciones de población de los países de América Latina y el Caribe. Incluye también indicadores demográficos de interés, tales como tasas de natalidad, mortalidad, esperanza de vida al nacer, distribución de la población, etc.

El Observatorio aparece dos veces al año, en los meses de enero y julio.

Suscripción anual: US$ 20.00. Valor por cada ejemplar: US$ 15.00.

Bilingual publication (Spanish and English) proving up-to-date estimates and projections of the populations of the Latin American and Caribbean countries. Also includes various demographic indicators of interest such as fertility and mortality rates, life expectancy, measures of population distribution, etc.

The Observatory appears twice a year in January and July.

Annual subscription: US$ 20.00. Per issue: US$ 15.00.

Notas de población

Revista especializada que publica artículos e informes acerca de las investigaciones más recientes sobre la dinámica demográfica en la región, en español, con resúmenes en español e inglés. También incluye información sobre actividades científicas y profesionales en el campo de población.

La revista se publica desde 1973 y aparece dos veces al año, en junio y diciembre.

Suscripción anual: US$ 20.00. Valor por cada ejemplar: US$ 12.00.

Specialized journal which publishes articles and reports on recent studies of demographic dynamics in the region, in Spanish with abstracts in Spanish and English. Also includes information on scientific and professional activities in the field of population.

Published since 1973, the journal appears twice a year in June and December.

Annual subscription: US$ 20.00. Per issue: US$ 12.00.

Series de la CEPAL

Comercio internacional / Desarrollo productivo / Desarrollo territorial / Estudios estadísticos y prospectivos / Estudios y perspectivas (Bogotá, Brasilia, Buenos Aires, México, Montevideo) / ***Studies and Perspectives*** (The Caribbean, Washington) / *Financiamiento del desarrollo / Gestión pública / Informes y estudios especiales / Macroeconomía del desarrollo / Manuales / Medio ambiente y desarrollo / Mujer y desarrollo / Población y desarrollo / Políticas sociales / Recursos naturales e infraestructura / Seminarios y conferencias.*

Véase el listado completo en: www.cepal.org/publicaciones
A complete listing is available at: www.cepal.org/publicaciones